Come badare
a una badante
(e altre storie su mia madre)

MASSIMO CAPPANERA

Disclaimer:

Ogni riferimento a fatti, persone o luoghi è puramente casuale. O almeno così spero. I nomi sono inventati e le situazioni tirate a lucido per il puro piacere di raccontare. La privacy è al sicuro. Se vi riconoscete, sappiate che è tutto frutto della vostra fantasia (o della mia, che forse è anche peggio). Se siete proprio certi che si parli di voi, per via di tratti amplificati che non avete mai ammesso ma riscontrate nel testo... beh, io un paio di domande me le porrei. I temi trattati sono delicati e mai e poi mai quanto scritto dovrebbe essere preso troppo sul serio, soprattutto quando si parla di badanti. Chi decide di fare questo lavoro ha tutto il mio rispetto, soprattutto se deve vivere in un Paese diverso dal proprio. Poi, come uno svolga questo mestiere in termini di coscienza, umanità e professionalità, è un altro discorso, ma questo vale per tutte le professioni. Quindi rilassatevi, non cercate il numero dell'avvocato e godetevi la storia con il giusto spirito. Perché a volte la vita, se non la romanzate, è solo una noiosa lista della spesa.

Crediti icone in copertina: caputo, Leremy, Pixartist, bsd, Wichai.wi

Nessuna intelligenza artificiale generativa è stata usata per questa opera. Strano a dirsi, ma ormai è un vanto pure poterlo specificare. In realtà lo scrivo per giustificare i refusi che troverete.

A mia moglie e ai miei figli. Siamo stati come una zattera in mezzo alla tempesta, senza certezze e con poche forze, naufraghi da un giorno all'altro e con il sottoscritto che si dava colpi di noce di cocco in testa, ma non abbiamo (quasi) mai perso la rotta. Anche se ne siamo usciti un po' ammaccati, abbiamo protetto ciò che conta davvero.

A mia suocera. Senza di lei, non ci sarebbe stato questo libro. Beh, neanche mia madre, se è per questo. E nemmeno mia moglie, ora che ci penso. E anche le patate con le uova…Insomma, i motivi per essere riconoscente sono tanti.

A tutti gli amici che, in questi ultimi anni, mi hanno visto allontanare, senza capire perché. Non è stata indifferenza né volontà di escluderli, tutt'altro, ma una profonda mancanza di energia e un senso di colpa lancinante che aumentava di settimana in settimana. Tempo al tempo, serve solo un po' di pazienza.

SOMMARIO

PARTE 1: MEMORIE DI UN CAREGIVER IMPROVVISATO

Dal calamaro al cavalluccio marino

Takotsubo (ta-ko-tsu-bo), s. m. Def.: Tipologia di involtino giapponese, composto da salmone, wasabi e marmellata. Mmm… No.

Takotsubo (ta-ko-tsu-bo), s. m. Def: Nome originale giapponese della serie *Holly e Benji*? Nemmeno, il titolo corretto era *Captain Tsubasa*.

Ero confuso in quel momento, mentre un medico sconosciuto pronunciava quelle parole davanti a me. E dire che, fino a poche ore prima, sembrava una tipica giornata di lavoro.

Chiacchieravo al cellulare con una cliente quando mia madre tentò di contattarmi. Bloccai la chiamata: ero quasi alla fine di una consulenza e mi ripromisi di sentirla entro un paio di minuti. Telefonò di nuovo. In situazioni del genere, è sempre meglio rispondere, c'è sempre un'emergenza dietro l'angolo. E in questo caso, purtroppo, fu proprio così.

«Amore, sono caduta dall'auto.»

La vita può cambiare in un attimo: per un incidente stradale, una caduta dal deltaplano o una malattia. Nel caso di mia madre, l'evento fu ancor più bizzarro.

«In che senso?», chiesi, perplesso. Con mia madre mi ero abituato a innumerevoli situazioni, ma quel caso era senza precedenti. Incapace di comprendere una caduta da un'auto – se non per un'uscita volontaria dallo sportello a seguito di un rapimento – la immaginai a fare surf sul tettuccio, alla stregua del licantropo interpretato da Michael J. Fox in *Voglia di vincere*.

Mi spiegò che, scendendo dall'auto di mia suocera, con cui era uscita quella mattina, la borsa si era impigliata, facendola cadere all'indietro e sbattere l'osso sacro.

Sul momento non mi preoccupai: meglio sbattere l'osso sacro che la testa, no? Purtroppo i fatti mi diedero torto. Il dolore all'osso sacro si intensificò in maniera esponenziale. Quindici minuti dopo, mia madre era in coma. Trenta minuti dopo, era diventata un blocco di marmo.

Sindrome di Takotsubo, forse scatenata dal dolore intenso. Il cuore in quei momenti le si bloccò, assumendo una conformazione ad anfora (che, in giapponese, quando viene usata per pescare polpi e calamari, si chiama appunto tako-tsubo).

Il cervello restò a corto di ossigeno per qualche minuto, subendo così danni molto specifici: le si atrofizzò l'ippocampo, così chiamato per la forma che ricorda un cavalluccio marino, il cui ruolo è cruciale per la memoria. Infatti, svolge il ruolo di un bibliotecario, selezionando le informazioni da conservare e scartando quelle ritenute superflue. A causa di tale danno, mia madre perse per sempre la capacità di convertire i nuovi ricordi in memorie a lungo termine, rimanendo così intrappolata in un eterno presente.

Ad oggi, se mi trovassi davanti a lei e immergessi una caramella Mentos in una bottiglia di Coca-Cola, scatenando un indimenticabile geyser appiccicoso, lei mi fisserebbe con occhi sgranati, giudicandomi pazzo. A quel punto, basterebbe che uscissi dalla stanza, per poi rientrare dopo pochi secondi: lei non ricorderebbe l'accaduto, interrogandomi sul motivo del pavimento sporco o irritandosi per la mancata pulizia da parte di un fatomatico inserviente.

È lo stesso effetto visto in *50 volte il primo bacio*: divertente, nel film; drammatico, nella realtà.

Dalla mente di mia madre sparirono anche tutti i ricordi dell'ultimo quarto di secolo. Anche questo aspetto è a suo modo affascinante: dimostra che la memoria a lungo termine si forma a strati come una cipolla e, nel suo caso, fu come se un missile fosse caduto sulla biblioteca della sua vita, facendo un solco profondo venticinque metri.

Tutto il pregresso rimase intatto. Lo stesso dicasi per la cosiddetta memoria procedurale: continuò a ricordare come lavarsi, parlare, mangiare e via dicendo.

Infine, lo spazio e il tempo iniziarono a mischiarsi tra loro. Poteva pensare di vivere nella città abitata quarant'anni prima. Oppure che sua madre, sulla soglia dei 110 anni se fosse stata ancora viva a quel tempo, sarebbe tornata a casa a breve, per poi andare insieme a scuola.

Infatti, l'ippocampo è determinante per la collocazione spazio-temporale: ci consente di riconoscere il nostro ambiente, distinguere tra mattina e pomeriggio e percepire il fluire del tempo. Pensandoci bene, anche quella è memoria, no?

Questo lo scoprimmo nei mesi successivi. Durante il periodo di degenza in ospedale, l'attenzione fu catalizzata da eventi traumatizzanti. Prima mi scambiò per mio zio, peraltro defunto, e mi raccontò dei fantasmi che la visitavano. Poi dimenticò me e mio fratello. Fu il momento più difficile, seppur passeggero, poiché l'idea di doverle ripetere di continuo chi fossimo era agghiacciante.

Inoltre, l'equipe di neurologia sembrava del tutto disorientata, tanto da invertire i ruoli e costringermi ad avanzare ipotesi sugli sviluppi del suo quadro clinico. Il copione era sempre lo stesso.

«Ipotesi interessante. Anche lei è un medico?»

«Psicologo.»

«Ah.»

«Che mi dice dell'innalzamento della soglia del dolore?»

«Di che?»

«Avete notato come mia madre rimanga insensibile anche di fronte a un pizzicotto fortissimo?»

«Ehm, no.»

«Nemmeno la volta che è caduta dalla barella, di notte?»

Il primario restò ammutolito.

«E questa faccenda di mettere il pannolone anche se sta a tre metri dal bagno e cammina benissimo?», conclusi.

Gelo nella stanza. Il primario si girò prima verso l'assistente e poi di nuovo verso di me.

«Perché? Sua madre cammina?!»

Diamo i numeri

Questa storia può iniziare con dei numeri. A tale proposito, l'avvocato mi suggerisce di specificare che, qualora voleste giocarveli al lotto, mi spetterebbe di diritto il 20% della vincita.

Il primo numero che mi viene in mente è il 76, corrispondente all'età di mia madre al momento dei fatti.

40 rappresentano gli anni di esperienza da lei accumulati come insegnante di scuola primaria. Con il sottoscritto ancora nel suo utero, percorreva 80 km al giorno, tra andata e ritorno, per insegnare a una classe mista composta da alunni di prima, seconda, terza, quarta e quinta elementare, in un'ex stalla riconvertita in aula.

11 anni prima dell'inizio di questa storia, mia madre andò in pensione. Passava non meno di 4 ore al giorno ad allenare il cervello, leggendo libri, risolvendo cruciverba e svolgendo giochi sul tablet. Ogni anno, leggeva una media di 15 libri, di qualunque genere letterario.

Dedicava almeno 2 ore a settimana al giardinaggio delle piante sul balcone, senza avere pietà per rametti secchi e foglie malconce. Nulla poteva resistere alla sua ce(n)sura.

400 erano i tortellini che preparava, prima che il sottoscritto ne mangiasse 50 crudi e 80 cotti, e 20 i chili di lasagne cucinati nel corso di un anno. Pochi. Pochissimi.

Il 4 di ottobre fu il giorno che cambiò la vita a lei e a tutti noi. 10 i minuti necessari per raggiungere la sua casa dopo un incidente sulla carta lieve, mentre ne bastarono altri 15 minuti perché entrasse in coma. Il tempo in cui le mancò l'ossigeno al cervello resta indefinito.

30 è il numero di giorni trascorsi in ospedale, suddivisi tra rianimazione e neurologia.

0 fu il numero di alternative possibili all'accoglierla a casa mia, una volta uscita da lì. Si trattava della scelta più naturale, l'unica soluzione ovvia. Il tuo gatto è circondato da un cerchio di fuoco e vuoi salvarlo? L'unica opzione è entrare nel cerchio, prenderlo e uscirne subito. Un piano a prova di bomba. Solo dopo ti accorgi di esserti ustionato e di tenere in mano ciò che somiglia a un coniglio al forno con patate. E poco importa che lì vicino ci fosse un secchio d'acqua, con cui avresti potuto spegnere il fuoco. In quell'istante, la rapidità degli eventi impedisce di cercare soluzioni alternative.

5 era il totale dei componenti della mia famiglia all'epoca dei fatti: io, mia moglie, e tre bambini, a quei tempi di 8, 7 e 2 anni.

L'idea originale era che restasse da noi 3 settimane, o poco più. Alla fine furono 8 mesi. Fu allora che decidemmo di affidarci a una badante. In poco tempo, vennero colloquiate in 12, di cui 5 assunte e 4 operative per almeno un giorno.

L'ultimo numero, ancora 1 e forse il più rilevante a livello esistenziale, rappresenta il numero di bagni a casa nostra. E se in cinque, soprattutto la mattina, dovevamo fare i salti mortali, l'arrivo di una sesta persona fu la classica goccia che fece traboccare il vaso.

Oddio, detto così sembra quasi che il WC esondò, ma ciò non accadde mai. Lui si rese protagonista di ben altro.

La prima notte non si scorda mai…
Tranne nel suo caso

L'ingresso a casa mia avvenne nel tardo pomeriggio del giorno delle dimissioni dal reparto di neurologia. Non ricordo se mia madre avesse mangiato qualcosa. Era esausta, come se tornasse da un lungo viaggio, e si decise che fosse meglio farla riposare, per poi iniziare la nuova vita la mattina seguente, con la mente lucida e maggiori energie.

La prima notte dopo l'arrivo di mia madre mi fece rivivere le stesse sensazioni provate al ritorno dall'ospedale con i miei figli, dopo la loro nascita: un misto di ansia per la novità, accompagnato da amore e protezione.

Coperte sistemate in un ambiente predisposto ad accogliere il nuovo ospite, una piccola luce per rischiarare l'oscurità e il timore di non riuscire a dormire tranquilli, sempre in allerta. Tuttavia, i precedenti erano positivi: i miei figli, alla fine, dormirono sereni e la mattina ci sentimmo in colpa per non averli controllati.

Avevamo riservato a mia madre l'unico spazio disponibile della casa: la camera dei bambini, condivisa con i miei figli maggiori, nel letto destinato a diventare quello del piccolino di due anni, che nel frattempo avrebbe dormito con noi. Quanto sarebbe durata quella convivenza? Due o tre settimane?

Ancora debole come in ospedale, la aiutammo a lavarsi, sistemarsi, indossare il pigiama e coricarsi. Era molto stanca, perciò non ci furono obiezioni e, a giudicare dai suo commenti, credo immaginasse di trovarsi ancora in reparto.

Una volta a letto, mi chiese di sistemare le coperte. Come potevo rifiutare? Ricordo ancora quando era lei a farlo per me.

«Coprimi le spalle. È il mio punto debole.»

«Certo», mormorai, in tono amorevole.

«Le hai coperte le spalle?»

«Sì, mamma, sono belle coperte.»

Cinque secondi dopo mi fissò con occhi pieni d'affetto. Ero quasi commosso nel rivederli, soprattutto dopo aver osservato, pochi giorni prima, il volto spento di una donna in preda a una crisi cardiaca, con un corpo rigido come un tronco di pino. Con un po' di egoismo, pensai che, fossimo stati protagonisti di un film, sarebbe stato il momento ideale per esprimere il suo affetto e la gratitudine per essere stata accolta a cas...

«Coprimi le spalle. È il mio punto debole.»

«...»

«Come restiamo per domani? Dobbiamo andare a scuola?»

«No, mamma, non insegni più da quindici anni.»

«Sì, vabbè. Domani ho il compito in classe.»

«Ehm... no. Resti a casa.»

«Ah, che confusione.»

«Tranquilla, dai. Riposati.»

Le diedi un bacio sulla fronte, sistemai con cura il letto per l'ennesima volta, e mi coricai. Ero stanco ma grato di poterla accudire in questa fase di convalescenza. E di vita.

Quella notte sognai di essere percosso in un vicolo buio. Bum. Pugno sul plesso solare. Bum. Colpo alla spalla. Bum. Il colpo allo zigomo destro mi fece svegliare di soprassalto. Era notte fonda e il criminale si rivelò essere il piccolino di casa che, con una mossa ninja, si era piazzato di traverso tra me e mia moglie, piazzandomi in rapida successione una serie di calci, molti dei quali col calcagno. Con la scusa di alzarmi per mettere un po' di arnica in faccia, ne approfittai per verificare la situazione nell'altra camera da letto.

Arrivato davanti alla porta del bagno, attigua alla stanza dei bambini, sentii *plaf* sotto i miei piedi.

«Ma che…?»

Accesi la luce e vidi i miei piedi nel bel mezzo di una pozza di liquido. Entrai subito in modalità Sherlock Holmes, tirando fuori la pipa dal pigiama: nel corridoio non c'erano rubinetti, dal tetto non gocciolava acqua e non si vedeva in giro un bicchiere ribaltato da un gatto, che peraltro nemmeno avevamo.

Brancolavo nel buio. Forse la modalità Sherlock Holmes era troppo pretenziosa. Passai dunque alla più modesta modalità Ispettore Lestrade: volenteroso ma, di fatto, una pippa.

La porta del bagno era spalancata ma dentro non c'era nessuno, mentre quella che separava la zona notte dalla zona giorno era aperta. Sospetto. Mi venne persino la tentazione di ritirare fuori la pipa.

Da un angolo del corridoio filtrava una luce spettrale, evidenziando tracce sul pavimento simili a quelle di Slimer, il fantasma verde di *Ghostbusters*. Alcune tracce si dirigevano a sinistra, verso la cucina, altre verso destra, dove si trovava il salotto. Da esso proveniva un suono simile al fluire dell'acqua. Eppure nemmeno in quella zona della casa erano presenti rubinetti o tubi.

Si configurava la classica scena da film horror: il protagonista, avendo notato qualcosa di strano, invece di chiamare la polizia, si avvicina al luogo in cui potrebbe essere attaccato da un serial killer, mentre il pubblico da casa commenta quanto sia idiota a non scappare.

Inutile dire che mi avvicinai al salotto. La curiosità di scoprire il significato di quella luce cangiante sul muro era irresistibile, persino più della paura di trovare Freddy Krueger di *Nightmare*, Jason di *Venerdì 13*. O magari entrambi. Ero come un insetto che si avvicina alla luce al neon che lo friggerà, ma lo fa con soddisfazione.

Tornato in me stesso, smisi di fare bzzz bzzz e cercai qualcosa per proteggermi. Una mazza da baseball sarebbe stata l'ideale: vecchio stile, molto film americano. Ne avevo una per davvero, ma piuttosto che tenerla ai piedi del letto, avevo preferito nasconderla da qualche parte. Ignoravo dove. Una mossa geniale. Tale decisione fu forse influenzata dall'etichetta attaccata alla mazza: *Non usare per colpire palle da baseball*. Se le premesse erano queste, rischiavo che mi rimbalzasse contro, in stile *Tom & Jerry*.

Ripiegai su una tazza di *Winnie The Pooh*. Chissà, magari avrei finito per urlare dal terrore come una ragazza pon pon, con una frequenza tale da infrangere la tazza, avendo così a disposizione un'affilatissima arma in ceramica per difendermi.

Girato l'angolo, il piano fallì sul nascere. Nessun gesto da soprano. La bocca si aprì a sufficienza da far uscire uno strano rantolo per via dello shock.

Mia madre era sdraiata sul divano del salotto. In realtà, sembrava esservi caduta sopra, incapace poi di rialzarsi, in una posa stile antico romano su un triclinio. Tuttavia, non fu quello il dettaglio principale della scena.

Davanti a lei, il televisore era acceso ma lo schermo mostrava solo interferenze, spiegando la luce spettrale. Ciò che credevo fosse acqua in realtà era il rumore bianco di un canale mal sintonizzato. Altro dettaglio da film horror. Ma nemmeno quello fu il dettaglio principale della scena.

Le tracce sul pavimento arrivavano fino a mia madre e il pannolone che giaceva lì a terra, strappato, mi diede una vaghissima idea di cosa fosse quella pozza di liquido davanti alla porta del bagno. Ancora una volta, per quanto strano, non fu quello il dettaglio principale della scena.

In un ping-pong oculare – madre, tv, pannolone – la mia attenzione cadde sul vero protagonista di quel macabro quadretto: un coltello da macellaio preso dal tagliere in cucina, poggiato accanto a lei, vicino al telecomando.

Simile a un negoziatore che si avvicina a una persona seduta su un davanzale di un palazzo – oppure a Chris Pratt che tenta di domare un velociraptor – mi avvicinai a mia madre. Di fronte alla scelta tra lei, il pannolone, il telecomando e il coltello, qualcosa mi spinse ad afferrare e togliere di mezzo quest'ultimo. Chissà perché.

La tirai su, sistemandola per quanto possibile, senza dire una parola. Tra me e lei, ignoro ancora oggi chi fosse più lucido in quel momento, seppur per motivi differenti. La riaccompagnai a letto e tornai sul luogo del delitto. Seguendo le tracce di liquido e di bucce di mandarino, disseminate qua e là, fui in grado di ricostruire l'esatto percorso di mia madre in cucina, a partire dalla fruttiera per giungere al tagliere, per poi virare verso il salone.

Tornato a letto anch'io, ringraziai il cielo per due ragioni. Intanto averla trovata sul divano, in buone condizioni. Al buio, avrebbe potuto cadere e farsi parecchio male. La seconda fu non averla vista nella penombra della cucina con il coltello da macellaio in mano. La pulizia del pavimento avrebbe richiesto molto più tempo e i miei movimenti successivi sarebbero stati meno agili.

Quella fu la prima notte di mia madre in casa mia. Mi piacerebbe scrivere che da lì in poi fu tutta discesa.

Mi piacerebbe molto. Già.

150 nights at Massimo's

Dalla notte successiva, decisi che sarebbe stato meglio dormire nella stessa stanza di mia madre, spostando i bambini nel lettone con mia moglie. Così facendo, l'avrei intercettata qualora si fosse alzata, fermandola in tempo prima che potesse afferrare un trinciapollo, un coltello elettrico o una motosega.

Si coricò.

«Coprimi le spalle. È il mio punto debole.»

Mi investì uno strano senso di déjà-vu.

«Certo, mamma.»

Passarono cinque secondi.

«Le hai coperte le spalle?»

«Sì, mamma.»

«Fai bene la svolta qui sopra il piumone, che poi di notte è un dramma.»

Feci la svolta come piaceva a lei, sistemando il letto per la terza volta.

«Coprimi le spalle. È il mio punto debole.»

«…»

«Come restiamo per domani? Hai poi fatto quella cosa?»

«Cosa?»

«Quella cosa con tua sorella.»

«Mamma, non ho una sorella.»

«Smettila di dire scemenze. Quella cosa!»

«Ah, giusto, quella cosa…», abbozzai. «Sì, tutto fatto.»

«Meno male, dai. Ah, coprimi le spalle. È il mio punto debole.»

Ormai sembrava la battuta ricorrente di un film d'azione degli anni '90. Però ogni tanto qualche colpo di tosse lo dava, magari aveva proprio ragione lei.

Mi coricai nel letto di fronte al suo, lasciando una luce accesa per sorvegliarla durante la notte. Dopo le ultime ventiquattro ore, dubitavo sarei riuscito a dormire. Avrei dovuto fare tesoro della parabola biblica in cui Gesù ammonisce a restare vigili, poiché, se il padrone di casa sapesse quando arriva il ladro, non gli permetterebbe di farlo.

L'uso del condizionale dice già tutto su come andò a finire: caddi in uno stato semi-comatoso in meno di cinque minuti, in barba ai buoni propositi.

«Il Figlio dell'uomo verrà nell'ora che non pensate», ammoniva Gesù. Ecco, lo stesso avvenne per «da Madre del figlio», che si alzò con la delicatezza di un gatto, senza produrre alcun rumore.

Quando vide un'ombra furtiva ai piedi del letto, mia moglie cacciò un urlo tale da svegliare me e, con buona probabilità, incrinare la tazza di Winnie The Pooh, nonostante le due porte di distanza.

«Ma… ma… che ci fai qua?», strillò a mia madre, dopo cinque secondi di terrore, prima di riconoscerla.

Lei sorrise.

«Sssh, dormi, qua ci penso io.»

«A fare cosa?»

«A sistemare i vestiti. Non vedi quanta confusione?»

In effetti, arrivato di corsa in camera da letto e accesa la luce, notai che le due ceste di abiti stirati lungo un intero pomeriggio giacevano a terra, ribaltate, in una posizione diversa rispetto a quella in cui le avevo lasciate un paio d'ore prima.

Mia madre era sveglia e vigile come fosse mezzogiorno, riluttante a tornare a letto prima di aver piegato (male) tutti i vestiti.

Avrebbe impiegato non meno di un'ora. Così, approfittando di un ottimo diversivo – mia moglie paralizzata nella stessa posa dell'Urlo di Munch e i bambini agitati per via dell'urlo di poco prima – feci sparire buona parte degli abiti, gettandoli dietro al letto. Mia moglie si scongelò dalla posa precedente, assumendo quella della Medusa di Caravaggio, fulminandomi con uno sguardo omicida. Non trovandoli più in vista e convinta di aver completato il compito, mia madre si dichiarò soddisfatta e fece una sosta in bagno prima di tornare a letto. Ah, i benefici di una memoria a breve termine labile.

In bagno impiegò dieci minuti, tanto da costringermi a bussare per verificare che andasse tutto bene.

«Sì, sì, entra pure», urlò a pieni polmoni. Guardai l'orologio: erano le tre di notte.

«SSSSS…», sibilai spalancando la porta del bagno. Il restante «…SSSSH!» mi si mozzò in gola vedendo che aveva svuotato l'armadietto, pronta a sistemare – o forse a tentare di piegare – tutto il contenuto.

La riportai a letto, supplicandola di riposare. Pur facendo qualche bizza, era ancora debole e il piumone sembrava chiamarla come una sirena. Dopo mezz'ora dall'urlo di mia moglie, si sdraiò, dichiarando di poter finalmente riposare, visto che aveva trascorso l'intera giornata a raccogliere olive.

«Aiutami, per favore. Coprimi le spalle. È il mio punto debole».

Mordendomi la lingua, sistemai la coperta, riposizionai nell'armadietto del bagno ciò che aveva estratto e tornai a letto. Lei pareva essersi riaddormentata a tempo record.

Dopo circa cinque minuti, percepii un fruscio e la vidi sgattaiolare fuori dalle coperte.

«Mà! Dove vai?»

«Devo fare pipì», tagliò corto lei. «Tu dormi.»

«Ma l'hai fatta cinque minuti fa!»

«Finiscila, lo so io quando l'ho fatta!». E si diresse verso il bagno, chiudendo la porta con una grazia tale da svegliare mia moglie.

Andai da lei, mortificato nemmeno fossi un cagnolino che le aveva appena distrutto l'abito da sposa, per poi urinarci sopra, il giorno delle nozze.

«Ma cosa fa? Di nuovo in bagno? Sta male?»

Tre domande di difficile risposta. Tesi le orecchie per cogliere il rumore dell'armadietto, ma regnava il silenzio assoluto. Aspettai cinque minuti.

«Mamma… tutto ok?»

«Sì, sto uscendo!», urlò lei, in stile mercato ortofrutticolo. Sentii il rumore dello sciacquone e, poco dopo, la porta si spalancò.

La vidi sistemarsi il pigiama, guardandosi attorno.

«Devo portare niente con me?»,

«No, no, devi solo andare a letto.»

Indicò lo spazzolino elettrico.

«Nemmeno questo?»

«Ehm, no, meglio di no. A letto non c'è acqua», risposi,

rendendomi solo dopo conto dell'illogicità della frase.

Con difficoltà, la riportai a letto e, prima ancora che lei lo chiedesse, le coprii le spalle, ricordando che era il suo punto debole.

Erano ormai quasi le quattro. Tornai a letto anch'io, sperando che cinque minuti dopo non si alzasse di nuovo. In effetti, non accadde. Ne passarono solo tre.

«MA'! Vai a letto!»

«Che sono questi toni? Devo andare in bagno, calmati!»

«Ma ci sei andata già due volte negli ultimi dieci minuti!»

«Sì, come no. È la prima volta che ci vado!»

Mia moglie, nel frattempo, doveva aver notato la nuova puntata della telenovela, sebbene avessi sussurrato. Ammetto il mio essere velenoso come una vipera, d'accordo, ma non mi risulta che i serpenti siano così rumorosi. Di contro, il suo «PSSS!» di richiamo, per capire cosa stesse succedendo, lo sentirono pure i vicini.

«Non fare così che altrimenti ha la scusa per fare di nuovo pipì!»

Ascoltando il consiglio, mia madre si infilò di nuovo in gabinetto.

Quella notte, la porta del bagno sbatté altre sei volte. Sei. A costo di ripetermi, mi piacerebbe scrivere che da lì in poi fu tutta discesa e che quella notte la ricordammo nei mesi a venire come un'eccezione alla regola di una notte serena, magari intervallata da una singola visita al bagno.

Mi piacerebbe molto. Già.

Di chi sono questi bambini?

Dal giorno del suo ingresso a casa nostra, mia madre non monopolizzò soltanto le notti: anche i pasti si trasformarono in rituali memorabili, eseguiti con la precisione di un orologio svizzero.

L'inizio era sempre lo stesso: mia madre chiedeva dove sedersi. Con sei sedie a tavola, di cui cinque già occupate, mi illudevo che l'indizio bastasse. Niente affatto, dovevamo indicarle l'ormai nota «sedia della nonna» e lei si accomodava, scrutando i volti con un misto di familiarità e perplessità.

Il primo giorno si concentrò sui bambini. Con un sorriso radioso, tipico di una nonna, li guardò negli occhi e fece alcune espressioni divertenti. Loro risero. Un momento di amore sincero che sembrò ripagarci per la paura provata nell'ultimo periodo.

Poi aprì bocca.

«I loro genitori lo sanno che sono qui?»

Mia moglie e io ci scambiammo uno sguardo perplesso.

«Mamma, siamo noi i loro genitori...»

«Sì, so che interpretate il ruolo dei genitori. Intendevo dire nella realtà.»

«...»

«Vabbè, lascia perdere», concluse lei.

La curiosità crebbe. «Aspetta... 'la parte'...?»

«Nel senso che nel gioco... uff, fai finta non abbia detto niente.»

Quel riferimento ci spiazzò: di quale gioco parlava? Nei pranzi e nelle cene successive il copione rimase invariato.

«Chi sono i loro genitori?»

Tuttavia, non la ignorammo mai e mi forzai a rispondere sempre con un sorriso. La questione diveniva sempre più intrigante, strana e forse folle, ma desideravamo saperne di più.

«Noi. Sono i nostri figli, mamma.»

«No, non dico nel gioco, dico nella realtà. I loro genitori sono d'accordo a farli stare qui?»

«Aspetta che chiedo». Mi girai verso mia moglie: «Sei d'accordo?»

Incredibile a dirsi, quella frase sbloccò la scenetta successiva. Sembrava di vivere una di quelle avventure grafiche anni '90, come Monkey Island, nelle quali tramite i dialoghi scelti con cura potevi proseguire con la storia.

«Quindi sono i miei nipoti?! Che meraviglia! Tre maschi! E la bambina?»

«Quale bambina?»

«Non c'era anche una bambina?»

«Non mi risulta.»

La questione riecheggiò spesso e all'inizio venne naturale negarla. Poi, essendo ormai rituale, iniziai a lasciarmi andare con battute varie: la bambina era ancora tra i campi, a lavorare; altre volte era di ritorno dal supermercato, perché a causa dei sacchetti pieni della spesa non c'era spazio per tutti in auto ed era l'unica a conoscere la strada di casa; talvolta, poi, doveva occuparsi di riparare l'antenna, sul tetto. Con colpevole ritardo, mi resi conto che forse si riferiva a mia nipote, oggi grandicella.

Di tanto in tanto, accettata l'assenza (temporanea) della

bambina e mettendo per un attimo da parte i dubbi sulla paternità dei maschietti, iniziava a stilare una personale classifica.

«Lui è il più rustico», cominciava, indicando il bambino a lei più vicino. «Lui il più introverso e lui il più leale», concludeva il giro.

La prima volta non ci feci caso ma, siccome nell'arco di un pranzo c'era il rischio lo ripetesse otto volte, imparai ad intercettarla un attimo prima che iniziasse la proclamazione. Inizai così a inventarmi etichette strambe: dal più irriverente al più sognatore, passando per il più nottambulo fino al più stitico. Dopo cinque minuti riprendevo l'argomento, indicando il più volgare, il più folkloristico e il più cannibale.

La questione figli non fu l'unica a tenere banco a tavola. Capitava che cominciasse a guardarsi attorno, scrutando tutti gli angoli della sala da pranzo come se cercasse telecamere nascoste.

«Chi sovvenziona questo gioco?»

«Eh?»

«Nel senso, chi paga per... questo?», continuava, indicando il cibo.

«Ehm... noi...»

«Sì, ma i soldi chi li fornisce?»

«Ehm... gli stipendi...»

«Ah. Quindi voi svolgete anche altri lavori?»

«...»

Altre volte, il discorso trascendeva figli e finanziatori, andando a sondare territori più delicati. Lo capivo quando mia madre iniziava a fissarmi.

«Ma ti vedi con qualcuna?»

«Già, sono interessata pure io a questo», sottolineava mia moglie, con un'occhiata assassina.

«Mà, noi due siamo sposati…»

«Nella realtà, dico. Non nel gioco!». Ancora quel gioco. Distinguere le due cose, per lei, sembrava l'ovvietà più grande del mondo.

«Sì, pure nella realtà…»

«Allora siete sposati? A prescindere dal gioco? Che bello, non lo sapevo!»

«…»

«E da quanto tempo?»

«Undici anni.»

«E tu aspetti undici anni per dirmelo? Ma sei pazzo?»

Con il passare dei giorni, notammo lievi miglioramenti. I bambini dovevano aver perso il casting per gli attori del fantomatico gioco, tornando a essere i suoi nipoti. O qualcosa del genere.

«Ma loro di chi sono figli?»

«Pensa, sono nostri!»

«Cioè non sono di altri?»

«Già!»

«Quindi sono tutti e tre tuoi?»

«Lo sper… ouch!», rispondevo io, incassando un pugno dalla gentile consorte.

«Quindi ho tre nipoti maschi? Che bello, non lo sapevo!».

Una sorpresa continua, che in qualche modo risultava anche poetica. Sarebbe meraviglioso poter ascoltare di nuovo, per la prima volta, la canzone che – ancora non lo sappiamo – diventerà la nostra preferita. Tuttavia, potremmo goderci quel momento solo nel qui e ora, poiché, al termine della canzone, la bellezza del ricordo e il desiderio di riascoltarla svanirebbero, offrendoci quell'emozione solo nella remota eventualità di risentirla (a meno che un figlio non la ripeta in loop, come racconterò in seguito). Non credo ne varrebbe la pena.

«Massimo!»

«Dimmi, mamma.»

«Io - ti - adoro! Sei bello, bravo, buono e intelligente. Non ti manca niente!», aggiungeva, colma di orgoglio.

«Grazie, mam…»

«…a prescindere dal gioco, dico.»

A che gioco giochiamo?

Arrivò il giorno in cui decidemmo di affrontare l'argomento.

«Mà, questo gioco...»

«Uh-u?»

«Di che si tratta?»

«Del gioco, no?»

«Sì, grazie. Ma in che senso?»

«Dai, lo sai… è tipo… No, lascia perdere.»

È quello che avrei fatto volentieri, se non fosse che le giornate erano diventate una sequela di «prove» e «punti».

«Mangia!», diceva ogni tanto a mio figlio, «Altrimenti mi fai perdere punti!»

«Mà, smettila di confonderlo. Se non mangia, guadagna punti. Di sutura, ma sempre punti sono.»

Ma ogni volta sembrava non cogliere l'ironia. Anche il suo senso dell'umorismo aveva subito un duro colpo.

«Vai a lavarti i denti», diceva poi ad un altro. «Altrimenti non passi la prova e qua non si sa cosa succede!»

«Te lo dico io», rispondevo. «Chi guadagnerà punti, e pure soldi, sarà il dentista.»

Zero reazioni. Problemi all'ippocampo o la mia carriera da umorista era già finita?

Compresi che, qualunque fosse il gioco, ripeterle che non esisteva finiva per renderlo reale. È come dire a qualcuno di non pensare a un elefante rosa: per quanto possa sforzarsi, lo immaginerà all'istante.

Tutta questa faccenda si complicava per un altro motivo. Lei soffriva di problemi di memoria, non di ragionamento. Per tale motivo, ciò che per decenni era stato normale (sto a tavola, mangio dal piatto pieno, il piatto diventa vuoto, il piatto vuoto va via), oggi lo percepiva come qualcosa di illogico e doveva giustificarlo in qualche modo, in primis a sé stessa.

Fino a quando il piatto era pieno, il gioco era facile: bastava mangiare quello che c'era. Beh, *facile* è una parola grossa: da cosa doveva iniziare? Cambiava qualcosa se combinava carne e verdura? E se, mangiando la pasta, compariva la decorazione del piatto, era un bene o un male?

Il problema ancora più grosso nasceva alla fine del pasto. Gli elefanti rosa non si vedono davvero, a meno di leccare il dorso di una rana, ma mia madre, tolto il piatto, dimenticava di aver mangiato.

E cos'altro poteva spiegare eventi illogici e una non linearità della giornata, se non una simulazione gestita da qualcun altro? Capii che per mia madre le giornate erano diventate una sequenza di prove concatenate. Non si trattava di uno studio scientifico che la vedeva come cavia o di chissà quale forma di angheria contro di lei, però. Era piuttosto come le manche di un gioco a premi serale. Grazie al cielo, non si rivolgeva (ancora?) a noi come se fossimo i presentatori.

Mi resi conto che, per gestire il dolore e la confusione, la sua mente usava metafore come il gioco per dare un senso a ciò che altrimenti sarebbe stato incomprensibile.

Il gioco diventava la lente attraverso cui rielaborava la realtà, dandole regole e obiettivi per orientarsi nell'incertezza. Sigmund, hai visto? Migliaia di euro spesi all'università sono serviti a qualcosa.

Qual era la ciliegina sulla torta di tutto ciò? Avrei potuto mostrarle prove (intese come evidenze, a scanso di equivoci) che tutto questo non fosse un gioco. Avrei potuto portare lei stessa ad urlare al mondo di aver scoperto di vivere la vita reale. Avrei potuto liberarla dall'idea di essere schiava di test e punti. Certo, ma lo avrebbe dimenticato e, al primo piatto vuoto a tavola o alla prima perplessità sul perché si trovasse in bagno pur non ricordando di esserci stata, avrebbe ripreso a credere all'unica spiegazione possibile di tutta la faccenda: il gioco.

Le sigarette

Ricordo ancora il momento in cui, durante le visite quotidiane in rianimazione, i medici mi dissero che la nuova terapia aveva eliminato tutti i farmaci che mia madre assumeva da vent'anni.

Oltre ai classici per pressione e colesterolo, c'erano stabilizzatori dell'umore e altri composti che, per conoscenze di neurologia e fisiologia, sapevo non potessero essere interrotti bruscamente, pena un effetto rinculo leggendario.

Valutai i vantaggi del coma: magari avrebbe smaltito la botta prima di svegliarsi. In effetti fu così e le nuove molecole fecero il proprio lavoro. Dopo decenni, mia madre smise di prendere antidepressivi.

Ho sempre pensato che, paradossalmente, la perdita di memoria l'avesse aiutata, a modo suo. Molte persone vivono periodi di depressione più o meno profonda a causa di lutti, eventi negativi o magari perché entrano in una spirale autodistruttiva in cui il pensiero negativo alimenta la propria quotidianità, che così *inquinata* a sua volta genera altri pensieri negativi, che a loro volta portano a chiusura sociale, pessimismo e altro, in un loop da cui è difficile uscire. Se rimuovi dalla mente ciò che ha fissato il malessere negli ultimi anni, in un certo senso la agevoli a guarire.

Nel mio innato ottimismo, avevo sottovalutato però un

altro aspetto del nostro amato cervello: l'abitudine. Non ci sono stress, lutti, ischemie e incidenti che tengano. Puoi perdere la memoria, ma i recettori della nicotina saranno sempre lì pronti ad abbaiare e ricordarti che tu, sì, proprio tu, fumavi. E ti piaceva pure.

Mia madre aveva fumato per cinquant'anni, prima dell'incidente. Ultimamente aveva ridotto molto il consumo, arrivando pure a tagliare le sigarette a metà per fumarne un pezzettino per volta, ma piccoli o grandi che fossero erano rimaste un piccolo vizio di una vita che non ne vedeva altri in ballo. Niente alcol, niente gioco, niente di niente. Solo le sigarette. Per quel che ne so io, dico. Poi un giorno non escludo di scoprire che gestiva una bisca clandestina ma al momento non ne ho le prove.

Di fronte a quel repulisti totale, al motto di fatto trenta, facciamo trentuno, suggerii di approfittarne per farla smettere di fumare. Ciò che ne avrebbe guadagnato in salute polmonare le avrebbe potuto salvare la vita da lì in avanti. Molti al nostro posto preferito lasciarle almeno questo vizio, ne sono certo. Ma in famiglia fummo tutti molto determinati.

Tutti tranne mia madre.

«Sai dov'è la mia borsa?», chiese a tavola, fin dal primo giorno. Panico. Temevo quella domanda di rito perché ne conoscevo il seguito. Era l'equivalente geriatrico de «Papà, come nascono i bambini?»

«Ehm... è a casa tua. Perché?»

«Cercavo le sigarette.»

«Mamma, non fumi più.»

«Sì, come no.»

«Te lo giuro, i medici te l'hanno proibito.»

Seguiva una supercazzola di dieci minuti sull'influenza della nicotina su recettori antropomorfi che emettevano fotoni di lunghezza sesquipedale. Assolutamente inutile.

«Voglio una sigaretta!»

«Mà, ti ho detto...»

«VOGLIO UNA SIGARETTA! Solo un pezzo! Ce n'era uno qua da qualche parte.»

A quel punto, cercavo di convincerla con riferimenti temporali, fallendo miseramente.

«Guarda che non fumi più da ormai quasi un mese...»

«Non è vero, ho fumato poco fa!»

Giunti a tale stallo, era meglio cambiare argomento. Ma il demone delle sigarette tornava presto alla carica.

«Hai visto le mie sigarette?»

«No, non fumi più.»

«Ma piantala. Solo una, tu ce l'hai.»

«Guarda che non fumo...»

«Sì, certo. Ti ho visto fumare poco fa! Dammi una sigaretta!»

Finii a ricorrere a strategie non convenzionali, utili quando andavamo in giro in auto e lei si attaccava al vetro alla vista di un tabacchi.

«Fermati che compro le sigarette!»

«Sigarette?! Non sai che le hanno bandite?»

«In che senso?»

«Quando è scoppiata la guerra tra Russia e Ucraina. Le hanno tolte dal mercato.»

A quel punto mia madre si chiudeva in un profondo silenzio. La scusa sembrava reggere più del previsto, anche se lei, della guerra, non ne sapeva nulla. Aveva perfino rimosso il crollo delle Torri Gemelle nel 2001.

In contesti casalinghi, più legati a ritmi e abitudini decennali, purtroppo il copione era diverso e la questione sfuggì presto di mano, ripetendosi a ogni fine pasto, dalla colazione alla cena.

«Hai una sigaretta?»

«No. Ti hanno vietato di fumare. E comunque ci sono i bambini, non si può fumare.»

«Ma se ho visto lui che fumava!», protestava, indicando mio figlio di due anni.

«Aaah! Ecco perché ha i baffi gialli! Monello!»

Anche la terza, quarta e duecentoventesima notte non si scordano mai

Decidemmo di essere metodici per definire le parti della giornata, così da garantirle maggiore serenità. La cosa risultava importante più che mai dopo una notte come la prima passata a casa mia, anche perché avrebbe dovuto recuperare varie ore di sonno.

Con due ore di sonno, dopo pranzo, tra le 14.30 e le 17.00, avrebbe riconquistato energie, ma sarebbe stato un toccasana anche per noi. Un po' come quando un neonato comincia ad avere una certa regolarità di sonno e i genitori riescono a mangiare, curare casa, lavorare e persino lavarsi in quel piccolo ma prezioso frangente di tempo.

Lei, che non aveva mai dormito nel pomeriggio nemmeno quando poteva permetterselo, dopo la pensione, fu subito collaborativa. Era chiaro che il sonno arretrato pesasse. Meglio così. Un breve giretto in bagno e poi subito a riposare.

Si svegliò calma e rigenerata, con nuove energie fisiche e mentali. Rinfrancati da tale episodio, dalla terza sera a casa nostra fummo altrettanto metodici e già alle 22.30 iniziammo la routine serale per andare a dormire.

«Forza, lava i denti e andiamo a letto.»

«Perché? È mattina?»

«...no, guarda fuori. C'è luce?»

«No.»

«Quindi è...?»

«...sera...?»

«Esatto. E la sera...?»

«...si mangia. Quando mangiamo?»

«Abbiamo mangiato due ore fa.»

«Voi. Io no.»

«Anche tu.»

Seguì una discussione animata, una piccola rissa a dire il vero, perché lei non si capacitava potesse aver già mangiato. Dopo qualche tempo, presi l'abitudine di fare una foto a ogni pasto. Funzionò. Per farla arrabbiare di più, dico.

Con un'abile sequela di trucchi mentali, riuscii a farla andare in bagno, dove avrebbe dovuto fare la toeletta serale prima di coricarsi: bisogni corporali, lavarsi le mani, lavarsi i denti, togliersi la protesi, metterla a bagno con la pastiglia disinfettante, togliersi i vestiti e mettere il pigiama. Attività che tutti noi facciamo senza pensarci, a lei risultavano impossibili, non tanto nella pratica, quanto nella programmazione.

Immaginate di entrare in bagno con l'idea precisa della sequenza delle azioni da fare. Passano due secondi e l'idea svanisce. Vi rimane la consapevolezza di stare in un bagno, dunque è probabile dobbiate fare qualche bisogno o lavarvi le mani. O entrambi. O magari nessuna delle due cose. Forse siete lì per mettere in ordine gli oggetti? Vi ha chiesto qualcuno di farlo? Se sì, chi?

Oltre all'aspetto pratico, assistere a tali operazioni mi turbò non poco. Mi ritrovai infatti a riflettere su quanto possa essere dolce, per un genitore, vedere i propri figli comportarsi come sé stessi. Parlo dei piccoli gesti quotidiani, come fare le palline di pane a tavola, o usare modi di dire particolari. È una cosa tenera e affascinante, ricorda l'imprinting studiato da Lawrence, con le paperelle che lo seguivano nei comportamenti, avendolo scambiato per la propria mamma.

Tuttavia, è probabile che anche la paperella stessa avrebbe trovato imbarazzante e inquietante se Lawrence si fosse messo carponi e avesse provato a espellere un uovo.

Ecco, vedere mia madre lavarsi i denti mi mise davanti a uno specchio esistenziale. Vidi in lei i miei stessi movimenti e mi sentii a disagio. Anche io mi sciacquavo la bocca in *quel modo*. Fu come quando senti la tua voce registrata: è mai possibile che gli altri ti sentano parlare *così*? Realizzai che se ognuno di noi venisse registrato durante il giorno e poi visionasse tutto, cambierebbe velocemente certe abitudini, dalla camminata al modo di sedersi a tavola. Io cambiai il modo di lavarmi i denti.

Già dalla terza sera, onde evitare si alzasse senza poterla intercettare, dopo averla messa a letto e, ebbene sì, copertole le spalle, alzavo la sponda del letto anticaduta di mio figlio. Il tutto con una certa nonchalance, illudendomi di passare inosservato

«Ma che fai?»

«Tranquilla, è giusto per sicurezza. Sei, ehm, caduta tre volte negli ultimi due giorni, vorrei evitare il poker...»

«E se devo scendere la notte per fare pipì?»

«ASPET...ehm, tranquilla, ci sono qui io.»

«Ah, meno male, che domani dobbiamo andare al circo. A proposito, coprimi le spalle. È il mio punto debole.»

Si mosse sotto le coperte, scoprendo le spalle che avevo coperto poco prima.

La barriera sarebbe stata determinante. In pratica, nonostante fosse solo del tessuto con una sottile struttura tubolare in metallo, le avrebbe reso impossibile scendere dal letto. Sarebbe stato impossibile perfino scavalcarla, quindi avremmo risolto sia il passo felpato che l'istinto ad alzarsi. Chissà, magari le avrebbe dato una sensazione di luogo raccolto dove potersi sentire più protetta.

È anche vero che lei dormiva già in un letto sotto un armadio a ponte che, con la barriera, assumeva così tutta l'aria di un loculo. Piuttosto insolito, forse. Esagerato, diranno alcuni. Estremo, penseranno molti. Ma, per quanto mi riguarda, ammetto che quella notte mi addormentai sereno.

Tu-tum. Tu-tum.

Uno strano rumore mi svegliò a un'ora imprecisata. Tesi le orecchie e aprii mezzo occhio per capire cosa fosse. A pochi metri da me, mia madre stava cercando di forzare la barriera. Pensai che avesse dimenticato cosa fosse, il perché si trovasse lì e, non da meno, chi l'avesse messa.

Restai in silenzio, un po' come quando senti un neonato mormorare e, prima di intervenire, aspetti che cacci un urlo. Dopo un po' il rumore non si ripeté e mia madre sembrò aver desistito. Barriera 1 - Madre 0. Palla al centro. Chiusi gli occhi.

«MASSIMO!»

L'urlo di mia moglie mi svegliò di soprassalto. Ignoravo quanto tempo fosse trascorso da quando avevo chiuso gli occhi. Due ore? Per quanto ne sapevo, anche venti secondi.

Mi alzai di scatto, sicuro che fosse per colpa di mia madre, ma questa volta riuscii a vedere che la luce nella nostra camera da letto era accesa, quindi non poteva essere certo stata lei. Del resto, era imprigionata nel loculo e, nella penombra, potevo chiaramente vedere la barriera bella salda in posizione.

In un paio di secondi mi vennero in mente le uniche tre ragioni per cui mia moglie avrebbe potuto urlare: uno dei bambini era caduto dal letto, i ladri erano entrati in casa e la lavatrice aveva allagato l'appartamento.

Avendo sperimentato gli eventi suddetti, conoscevo alla perfezione quel tono e non esclusi una combo, tipo i ladri che erano entrati in casa, allagandola nel tentativo di portare via la lavatrice, con la quale avevano urtato uno dei bambini, facendolo cadere dal letto. Corsi in camera e mi si gelò il sangue nelle vene.

Mia madre era lì.

«Ma... ma... tu... la barriera... il loculo...!»

Guardai mia moglie. Era serena come se le avessero appena scippato la borsa.

«È entrata accendendo la luce! Mi ha preso un colpo!»

«Che ci posso fare se voi tenete tutto al buio alle tre del pomeriggio?»

«Sono le tre di notte!», puntualizzai, passando subito al

sodo del discorso: «Torna a letto, dai...»

«Ma nemmeno per sogno. Ho un sacco di cose da fare!»

Mia madre cercò con gli occhi vestiti da piegare. Non trovandoli, piegò il copriletto, con mia moglie e i bambini ancora sotto le coperte. Riuscii a farla uscire dalla stanza senza usare corpi contundenti, prendendola sottobraccio.

«Ho la bocca amara. Hai qualcosa da mangiare?»

«No, mamma.»

«Ma ho la bocca amara!».

«Pure io, ma di notte non si mangia.»

«Ma non è notte!»

«Sì, è notte.»

«Allora devo andare in bagno», concluse, chiudendo la porta con la sua abituale delicatezza. Dannazione, mi aveva fregato!

Quella notte capitò altre otto volte.

Parole, parole, parole

La mattina dopo mi svegliai a pezzi. Come sempre, del resto, ma quella fu proprio dura. Mia madre aveva tossito per tutta la notte, il che poteva spiegare i numerosi risvegli e, di conseguenza, le gitarelle in bagno.

Dormiva ancora, quindi dedicai dieci minuti di pace a fare colazione con mia moglie. Ero dolorante, più che assonnato e, a giudicare dalla faccia, anche lei non era al massimo della forma.

«Scusami, un'altra nottataccia…»

«No, tranquillo, non ho sentito niente, è che mi fanno male le ossa e i muscoli.»

«…»

Fu sufficiente uno sguardo per capirci. Finito il caffè, con un paio di tamponi a corredo, scoprimmo entrambi di essere positivi al COVID-19. Una linea flebile, segno che la carica virale era ancora bassa e ci trovavamo all'inizio della malattia.

Il pensiero «Oh, povera mammina, dobbiamo evitarti a tutti i costi questa sciagura!» si spense subito quando il tampone toccò a lei e la linea rosso fuoco indicò con ogni probabilità che fosse due giorni avanti a noi.

Il COVID-19 fu un regalo dall'ospedale dove era stata ricoverata. Proprio a casa nostra, ultimi paladini della mascherina, dispensatori di gel per le mani più veloci del

West, arcinemici di untori che tossivano senza nemmeno mettere la mano davanti alla bocca, ci ritrovammo infetti a distanza di settantadue ore dalle dimissioni di mia madre. Ecco cos'era la tosse che le scappava di tanto in tanto.

Per il resto, sembrava stare abbastanza bene, meglio così. Le era venuta in forma flebile. Chissà come sarebbe finita a noi.

Almeno una settimana di notti vennero dunque affrontate non solo con lo stress delle alzatacce, ma anche con uno stato psicofisico a dir poco alterato da ambo le parti, soprattutto nei primi giorni. Fu proprio allora che iniziarono le parole.

«CA-SA!»

«Eh?!». Erano le tre di notte. Mi svegliai di soprassalto e tesi l'orecchio, sentendo quella parola così ben scandita. L'imitazione di E.T. mi mancava. Ormai poche cose potevano stupirmi, ma questa era una novità. Ma con chi parlava?

«CA-LES-SE!», scandì di nuovo, a voce alta, come se stesse sillabando a scuola.

«Mamma, va tutto bene?»

«Silenzio che mi deconcentro! CA-NE!»

Non capivo. Stava mica sognando?

«COR-VO!»

«Mamma…?»

«Shh! BU-FE-RA!»

Mi alzai, trovandola sdraiata a letto, con le coperte ben posizionate. Niente spalle scoperte. Il punto debole era al sicuro. Qual era allora il motivo?

«BUR-RO!»

«Ma che stai facendo?», chiesi di nuovo, ormai parecchio preoccupato.

«Zitto e scrivile! BA-SET-TE. Basette c'è?»

«Dove?»

«Dimmi solo se c'è!»

«Ehm…sì, c'è.»

«Meno male. Segna pure questa. BI-RIL-LO!»

Le toccai la fronte. Caspita, quanto scottava! Misurata la temperatura, quel 39.8°C spiegò il delirio e solo una bella dose di tachipirina le fece scendere la febbre. Certo, non prima di un'altra ora piena di vocabolario declamato come un poeta. Una volta fatto effetto, il farmaco garantì pure qualche ora di sonno.

La mattina dopo, l'allarme sembrò rientrare, con una temperatura poco sopra i 37°C. Guai a chiamarla febbre, secondo la pediatra dei miei figli, secondo la quale è lecito e addirittura legale usare tale parola solo sopra i 37.5°C. Sarà, io a 37.2°C, come ogni uomo che si rispetti, tendo a contorcermi a letto. Mia madre si alzò tardi e, nonostante i vari sintomi e il fatto che pure i bambini fossero risultati positivi, l'umore generale era discreto. Arrivata l'ora del pranzo, mentre scolavo la pasta, provai una sensazione di déjà-vu.

«CA-SA!»

Oddio, di nuovo.

«A-RAN-CIA»

«Mà…»

«Shhh! PIP-PO»

«Mà…che c'è?»

«Silenzio, che non vedo le parole e perdo punti!»

I bambini iniziarono a guardare lei, poi me. Poi di nuovo lei, poi ancora me. Mia moglie, immobilizzata con il piatto in mano, mi fissò come se non le avessi mai rivelato la licantropia di mia madre. «Scusa, ma quali parole?», ebbe giusto il coraggio di chiedere.

«Come quali parole? Quelle qua attorno. BU-FA-LO.»

Ci ritrovammo nella stessa situazione di un bambino che ti rivela di avere un amico immaginario e devi trovare un modo per non urtare i suoi sentimenti, dicendogli che non esiste. Nel frattempo, nel dubbio, ti muovi nello spazio come se ci fosse davvero qualcuno.

«E...dove le vedi le parole, ehm, giusto per essere sicuro che vediamo le stesse?», buttai lì, con la mia ormai celeberrima nonchalance.

«Come dove? Qua!»

Indicò un punto indefinito della stanza, come fossi cieco.

«PA-TA-TE. Patate c'è?»

«No, oggi ci sono lenticchie.»

I bambini risero, mia madre si innervosì e io ne approfittai per cercare il termometro. Risultato: 38.3°C.

Sotto stress per via della febbre, il suo cervello andava in estrema sofferenza, più di quanto facesse già durante una quotidianità senza memoria a breve termine. A quel punto, era necessario trovare una valvola di sfogo e, da brava appassionata di enigmistica qual era, usava le parole per rientrare in una sua particolarissima e rassicurante comfort zone.

Oppure semplicemente delirava e io mi facevo troppe pippe mentali.

Notte prima degli esami (di urina)

Il COVID-19 pian piano passò e con esso il sostegno della tachipirina per dormire. Quei giorni erano comunque serviti a farmi riflettere su come poter migliorare la situazione notturna.

Uno dei primi interventi fu aggiungere sulla parte inferiore dell'armadio ponte, sotto il quale lei dormiva, un foglio plastificato, con scritto a grandi lettere: «È NOTTE! SE STAI LEGGENDO QUESTE PAROLE, CHIAMA MASSIMO E TUO FIGLIO APPARIRÀ!», come fossi uno spirito guida, o uno di quei demoni che evochi pronunciando il suo nome, mentre fai tre giri su te stesso.

Per essere certi lo leggesse, installai un sensore di movimento collegato ad una striscia led. In questo modo, svegliandosi in un letto a lei sconosciuto, la luce si sarebbe accesa, tranquillizzandola. Avrebbe letto il mio messaggio e tutto si sarebbe risolto in pochi istanti con poche ma efficaci parole di conforto da parte mia.

Certo. Come no.

Nella realtà, la striscia led cominciò a illuminarsi a ogni minimo movimento, creando un effetto stroboscopico che, in uno spazio chiuso come quello del suo letto, venne persino amplificato.

La prima notte dall'installazione verificai che i farmaci contro l'epilessia che mia madre assumeva dopo l'ischemia funzionavano, altrimenti con quella luce intermittente avrebbe iniziato una specie di breakdance da convulsioni. Da idea geniale, insomma, la striscia led divenne utile quanto le lampadine dell'albero di Natale per un cane, felice perché qualcuno ha finalmente messo la luce in bagno.

Si svegliò alle 02.40. Non lesse il messaggio, né mi chiamò mai, però l'effetto strobo a tre metri di distanza mi tenne sufficientemente da intercettarla, togliendo la sbarra di sicurezza e accompagnandola al bagno, nonostante fosse appena fuori dalla stanza dove dormivamo.

Una volta entrata, fece pipì in modo fragoroso. Poi totale silenzio. Cinque minuti dopo, rischiando di addormentarmi poggiato contro la porta, chiesi bisbigliando un segno di vita.

«Mà…tutto ok?».

«SÌ, PERCHÉ?», urlò lei.

«SHHHH! Sono quasi le tre!»

«Appunto, perché parli a bassa voce? C'è qualcuno che dorme dopo pranzo?»

«Di notte!»

«Ma non abbiamo mangiato poco fa?»

«Guarda fuori, è buio! Dai, per favore, torna a letto!»

«Sì, un attimo, devo sistemare qua, c'è troppo disordine.»

Entrai in bagno, evitando di farle mettere tutto a soqquadro. Con fare dolce, la riaccompagnai a dormire, cercando di farle abbassare la voce.

«Ho la bocca amara.»

«È la condizione umana, mamma. Specie a quest'ora.»

«No, devo prendere qualcosa per togliermi l'amaro in bocca. Tu vai a dormire, io vado in cucin...»

«NO-NO-NO, la cucina NO!»

«Ma ho la bocca amara!»

«Senti, ti do dell'acqua...no, l'acqua no, sennò la pipì... una caramella... no, neanche quella, altrimenti ricominci a lavarti i denti o ti rimane in gola... Fa nulla, tra poco ti alzi, resisti!»

Entrammo in camera e lei indicò il mio letto. Lo faceva ogni volta che tornavamo dal bagno.

«Chi dorme lì?»

«Io.»

Il seguito era già scritto.

«E la mamma?»

«Sei tu, *la mamma*...»

«No, la nostra mamma. Dove dorme?»

Con il ricordo affettuoso della cara nonnina, spentasi quindici anni prima alla veneranda età di 94 anni, sviai dall'argomento per non angosciarla e, con abili trucchi da prestigiatore, la misi a letto.

«Coprimi le spalle, è il mio punto debole.»

Si girò e chiuse gli occhi, lamentandosi solo sentendo la sbarra che tornava in posizione.

Venti minuti dopo esserci alzati, allo scoccare delle tre, riuscii a tornare anch'io sotto le coperte. Svenni dalla stanchezza.

Di nuovo il rumore di sbarra che veniva scossa. Ancora l'effetto strobo. Guardai l'orologio: le 03.12.

«Mà, che c'è?»

Nei piani, la mia voce avrebbe dovuto essere pacata e

rassicurante. Nella realtà, stava diventando sibilante come il serpentese di Harry Potter. Mi mancava giusto la lingua biforcuta, dato che una punta di veleno c'era già.

«Devo andare in bagno.»

«Ma ci sei stata dieci minuti fa!»

«Non è vero.»

«Ti giuro!»

«Saprò io quando ci sono andata. E comunque mi scappa.»

Via il piumone, nuovo sbalzo termico. Abbassai la sbarra, la aiutai ad alzarsi e la accompagnai al bagno. Un sonoro *sbam* della porta. Il solito «Sssssh!» susseguente. Il copione di mezz'ora prima si ripeté quasi alla lettera, se non fosse che – ohibò, che strano – non sentii nemmeno una goccia di pipì.

Dopo circa un quarto d'ora la riaccompagnai a letto. Questa volta non menzionò sua madre ma mi disse di fare silenzio perché nell'altro letto dormiva un certo Camillo.

Le coprii le spalle. Lei sospirò, felice di potersi riposare, dopo una giornata così stancante in gita d'istruzione. Quando alzai la sbarra mi implorò di toglierla perché non sarebbe riuscita a recarsi al bagno. Ce ne saremmo fatti una ragione.

Tornai anch'io nel letto di Camillo, nella speranza di non incontrarlo mai. Erano le 03.35.

Attorno alle 03.40 sentii di nuovo rumore di sbarre.

«Mà…»

«Devo andare in bagno con urgenza!»

«Ma…ma…ci sei stata cinque minuti fa!»

«Se ti dico che è con urgenza…!»

In effetti non mi aveva mai parlato di urgenza. Magari non avrebbe fatto solo la pipì. Così, a rischio di congelare, la accompagnai subito. *Sbam* rituale.

Mia moglie mi chiamò perché anche lei, per qualche misteriosa ragione, si svegliava ogni volta che mia madre andava al bagno e volle sapere perché caspita succedesse ogni quindici minuti. Nel frattempo le orecchie restarono tese per captare il plin plin… che non sentimmo mai. Alla faccia dell'urgenza.

Il rumore dello spazzolino elettrico che si accendeva mi fece catapultare in bagno. Nulla vietava a mia madre di curare l'igiene dentale, certo. Ma lei aveva uno spazzolino classico, quindi era chiaro stesse usando la testina di qualcun altro. La cosa, ahimé, non si limitò a quella sera. Sarebbero state ventitré le testine sacrificate alla fine del suo soggiorno a casa mia. Ne tenevo la contabilità segnando sul muro del bagno delle asticelle, un po' come i piloti durante la Prima guerra mondiale, dopo che abbattevano un aereo nemico.

La riaccompagnai a letto. Questa volta non nominò Camillo ma volle che le coprissi le spalle il più in fretta possibile perché l'indomani avrebbe avuto un compito in classe. Tempo un paio di risvegli e mi avrebbe parlato della cravatta di cartone fatta all'asilo per la Festa del Papà, la mattina prima. Da alunna.

Telefonate notturne

i piacerebbe scrivere che quella notte ci fermammo lì, ma quanto descritto fu solo un terzo dei risvegli complessivi. Mia madre si alzò nove volte, a distanza di 15-30 minuti l'una dall'altra, sempre adducendo lo stimolo alla vescica.

Devo ammettere che, dopo tre episodi di gentilezza forzata, al quarto risveglio ero già piuttosto infastidito. Al nono risveglio, la mia gentilezza era quella di un ultrà ubriaco.

Tra l'altro, le ultime due volte non riuscii a intercettarla per tempo perché il mio cervello doveva aver staccato la spina, il che mi preoccupò parecchio, considerando i potenziali danni se fosse sfuggita al mio controllo.

Non a caso, la sera dopo, dopo averla messa a letto e protetto il suo punto debole, caddi in uno stato semi-comatoso fino allo squillo improvviso del cellulare.

Con gli occhi impastati di sonno, guardai per prima cosa l'orologio: le 2.10. Terrorizzato dalle tipiche notizie notturne, cercai subito il telefono. Poi lessi il display tre o quattro volte, giusto perché non credevo ai miei occhi.

«Mamma?!»

Pensiero 1: «Oddio, le hanno rubato il telefono!»

Pensiero 2: «Il telefono ce l'ho io nel mio studio, per evitare che lo utilizzi lei.»

Pensiero 3: «Un ladro ha rubato il suo telefono dal mio

studio e ora, mentre va via con la refurtiva, tiene a farmelo sapere! Bastardo!»

Pensiero 4, più macabro e lucido dei precedenti: «Cacchio, mia madre è nel mio studio, da sola, alle 2.10 di notte!»

Uscii rapidamente dal piumone, con l'angoscia simile a quella del genitore che perde di vista il figlio in spiaggia dopo aver lasciato la sua mano per sistemare l'ombrellone. Feci una corsa verso lo studio, che si trovava a una porta di distanza dal famoso divano sopra il quale ritrovai mia madre con il coltello da macellaio, solo pochi giorni prima.

Lei era lì, cellulare in mano, intenta a chiamare un numero a casaccio. Non ebbi nemmeno il coraggio di guardare quanti ne avesse chiamati prima del mio.

Mi limitai a strapparglielo dalle mani, mettere – forse per sempre – la modalità aereo per evitare qualcuno richiamasse e, seppur tentato di metterlo nel freezer con il libro di Stephen King, come fatto da Joey in *Friends*, lo nascosi nel posto più banale riuscissi a immaginare: l'interno della riproduzione in scala 1:1 di un teschio che usavo come soprammobile.

Alla luce di tale evento, ventiquattro ore dopo decisi di ricorrere a un sistema estremo di controllo. Così, dopo il pacchetto base (il letto con la barriera) e quello premium (il letto con la barriera e il sistema di illuminazione), optai per il deluxe, aggiungendo un sensore di movimento collegato a un ricevitore in grado di riprodurre un segnale sonoro, una volta innescato.

Delle quaranta opzioni disponibili, da «La cucaracha» a «Happy birthday to you», scelsi un più incisivo «DING

DONG!», di quelli tipici da negozio per indicare l'ingresso di un cliente. Posizionai il sensore appena sopra mia madre, incollato alla parte inferiore dell'armadio a ponte, al posto dell'inutile messaggio di evocazione. Nonostante la fattura economica, sembrava proprio un bel pezzo di tecnologia e, rispetto alla luce led, sembrava captasse solo i movimenti umani.

Sarà stata la percezione del calore corporeo o chissà quale tipo di infrarossi, ma l'allarme non suonava se qualcuno si muoveva sotto le coperte, girandosi nel sonno. La posizione era quindi perfetta: scoprendosi, avrebbe captato mia madre che si stava alzando, avvisandomi per tempo.

Un piano perfetto, no?

Il cane di Pavlov

Ad inizio del secolo scorso, Ivan Petrovič Pavlov, per gli amici solo Pavlov (e per sua madre solo Ivan, spero), etologo e fisiologo russo, verificò come un animale - nel suo caso specifico un cane - potesse imparare a associare un suono a un evento specifico.

Pavlov faceva suonare un campanello prima di dare cibo al cane. All'inizio, il campanello per il cane non aveva alcun significato, era uno stimolo neutro, e ciò che lo faceva salivare era la vista del cibo in arrivo. Col passare del tempo, il cane associò il suono del campanello al cibo e cominciò a salivare anche solo sentendo il suono, anticipando quindi la vista della pappa.

Ciò dimostrò come gli animali possano apprendere collegamenti tra stimoli neutri (un suono, una luce che si accende, etc) e situazioni specifiche attraverso l'esperienza e il rinforzo.

Con l'avvento del campanello, la mia vita cambiò radicalmente e, con essa, quella di ogni occupante della casa.

Il campanello, infatti, per funzionare e svegliarti, doveva comunque essere impostato a un volume alto. Quindi, sì, per svegliare ti svegliava, ma credo si sentisse pure fino al parcheggio del nostro condominio. Non avrei voluto essere nei panni dei vicini, a cercare di capire cosa caspita fosse quel «DING DONG!» che si sentiva più e più volte nel cuore della notte. C'era forse qualche teppista che andava bussando per poi scappare?

Non solo: nel suo essere un apparato cinese ipertecnologico da ben quattordici euro di valore commerciale, il sensore era fin troppo ligio al dovere. In altre parole, si innescava più e più volte di fila, anche a distanza di nemmeno due secondi, facendo sì che il campanello vomitasse una sequela di «DING DONG! DING DONG! DING DONG!» a getto continuo, fino a quando la persona non era più rilevabile.

Alla fine, più che il campanello, quello suonato finii per essere io. Come il cane di Pavlov, un semplice DING DONG iniziò a generarmi ansia, risentimento e panico se poi mi accorgevo di non aver sentito il primo, ma solo il secondo o terzo avviso, con mia madre che ormai aveva superato la sbarra e si avviava verso il corridoio.

Sì, perché la sbarra aveva ormai perso la guerra contro di lei. O, meglio, lei aveva capito da sola come hackerare il sistema. Allungava le mani per premere i pulsanti esterni e abbassare la barriera? No. Aveva fatto un buco nella rete, sfruttando il fatto non fosse rigida? Nah. La staccava dai supporti spingendola via, con una forza che un bebè non avrebbe potuto sfruttare? Nemmeno.

Semplicemente, aveva notato che la barriera era più corta del lato lungo del letto, quindi scivolava verso i piedi di quest'ultimo e trovava un bello spazio libero da cui passare. Di fronte a questo lampo di genialità che, sia chiaro, non si cancellò notte dopo notte nemmeno a fronte dei suoi problemi di memoria, l'allarme risultò l'unica possibilità di fermarla.

Il problema fu che, stando così le cose, dal DING DONG al momento in cui mia madre avrebbe potuto fare danno, trovandosi di fronte tre strade (il bagno, la cucina e la mia camera da letto), passavano circa quattro secondi. Dunque, per intercettarla, in meno di quel lasso di tempo dovevo svegliami e catapultarmi verso lei, con un'escursione termica non indifferente, essendo novembre. Sarei diventato un ottimo candidato per una polmonite, insomma.

Il sistema di controllo tramite DING DONG, per quanto funzionale, si scontrò con la media delle visite al bagno notturne di mia madre, indicativamente otto a notte. Sentire quel suono di continuo, a spezzare il sonno non in due parti ma in una specie di tartare, era diventato l'equivalente di un incubo a occhi aperti.

Il tutto era accentuato dal fatto che, dall'avviso in poi, la sequenza di ciò che sarebbe successo era sempre la stessa. Dal «Devo andare in bagno/ma ci sei già stata/non è vero», si passava a lei che si chiudeva in bagno lì sbattendo la porta.

Da quel momento io poggiavo la testa contro il muro, in uno stato di dormiveglia, e pregavo si sbrigasse a finire, restando pure in ascolto per il rumore di pipì che, nel silenzio della notte, risuonava per tutta la casa alla prima alzata, per poi non sentirsi più le volte successive. A quel punto poteva succedere di tutto.

Nella Top3 delle cose più frequenti troviamo:
1) l'apertura e sistemazione dell'armadietto del bagno: intervenivo subito ma la lite era dietro l'angolo.

«Ma la finisci? Devo sistemare qua!», esclamava, continuando a tirare fuori roba. Passavo trenta secondi a cercare di spiegarle che era notte, che l'armadietto andava bene così e qualunque altra cosa speravo potesse convincerla, quando lei - girandosi verso il lavandino, pieno della roba che lei stessa aveva tirato fuori dall'armadietto - se ne usciva con una frase in grado di generare l'autocombustione del mare:

«Non solo avete lasciato tutto questo disordine, ma te la prendi perché io voglio sistemare il vostro porcile?».

2) la ricerca delle sigarette: era la situazione più silenziosa in assoluto. Ormai avevo imparato a interpretare ogni singolo suono del bagno, dunque quando per qualche secondo vi era totale silenzio, seguito poi da un colpo sordo di un cassetto che si chiudeva, sapevo benissimo cosa stesse facendo e intervenivo.

«Sto cercando le sigarette»

«Guarda che non fumi più…»

«Non dire scemenze, ne ho fumato una poco fa e ho lasciato il pacchetto qui da qualche parte!»

Anche in questo caso, farla uscire dal bagno senza il pacchetto fantasma poteva essere parecchio difficile, specie quando si impuntava volessi prenderla in giro.

3) pipì, sciacquone e poi quei dieci secondi di silenzio prima di sentire «VRRRRRRRRRRRRR…». Lo spazzolino elettrico, precedentemente citato,

insomma. A nulla servirono i cartelli per indicare quale spazzolino usare, il nascondere quello elettrico né, ovviamente, le spiegazioni sull'igiene da preservare.

Capitava anche che si rivestisse, a volte non capendo perché i vestiti si fossero ristretti (indizio: erano quelli di mio figlio), pronta per andare a scuola.

Va da sé che, in quei momenti, dire che ore fossero o dove ci trovassimo non faceva altro che buttare benzina sul fuoco. A volte fu costretta ad alzarsi anche mia moglie, soprattutto quando sentiva che la situazione stava degenerando, perché mia madre era ferma nelle sue convinzioni e io al limite della sopportazione.

Ci furono episodi in cui fummo costretti - peraltro inconsapevolmente - a fare poliziotto buono/poliziotto cattivo, per farla ragionare. Un paio di volte arrivammo proprio ai ferri corti e non fu affatto piacevole sentirsi dire da mia madre che non mi prendevo cura di lei, quanto fossi irriconoscente e che il giorno dopo se ne sarebbe andata, il tutto condito da parolacce che non avevo mai sentito da lei nemmeno durante la mia adolescenza, quando ne avrebbe avuto di ben donde da dire.

Il paradosso era che magari, a quel punto, mi chiudevo io in bagno, affranto, e quando ne uscivo, dopo giusto un paio di minuti, lei era tornata amorevole e inconsapevole di quanto fosse successo prima, chiedendomi la cortesia di coprire il suo punto debole, mentre decantava quanto meraviglioso fossi come figlio.

Queste montagne russe emotive mi accompagnavano di nuovo a letto, con l'illusione che quella fosse l'ultima alzataccia della notte. E quasi sempre non lo era. Un loop infinito, ogni singola notte.

Ogni mattina guardavo il report del mio sonno nell'app connessa allo smartwatch e il risultato era una specie di elettrocardiogramma, invece che una lenta e placida discesa dalla veglia al sonno profondo, con una fase REM di tanto in tanto.

Col fatto di dover stare sempre all'erta, avevo di fatto smesso di sognare, il sonno profondo ristoratore era ormai un'utopia e di REM non c'era rimasta nemmeno la band, visto che non mi era mai piaciuta granché. Su sei ore a letto ufficiali, quasi tre erano indicate come *sveglio*.

A spasso con mamma

Non sono mai stato un tipo sportivo. Se si esclude «La grande fissa per la cyclette del novembre 2001», alla quale seguì «La grande prostatite del novembre 2001», il massimo dell'attività fisica continuativa che ricordo è stato fare jogging.

Ripensandoci, oggi, mi rendo conto che c'era una certa serenità nel farlo: stesso giro ogni volta, stessa musica, stessi tempi noti. Del tutto involontariamente, forse per darmi dei punti di riferimento spaziotemporali, mi ritrovavo a guardare sempre le stesse cose via via che correvo: il cantiere sulla destra, la statua sulla sinistra, il cassonetto stracolmo di spazzatura dopo una curva. Era una specie di copione già scritto.

Andare in macchina con mia madre dopo il suo incidente mi riportò a quei tempi. Perché, indipendentemente dalla meta, si trattava di un nuovo déjà-vu, questa volta su quattro ruote.

«Mi devo sedere davanti?»

«Certo.» Entrava.

«Aspetta, aspetta! Aiutami a mettere questo affare!», esclamava con eccessiva preoccupazione, cercando di afferrare la cintura di sicurezza. La aiutavo.

Nel cinque secondi successivi, il silenzio spalancava le porte all'ode.

«Che figlio splendido, io non me lo merito. Signore,

grazie per questo figlio. Se un figlio me-ra-vi-glio-so!»

«Grazie, mamma.»

«Sei bello, bravo, buono e intelligente. Non ti manca niente...»

«Grazie, mamma.»

«...solo i soldi, ma per quello non posso aiutarti!»

«Grazie, mamma.»

«Davvero, non so come farei se non ci fossi tu.»

Insomma, la gioia di ogni figlio. Fino a quel punto, almeno.

«...a prescindere dal gioco, dico. Ma, senti, sei fidanzato?»

Anno del signore 2011: convolo a nozze. Anno attuale: 2024.

«Ehm...sposato.»

«Come sposato?!»

«Da più di dieci anni ormai.»

«Mah.»

Dopo un silenzio di durata variabile tra i dieci e i venti secondi, sufficienti a guardarsi in giro e dimenticarsi della novità esistenziale appena trascorsa, riprendeva la parola.

«Ma...loro lo sanno cosa sta succedendo?»

«Loro...chi?»

«Loro», ripeteva, agitando le mani indicando le persone che passeggiavano o attraversavano la strada in quel momento.

«Ah, loro. E cosa dovrebbero sapere?»

«Del gioco. Loro lo sanno?»

Sia che rispondessi sì o no (ammetto che provai ogni variante in merito), lei tirava dritto e accettava la risposta.

Altri dieci secondi di silenzio.

«Ma guarda che roba! Ma perché l'hanno fatto?», dichiarava poco dopo.

La prima volta, guardai rapidamente in giro e risposi senza esitazione.

«La spazzatura in giro? Lo sai, la gente è incivil...»

«No, no, macché spazzatura. Assurdo, guarda qua che roba!»

Altra occhiata in giro. A meno che mia madre non avesse avuto una fastidiosa e pericolosa svolta razzista, non vedevo altri dettagli inusuali.

«In che senso?»

«Ma dai! Parlo dei balconi.»

«I balconi?!»

Magari avevo capito male e parlava di barconi. Altra pericolosa svolta di ultradestra? Era diventata polemica con le politiche di migrazione? Oppure parlava proprio dei balconi e si riferiva ad alcuni di essi così spogli, senza piante. O altri magari con il rivestimento esterno ammalorato. O ancora altri dal colore sbiadito.

«Nel senso che ci sono palazzi non ristrutturati?»

«No, no, guarda quanti balconi!», ripeté, come se fosse strano non lo avessi notato.

«Quanti balconi...?!»

In quel momento, fu come avessi perso gli occhiali da sole e qualcuno mi stesse facendo notare di averli alzati sulla testa. Solo che non portavo occhiali da sole.

«I balconi! Guarda quanti sono! È veramente stupido!»

Faticai a capire cosa le avessero fatto di male i balconi ma, curioso all'inverosimile, decisi di darle corda.

«Ah, i *balconi*! Sì, sì, una vera piaga della società, uno schifo proprio.»

«Esatto!»

«Perché, secondo te? Vediamo se la pensiamo allo stesso modo...», buttai là, con fare indifferente e con la stessa naturalezza di un bambino che ruba caramelle in un supermercato, togliendole dalle mani del commesso che l'ha appena beccato e mettendosele in tasca.

«Ma che ne so? Non si rendono conto che rubano spazio?»

Mi ritrovai ancora più confuso. I balconi lo spazio semmai lo ampliavano. Per poi trasformarsi in verande abusive ed estendere del 20% la metratura della casa.

«Ehm, già. Senti, a cosa rubano spazio, secondo te?»

Il bambino dell'esempio di prima era passato dalle caramelle al portafogli del commesso.

«Ai mobili!»

«Ah, certo, certo...del resto, i mobili...ehm...»

La maestra che c'era in lei uscì fuori e adottò lo stesso tono che aveva usato per decenni per insegnare «A di Ape»: «Se ci sono i balconi, togli spazio alle pareti. E i mobili a quel punto dove li metti?»

Non faceva una piega. Tuttavia c'era un'obiezione lecita da farle.

«Ma senza balconi, non ci sarebbe luce. E una casa buia non è bella.»

Non lo vidi nemmeno ma percepì lo sguardo di mia madre cambiare, assumendone uno che poteva essere benissimo sintetizzato dal pensiero «Ma sei cretino?», a cui seguì una frase detta con una ovvietà sconcertante.

«Allora metti le finestre al posto dei balconi, così hai spazio per mettere i mobili sotto, no?». Game. Set. Match.

Era inevitabile si passasse di tanto in tanto di fronte a una tabaccheria. Ormai il copione era noto.

«Ho visto un tabacchi, fermati che compro le sigarette!»

«Sigarette?! Non sai che non le vendono più?»

«Sì, certo come no.»

«Pensaci: tu ne hai?»

«No.»

«E perché non ne hai?»

«Perché le ho finite.»

«No, è perché, dopo la grande crisi della carta di due anni fa, hanno vietato le cartine e stanno ancora cercando un modo per sostituirle. Pensano a qualcosa con acqua e farina, come le ostie, ma il Vaticano si è opposto.»

A quel punto, per cambiare argomento, ricorrevo alla musica. Tre canzoni. Sempre le stesse.

♫ «Che sia benedetta...Per quanto assurda e complessa ci sembri la vita è perfetta...» ♫

«Vero», rispondeva sempre mia madre.

♫ «Per quanto sembri incoerente e testarda se cadi ti aspetta» ♫

«Verissimo. Ma è la Mannoia?»

«Sì.»

♫ «Siamo noi che dovremmo imparare a tenercela stretta a tenersela stretta» ♫

«Infatti, vero.»

♫ «A chi trova se stesso nel proprio coraggio / A chi nasce ogni giorno e comincia il suo viaggio / A chi lotta da sempre e sopporta il dolore / Qui nessuno è diverso nessuno è migliore». ♫

«Bellissima.»

♫ «A chi ha perso tutto e riparte da zero perché niente finisce quando vivi davvero / A chi resta da solo abbracciato al silenzio / A chi dona l'amore che ha dentro...Che sia benedetta!» ♫

«Meravigliosa! Dovrebbero farla leggere nelle scuole!» Era poi il momento de «Il peso del coraggio», sempre di Fiorella Mannoia.

♫ «E ho capito che non sempre il tempo cura le ferite...» ♫

«Vero.»

«♫ Che sono sempre meno le persone amiche...» ♫
«Vero.»

♫ «Che non esiste resa senza pentimento...» ♫
«Vero.»

♫ «Che quello che mi aspetto è solo quello che pretendo...» ♫

«Vero. Ma è la Mannoia?»

«Sì.»

♫ «E ho imparato ad accettare che gli affetti tradiscono...» ♫

«Vero.»

♫ «Che gli amori anche più grandi poi finiscono.» ♫
«Vero.»

♫ «Che non c'è niente di sbagliato in un perdono.» ♫

«Vero.»

♫ «Che se non sbaglio non capisco io chi sono.» ♫

«Vero. Meravigliosa! Sai che non la conoscevo? Dovrebbero leggerla nelle scuole.»

Se Fiorella Mannoia sapesse quanto le abbiamo fatto guadagnare tramite Spotify (considerando non meno di 1000 ascolti, direi attorno ai 4 euro, se è vero che danno 0,04 cent ogni 10 riproduzioni) si presenterebbe a casa per un concerto solo per noi.

«Che sia benedetta» e «Il peso del coraggio» andavano in loop, semplicemente perché sapevo che mia madre le adorava. Io lo sapevo, lei no, ma lo pensava a ogni ascolto e questo valeva bene il lavaggio del cervello che mi autoimponevo.

Talvolta intervallavo a esse «Occidentali's karma» di Francesco Gabbani, così da fare una piccola coreografia, ma poi inevitabilmente si tornava a quelle due.

♫ «E ho imparato ad accettare che gli affetti tradiscono...» ♫

«Vero. Ma è la Mannoia?»

«Sì.»

♫ «Che gli amori anche più grandi poi finiscono.» ♫
«Vero.»

♫ «Che non c'è niente di sbagliato in un perdono.» ♫
«Vero.»

♫ «Che se non sbaglio non capisco io chi sono...» ♫
«Vero. Meravigliosa! Sai che non la conoscevo?»

La musica fu giusto un flebile palliativo per il discorso balconi, che divenne per mesi la sua crociata personale.

Effettivamente mi fissai pure io, notandone migliaia che il mio cervello aveva filtrato per più di quarant'anni.

Mi chiesi pure se il problema non fossero solo i balconi aggettanti ma anche quelli incassati. Domandai a lei. E, no, per la cronaca, quest'ultimi non solo andavano bene, ma erano i proprietari di casa tonti a non chiuderli per guadagnare una veranda.

Dopo circa un anno, la situazione cambiò. Non solo vinse una certa rassegnazione, ma mia madre fece proprio il detto anglofono *If you can't beat them, join them* («Se non puoi batterli, unisciti a loro») e mentre eravamo in macchina ruppe il classico schema.

«Ma guarda che belli!»

«Cosa? I balconi?! Ma che dici, non sai quanto spazio tolgono ai mobili?»

Sì, anch'io avevo fatto mio tale credo, confermando la famosa teoria che una scemenza, detta una volta, resta una scemenza. Ma basta ripeterla per mille volte e si trasforma in verità.

«No, non i balconi, su quelli hai ragione. Sa che l'ho sempre pensato anch'io? No, no, parlo dei palazzi!»

E ora da dove usciva sta fissa per i palazzi?

«Guarda che bello quello! E pure quell'altro! Ma sono stupendi!»

Chi scrive ha avuto una sorta di sindrome di Stendhal di fronte ai grattacieli di New York o della Città delle Scienze di Valencia. Va da sé che trovavo abbastanza curioso emozionarsi per dei palazzi che, nel caso specifico, erano persino casermoni popolari che conoscevo bene. Se da fuori richiamavano blocchi abitativi di un futuro distopico, tutti grigi e identici, dentro erano praticamente delle regge kitsch, con due o tre case unite e probabilmente una statistica di WC d'oro da fare invidia a Dubai.

«Guardaaa...», arrivò a dire, con una sorta di effetto doppler, mentre ne superavamo alcuni, con lei attaccata al vetro dello sportello, come un bambino quando vede le giostre...o lei stessa quando vedeva un tabacchi. A quel punto, rimettevo la musica.

Ovviamente non sempre eravamo soli. In quei casi, lei occupava sempre il posto davanti perché tendeva a soffrire l'auto. Una novità, da un lato: nei miei ricordi, dalla fanciullezza all'età adulta, non ricordo mia madre aver avuto alcun tipo di problema anche per lunghe tratte, in un epoca in cui con l'auto si andava tranquillamente da Palermo al Nord Italia.

Ora c'era il rischio sviluppasse una discreta nausea (quando andava bene) o peggio (quando andava male) dopo uno o due chilometri. Un effetto collaterale di quanto avvenutole a livello cerebrale, forse? No. In modo più semplice, non guardava mai la strada, impegnata a frugare qua e là, tenendo la testa bassa.

L'eventuale accompagnatore sedeva dunque nel sedile posteriore, chiacchierava per i primi due minuti con mia madre, sentendosi ripetere quanto fosse bello rivedersi dopo mesi, forse anni, anche se magari avevano pranzato insieme fino poco prima.

Finite le formalità iniziali, tendeva a stare in silenzio, godendosi il panorama durante il tragitto e subendo la tassa d'ascolto della stessa musica di sempre.

♫ «E ho imparato ad accettare che gli affetti tradiscono...» ♫

«Vero. Ma è la Mannoia?», chiedeva mia madre.

«Sì.», rispondevo come sempre.

♫ «Che gli amori anche più grandi poi finiscono.» ♫

«Vero.»

♫ «Che non c'è niente di sbagliato in un perdono.» ♫

«Vero.»

♫ «Che se non sbaglio non capisco io chi sono...» ♫

«Vero. Meravigliosa! Sai che non la conoscevo?»

A seconda dell'accompagnatore, la frase di circostanza di quest'ultimo poteva cambiare.

«Nemmeno io!», rispondeva qualcuno.

«Io sì, ma non la sentivo da troppo», poteva rispondere un altro.

«Già, non l'avevi mai sentita, eh?», magari ribatteva ironicamente qualcuno più smaliziato.

Nel caso in cui ci fossero bambini, questi si mettevano a ridere, stimolati dal solito commento della nonna. Ciò che non cambiava mai era la reazione di mia madre. «AAAAH!»

Avendo dimenticato della presenza di qualcuno dietro di lei, faceva letteralmente un balzo sul sedile, portandosi le mani al petto e sgranando gli occhi come nei film, quando una persona misteriosa, solitamente un killer, appare dal sedile posteriore dove si era nascosto. La cosa poteva ripetersi più volte nel corso dello stesso tragitto e la sua reazione era sempre la stessa.

Credo sia ormai evidente che mia madre rispondesse a

uno stimolo in modo uguale, sempre e comunque. Il palazzo era sempre bellissimo, le canzoni della Mannoia erano meravigliose e i tabacchi erano sempre chimere.

C'era però una cosa che fuggiva a questo rigido schema. Un glitch, una scheggia impazzita che nel corso dei mesi non riuscii mai a capire.

Un albero, nello specifico quello piantato (peraltro da mio padre, circa quaranta anni prima) nello spiazzale del suo condominio.

«Ma guarda che schifo!», esclamava talvolta, subito dopo essere saliti in auto e in attesa si aprisse il cancello.

«Ma povero, che ti ha fatto?», le chiedevo.

«Non lo vedi quanto è trascurato?», rispondeva con una certa ovvietà.

L'albero era molto rigoglioso, ma sembrava un po' la versione vegetale del Cugino It de *La famiglia Addams*: aveva foglie dappertutto, pure sul tronco.

«Basterebbe togliere tutti i polloni e sarebbe molto più bello, visto che gli tolgono tutto il nutrimento!»

Evitai accuratamente di far notare che i rami che si sviluppano lontano dal suolo si chiamano succhioni e non polloni, visto che la cosa avrebbe aperto un universo di battute volgari che mia madre ormai non teneva più dentro, così mi limitai a fare un'espressione concorde e, tre secondi dopo, l'albero non era più argomento di interesse.

Fino al ritorno a casa, almeno.

«Che meraviglia!», esclamava lei.

«Cosa? I palazzi?»

«No, guarda! Quell'albero! Rigoglioso, un trionfo della

natura! Guarda quante foglie! Sta benissimo!»

«...»

Cominciai a pensare fosse una questione di luce. Del resto, la maggior parte delle volte, andavamo via con la luce e tornavamo col buio.

Era un dovere morale togliermi il dubbio, così, una mattina, dopo la classica sfuriata contro chi avrebbe dovuto occuparsi dell'albero, ormai diventato una specie di Elephant Man verde, feci il giro del palazzo e tornai in direzione casa sua, con la scusa di aver dimenticato qualcosa.

«Scusa, proprio non ci ho pensato, salgo e scendo subito...Ehi, che ne pensi di quell'albero?»

«Una meraviglia! L'ho sempre pensato!»

«Bello!», esclamò mio figlio, quel giorno presente sul sedile posteriore.

«AAAAAAAH!»

La cataratta

L'ormai famoso 4 ottobre era destino finissimo in ospedale. A dirla tutta, senza il tragico evento di quel giorno, un paio d'ore dopo saremmo stati proprio lì per il prericovero dell'intervento alla cataratta di mia madre, poi ovviamente rimandato a data da destinarsi.

Quel giorno arrivò e fu visto come un piacevole diversivo rispetto alle giornate tutte uguali che ormai si susseguivano a una velocità inquietante. Persino i due giorni di burocrazia assurda non mi pesarono chissà quanto e, come previsto, anche mia madre risultò collaborativa, purché avesse un cruciverba tra le mani.

Il giorno dell'operazione tutto andò per il meglio. Durò molto meno del previsto e, miracolo, mia madre fece esattamente ciò che le venne richiesto, senza battute volgari. O, almeno, non mi furono riferite.

Tornò nello spogliatoio dove l'avevo lasciata prima dell'intervento in pieno stile Jack Sparrow, con tanto di benda e conchiglia di plastica sull'occhio bendato.

Mentre attendevo da parte sua il primo «Arrr, corpo di mille balene!», l'infermiere ci illustrò la profilassi da seguire. Colliri su colliri e, per i primi due giorni, totale assenza di luce a colpire l'occhio operato.

Tradotto: doveva tenersi la benda fino alla visita di controllo, 48 ore dopo. Non vidi affatto il problema. Cosa poteva andare storto?

In macchina chiacchierammo come al solito di balconi e musica italiana. Ignoravo cosa fosse successo durante l'operazione ma, a giudicare dal suo umore, tutto sembrava essere andato per il meglio.

♫ «E ho imparato ad accettare che gli affetti tradiscono...» ♫

«Vero.»

♫ «Che gli amori anche più grandi poi finiscono.» ♫

«Vero.»

♫ «Che non c'è niente di sbagliato in un perdono.» ♫

«Vero.»

♫ «Che se non sbaglio non capisco io chi sono...» ♫

«Vero. Meravigliosa! Ma è la Mannoia?»

Comunque sia, non ricordava nulla dell'operazione, quindi avrei potuto anche dirle che l'intervento di lifting era stato un successo e dimostrava trent'anni meno. Tornati a casa, fu di nuovo accolta dall'affetto dei nipotini, incuriositi dalla benda. Mia madre chiese di andare in bagno e io ne approfittai per preparare il pranzo.

Dieci minuti dopo, andai a bussare alla porta del bagno. Ogni tanto ci stava ricordarle che in casa ce n'era uno per sei persone.

«Entra!», mi sentii dire al di là della porta. Feci come richiesto e mi si gelò il sangue: la benda era ben piegata sul lavandino. Accanto a essa, la conchiglia di plastica. E mia madre? Si stava pettinando, con i raggi di sole che, amplificati dalla finestra aperta, praticamente fungevano da raggi ustori che avrebbero reso fiero Archimede.

«MA'! LA BENDA!», urlai.

«Quale benda?», rispose lei. Girandosi, vidi l'occhio rosso e tumefatto, come se per togliersi un ciglio fastidioso avesse usato una forchetta.

Magari non proprio in quel momento, ma mi resi presto conto di aver sottovalutato il fatto che trovarsi addosso qualcosa porti in automatico all'istinto di toglierselo, piuttosto che cercare di capire cosa ci faccia lì.

«LA CATARATTA! L'INFERMIERE! LA BENDA!», continuai io, con lo stesso autocontrollo di prima.

Ma che potevo farci se, per come me ne aveva parlato l'infermiere, la luce avrebbe fatto necrotizzare l'occhio e questi, ormai morto, sarebbe caduto come un uovo di quaglia a terra, venendo poi spinto a calci in qualche remoto angolo nascosto nella casa?

Gliela rimisi subito, pregando non fosse troppo tardi, un po' come quando a qualcuno cade un dente e si infila di nuovo a forza dentro la gengiva, assicurando il tutto con un po' di nastro adesivo.

Durante il pranzo, la tenni sott'occhio tenendo pure io mezzo occhio chiuso. Ma non per solidarietà, quanto perché la guardavo in cagnesco, masticando con rabbia quei poveri maccheroni che avevano la sfortuna di finirmi in bocca. Ogni volta che la sua mano si avvicinava alla faccia, mi partiva un urlo tale da farla saltare in aria.

«Che c'è?», urlava poi, di rimando.

«Non ti toccare l'occhio!». Spesso aggiungevo un «Grrrr!» finale rafforzativo.

«E perché non devo toccarmi l'occhio?»

«Perché ti hanno operato di cataratta, stamattina!».

Pausa. «Grrrr!».

«Sì, certo, come no.»

«E perché avresti la benda, allora?», ribattevo, come se fosse la cosa più ovvia del mondo.

«Che benda?», chiedeva lei, tendendo inevitabilmente la mano in quella direzione.

«Non ti toccare la benda! Grrrr!»

Finito il pranzo, arrivò il momento del riposino. Finalmente, dormendo, non avrebbe pensato alla benda. Tra l'altro lei dormiva di fianco ma dalla parte opposta a quella dell'occhio operato. Non toccando il cuscino, non avrebbe nemmeno avuto il fastidio tale da toccarsela.

«Coprimi le spalle, è il mio...»

«...punto debole, lo so.»

«Sei un figlio meraviglioso!»

«Grazie, mamma. Ora riposa, ti chiamo io tra un'oretta.»

Mi assicurai che la conchiglia di plastica e la benda fossero correttamente posizionati. Anche le braccia erano sotto la coperta e rimboccai quest'ultima così stretta che a stento sarebbe riuscita a tirarle fuori.

Andai a sdraiarmi anch'io, esausto. Provai addirittura l'ebrezza di tornare nel mio letto, per una volta. Tanto, se si fosse svegliata, ci sarebbe stato comunque qualcuno di casa a intercettarla. Posata la testa sul cuscino, mi ricordai di non aver posizionato il sensore di movimento, Tornai da lei, aprendo delicatamente la porta. Sicuramente stava già dormen...

«MA'! LA BENDA! GRRRR!»

«Quale benda?»

Quaranta secondi dopo averla lasciata, non solo l'aveva rimossa ma aveva avuto pure il tempo di piegarla e lasciarla sul comodino. Addio sonno, per entrambi. Mi ero messo a sbraitare così tanto da sostituire la stanchezza alla voglia di darmi testate al muro.

Tornai in cucina, cercai di ragionare: dal suo punto di vista era lecito toccarsi l'occhio. Non ricordando l'operazione e non vedendo bene da una parte, non era così illogico controllare cosa non andasse. Quindi avrei potuto risolvere il problema ricordandole tale evento. Ma come fare, senza starle davanti a ringhiare per le successive 42 ore?

Presi dei fogli, scrivendo sopra «NON TOCCARTI L'OCCHIO! SEI STATA OPERATA DI CATARATTA!» e ponendoli nei tre o quattro posti di casa che bazzicava.

Risultato? Li osservò con sospetto, come se avessi scritto «SHHH! LORO TI GUARDANO!». E siccome tendeva comunque a toccarsi l'occhio, l'aspetto complottistico sembrava vincere su quello preventivo. Rimossi i cartelli.

Piano B: scrissi il monito su un piccolo cartellino, grande metà di un post-it, lo plastificai e glielo misi a mo' di braccialetto sul polso destro. Nel momento in cui fosse andata verso l'occhio, lo avrebbe sicuramente letto e ciò l'avrebbe fatta desistere.

Sì, come no.

Intanto iniziò a toccarsi la benda con la mano sinistra, cosa del tutto innaturale e mai fatta fino a quel momento. Nuovo cartellino, plastificatrice ancora in funzione e altro braccialetto. Tre minuti dopo, trovai i braccialetti accuratamente posizionati accanto a lei.

«Mà! I braccialetti!»

«Non sono miei, li ho messi qua così, se qualcuno li cerca, li trova.»

Fu necessario rafforzare la fasciatura, usando della garza elastica solitamente usata per i traumi alle gambe. Così conciata, mia madre sembrava la protagonista di un film con Bruce Lee. Nello specifico la comparsa n°4 che ha la brutta idea di fermare Bruce Lee, prima di essere pesantemente picchiata.

La cena fu un replay del pranzo. Ai vari «Lui è il più timido», «Lui è il più saccente» e «Lui è quello più pericoloso» si aggiunse «La nonna è quella più piratesca, arrr!», cosa che generò ilarità, volgarità e parziale allentamento della tensione.

Arrivò la notte. Le operazioni di toletta serale furono sorvegliate in maniera più rigorosa che in prigione, visto il soggetto ad alto tasso di ribellione. L'idea di avere un'altra giornata di sorveglianza di tale livello mi spaventava, ma mai quanto la notte. Tra pipì e risvegli notturni vari, dovevo proprio sperare in un crollo fisico, possibilmente suo, complice anche il fatto di non aver dormito il pomeriggio.

«Coprimi le spalle, è...»

«...il tuo punto debole. E, sì, sono felice di essere tuo figlio.»

«...»

«...e, sì, domani ti chiamo io.»

«Mi raccomando, che domani c'è quella cosa.»

«Cosa?»

«Quella cosa a scuola. Che se non la faccio bene, la mamma mi rimprovera.»

A posto, il sonno era tra noi. Andai a letto. Non riuscii a prendere sonno facilmente, certo che entro una decina di minuti mia madre avrebbe scambiato la conchiglia di plastica per un biscotto, azzannandolo. Così non fu, evidentemente era davvero stanca. Anch'io, così mi rilassai e caddi in un sonno profondo.

«DING DONG!»

Non avevo nemmeno idea di che ore fossero, ormai era un riflesso tale che avrei potuto fare il pompiere, tanto riuscivo a passare dallo stato di sonno profondo a quello di veglia.

Saltai giù dal letto per intercettarla ma tutto sembrava normale. Era ancora coricata, di fianco, così come l'avevo lasciata. Che fosse stato un falso allarme? Mancavano solo quelli all'appello, sarebbe stato veramente assurdo alzarsi per nulla.

Tornai a letto. Nemmeno il tempo di poggiare di nuovo la testa sul cuscino...«DING DONG!»

Sentii contemporaneamente anche un altro suono, cupo, come se avessero dato un pugno contro una superficie di legno.

Stavolta me la presi con calma, certo fosse il sensore difettoso. Infatti la trovai nella stessa posizione. Che seccatura. Lo spensi e feci per tornarmene a letto quando un dettaglio, nella semi oscurità, catturò la mia attenzione.

La conchiglia protettiva era sparita.

Mi avvicinai al letto, magari si era staccata da sola.

Nessuna traccia. La benda era parzialmente staccata, si vede che l'adesivo a forza di metterla e toglierla aveva perso aderenza. Ma la protezione in plastica non la vedevo da nessuna parte, nemmeno aiutandomi con la luce del cellulare. Cercai pure sotto il letto, aprii ogni cassetto lì vicino e temetti l'avesse messa sotto il cuscino. Non c'era altro posto nelle vicinanze dove avrebbe potuto metterla, in dormiveglia.

Ad un tratto, mi ricordai di quel tonfo che mi sembrato di sentire poco prima. E, come diceva Conan Doyle per bocca di Sherlock Holmes, una volta escluso l'impossibile, ciò che resta, per quanto improbabile, è la verità. Mi avvicinai all'armadio, all'altro capo della stanza, non lontano dal mio letto, e lì trovai la conchiglia. Mia madre doveva avergliela lanciata contro poco prima. A posto.

Provai a sistemargliela senza svegliarla. Doveva essere stata una geniale idea della coppia sonno+stress, visto che lei lo scambiò per un tentativo di aggressione notturna e cacciò un urlo d'altro tempi.

«Aiuto! Che succede? POLIZIA!»

«Mà, calma, ti devi rimettere la benda...»

«Quale benda? Chi sei? POLIZIA!»

Cercai di spiegarle il discorso cataratta ma dovevo ammettere di non essere credibile nemmeno a me stesso. Fu lei a togliermi dall'imbarazzo, quando smontò il tentativo di rapimento dicendo semplicemente di dover andare in bagno.

«Però mettiti la benda, per favore.»

«Quale benda?»

Inutile dire che seguii con particolare attenzione tale

parentesi. Venti minuti dopo, aveva miracolosamente ancora addosso l'intera protezione.

«Meno male, grazie! Ora, per favore, torna a letto.»

«Ma che letto, basta, devo prepararmi per domani che ho la gita con la scuola. Non sai quanto mi costa.»

«Mà, altro che gita, domani abbiamo il controllo dall'oculista, devi andare a letto!»

Magari l'avessimo avuto davvero il giorno dopo, ma non avevo altri appigli.

«Ma che oculista! C'è la mia collega che mi aspetta...là!», concluse, indicando il bagno, dal quale era appena uscita.

«Ascolta, dobbiamo andare dall'oculista. Altrimenti perché avresti quella benda sull'occhio?». Fregata.

In effetti non ebbe come rispondere a tale scacco matto, così diventò (leggermente) più collaborativa e tornò a letto.

Ottimista per il resto della nottata, feci lo stesso. Chiusi gli occhi.

«MA COS'E' QUESTA ROBA?»

Altro che «DING DONG!», che peraltro ricordai di non aver più riacceso, aveva urlato come se avesse trovato lo scarafaggio di Kafka nel letto, accanto a lei.

Mi avvicinai rapidamente a lei, per evitare svegliasse tutti, e sentii qualcosa sibilare vicino l'occhio, per poi andare a sbattere da qualche parte dietro di me. Impossibile sbagliarsi, ormai la conoscevo troppo bene: era la conchiglia protettiva. La misura era colma.

Ora, in un qualunque film, il protagonista - ormai esasperato - sarebbe sparito dalla scena, ripresentandosi poco dopo con del nastro adesivo. L'inquadratura avrebbe indugiato sul suo viso truce e sulle sue mani che, distanziandosi con un gesto secco, avrebbero mostrato una porzione di nastro pronta a essere usata nel modo più coercitivo possibile. La mano abile del regista, grazie anche all'uso di una tecnologia a 16K per le riprese, avrebbe mostrato persino la tipologia di nastro: altro che quello di carta da imbianchino, il protagonista del thriller aveva optato per il nastro telato americano.

Ecco, da amante dei film, fu esattamente come andò quella notte.

Il giorno dopo, non del tutto in funzione delle mie facoltà mentali, da un lato ero felice di aver dormito ben due ore, dall'altro ero dubbioso su come poter togliere quel nastro dai capelli di mia madre.

In più temevo per l'andamento della giornata che, per la cronaca, si rivelò un identico replay del giorno prima, solo più lungo. Anche la notte, nonostante la tecnica del nastro americano, fu una lotta continua e la mattina successiva ci presentammo al controllo in uno stato pietoso.

«Caspita, si è operato a entrambi gli occhi? Così giovane?», mi chiese, stupita, una signora sull'ottantina.

In effetti avevo gli occhi così rossi da distogliere lo sguardo dalla conchiglia protettiva di mia madre, eroicamente al suo posto dopo quasi 48 ore di guerra. Ma i complimenti da parte dell'oculista avrebbero fatto talmente tanto breccia nel mio cuore e mi avrebbero reso così tanto orgoglioso di aver fatto il mio dovere di figlio da farmi dimenticare tutto.

Come se l'avessi evocato, questi spalancò la porta,

chiamò proprio mia madre per entrare e saltò in aria per la sorpresa quando se la trovò davanti.

«Signora! Ma che ci fa ancora con la conchiglia protettiva?», tuonò, come se gli avessimo appena rivelato di aver usato candeggina al posto dei colliri antibiotici.

«Quale conchiglia?», rispose candidamente lei.

«Ma...ma...», intervenni io. «La conchiglia...48 ore...l'occhio di quaglia...»

«Ma che 48 ore, se la poteva togliere la mattina dopo. Ma chi le ha mai detto qualcosa del genere?»

Tolse protezione e benda a mia madre, continuando a fissarmi, con lo sguardo giudicante e sprezzante di uno che crede di avere di fronte un mostro che alimenta un genitore ad acqua e bucce secche di melagrana.

Pingo Pongo e altri simpatici passatempi

Cercammo di riempire le giornate di mia madre con attività ricreative, giocando molto sulle sue precedenti passioni.

Il cruciverba fu un'ovvia scelta e i risultati furono sorprendenti: quella che noi chiamiamo cultura non è altro che memoria, ma rispetto a quella episodica (gli eventi della nostra vita) la sua sembrava essere stata preservata.

Avrebbe potuto stare ore a compilare un cruciverba dopo l'altro. Non a caso, quando notavamo che era passato troppo tempo da quando aveva iniziato, cercavamo di toglierlo ma lei reagiva come Gollum di fronte all'anello d'oro.

Qualche tempo dopo capimmo perché. In primo luogo, lasciare un cruciverba a metà, secondo la sua attuale visione del mondo, non le avrebbe fatto guadagnare punti nel gioco. Non c'erano molti altri dettagli, sapevamo solo che eravamo tutti all'interno di questo gioco cucito proprio su di lei.

Detto ciò, ancora più importante, per lei il cruciverba poteva essere l'unico mezzo per trovare la parola-chiave grazie alla quale avrebbe potuto finire il gioco stesso.

Continuai a guardare il lato positivo: il cruciverba era uno stimolante per le connessione cerebrali, un tonico importantissimo in fase di riabilitazione, un possibile viatico per una ripresa mnem…

«Mamma, non copiare!»

La beccai infatti a sbirciare dalle soluzioni. Ecco come faceva a compilarli tutti così velocemente! Altro che tonico per la mente!

Farle notare l'inutilità di fare un cruciverba copiando era inutile: avrebbe continuato a dire di aver sbirciato una risposta, non ricordando di averlo fatto praticamente per ogni definizione.

Presto i lati negativi del cruciverba superarono quelli positivi. Messa al rogo la stimolazione mnemonica, restavano solo le singole parole che facevano capolino troppo spesso nei momenti di malessere. E poi stava diventando sempre più difficile toglierglielo, esattamente come un cane con l'osso, ringhia incluse.

Passammo a un'altra sua passione nella vita precedente: la pittura. Per anni aveva realizzato dei quadri a olio, ma poco prima dell'incidente aveva appeso il pennello al chiodo per motivi imprecisati. Sarebbe stata un'ottima occasione per riprendere, anche perché l'arte è di per sé una straordinaria forma di terapia. Io stesso l'avevo utilizzata a tal fine, con la cartapesta, nei miei anni di lavoro nel campo delle disabilità. I benefici a livello di autostima, motricità e creatività erano visibili a occhio nudo, con l'attività stessa che risultava catartica anche a livello emotivo.

La tela rimase vuota per giorni. Ammetto che la cosa non mi sorprese. Mia madre era ormai la forma incarnata dell'indecisione, più che altro perché temeva di sbagliare qualcosa e di pregiudicare il gioco.

Aveva necessità di essere guidata, non tanto

nell'operatività, quanto nella direzione da prendere. Comprai così delle tele speciali con i tratti del dipinto già presenti e, in ciascuna delle aree da colorare, il numero corrispondente al vasetto di tempera da cui attingere. In questo modo, avrebbe potuto recuperare la manualità della pittura, senza andare in crisi di fronte alla tela bianca, avendo già dei binari prestabiliti. Il risultato finale sarebbe stato un quadro a olio in tutto e per tutto, con un piccolo aiutino che, a lavoro ultimato, sarebbe risultato invisibile.

All'inizio sembrò di aver colpito nel segno: almeno un'oretta a pomeriggio si metteva seduta e dipingeva. L'umore, tuttavia, non era dei migliori. Non solo i numeri erano stampati così piccoli da richiedere l'uso di una lente di ingrandimento e di una lampada sparata a mo' di interrogatorio dell'FBI sulla tela, ma anche in questo caso il dimenticare quanto fatto fino ad allora creava non pochi problemi.

Se non ricordava di aver dipinto lei quel quadro fino al giorno prima, perché avrebbe dovuto farlo il giorno dopo? A poco servivano le foto a dimostrazione dei pomeriggi precedenti china a dipingere, per lei non erano credibili. È esattamente come se a qualcuno che ritiene di avere una vita normale mostrassero delle foto che lo ritraggono vestito da dinosauro mentre va a buttare la spazzatura.

«Me lo ricorderei se lo facessi» sarebbe il primo commento. «Quindi non sono io».

L'intera attività divenne presto una semi-agonia, tra problemi di vista e incapacità di apprezzare i progressi nel completamento dell'opera, non godendo dei piccoli passi avanti, di giorno in giorno. Così, nonostante le buone premesse, fu accantonata anch'essa.

Mi venne in mente che l'uso di un diario avrebbe potuto aiutarla sotto vari punti di vista. Intanto, avrebbe potuto sostenere la sua memoria, mettendo su carta pensieri ed emozioni che pochi secondi dopo sarebbero svaniti per sempre. Poi, chissà, magari rileggere qualche appunto scritto di proprio pugno l'avrebbe aiutata a ricordare qualcosa del recente passato, fosse anche aver fatto una passeggiata il giorno prima. Infine, non meno importante, rendere la scrittura un appuntamento quotidiano avrebbe dato un nuovo senso al tempo che passava, soprattutto a una persona che non ne aveva più contezza.

Già dopo qualche giorno, scorrere il diario, pagina dopo pagina, dava anche a me una strana e paradossale sensazione: era la prova inconfutabile che un copione che sembrava andare avanti in un loop infinito, in realtà, scorreva con le tradizionali regole del mondo.

E mia madre, in tutto questo? Collaborava nella scrittura, essendo un'abilità rimasta intonsa, bellissima calligrafia inclusa, ma solo da un punto di vista formale. Non riusciva, infatti, nemmeno a mettere su carta i pensieri sul *qui e ora*.

Mi sarei aspettato un «sono confusa», «non so cosa fare», riferimenti al «gioco» o ragionamenti pessimistici. Niente. Sarà stata la paura di sbagliare o, più semplicemente, l'incapacità di afferrare i propri pensieri, un po' come se uno volesse trattenere le singole gocce di acqua infilando la mano in un fiume, si rifiutava di scrivere contenuti originali.

Via via che i giorni si susseguivano, aggiunsi qualche foto per rafforzare il resoconto di quella giornata, ma non servì a nulla. Ogni volta ricominciava a leggere dal 4 ottobre, col mio racconto di quanto le fosse successo, ma era come se leggesse la storia di qualcun altro. Continuava a dire di non ricordare nulla e chiedeva come fosse possibile.

Inizialmente, per indorare la pillola, tendevo a non dare troppi dettagli.

«Hai un'amnesia»

«Dovuta a...?»

«Una caduta. Ma, non preoccuparti, ti stai riprendendo alla grande!»

Alla lunga, le cose cambiarono.

«Hai un'amnesia»

«Dovuta a...?»

«Un'ischemia»

«Ah. Dovuta a...?»

«Un problema al cuore»

«Dovuto a...?»

«Una caduta»

«Dovuta a...?»

«Distrazione, forse.»

«Dovuta a...?»

«Qual è il tuo record di domande in modello interrogatorio?»

«38. Ma non cambiamo argomento: dovuta a...?»

Andando a ritroso, arrivammo all'estinzione dei dinosauri.

«Dovuta a...?». Addio diario.

Provammo infine con la plastilina. Ricordando la miriade di lavori con il DAS da lei realizzati negli anni di insegnamento in una scuola primaria, mi sembrò una buona idea.

La plastilina, contrariamente ad altri strumenti, non solo è un antistress naturale ma permette di creare e disfare all'infinito. Non ci sarebbe stato bisogno di un prodotto finito di cui essere soddisfatti, visto che mia madre non avrebbe ricordato di averlo fatto lei, ma l'attenzione si spostava proprio sull'azione, qui e ora. E poi era così profumata! Mica lo ricordavo, questo.

Un giorno, avevamo visite. Lei era intenta a giochicchiare con la plastilina, raccolta in palline in una ciotola là vicino. Era l'equivalente delle palline di mollica di pane a tavola, quando uno è nervoso. Una chiacchiera dopo l'altra, tutto sembrava andare per il meglio.

Mi girai per prendere un tovagliolo, sorridente. Il sorriso mi si spense velocemente quando, tornato a guardarla, feci in tempo a vedere come - con una mossa fulminea - si fosse messa un pezzo di plastilina rossa in bocca.

«Mà! Sputala!»

«UOOSA?», rispose lei, masticando.

«LA PLASTILINA!»

«GUALE UASDILINA?»

Riuscimmo a toglierla e ringraziai il cielo fosse atossica.

«Ma perché l'hai mangiata?», le chiesi, sconcertato.

«Ma che ne so che era plastilina, era davanti a me, era a pallini e aveva un buon odore, cosa dovevo fare?»

La spesa

C'è un video che gira in rete e che mi piace parecchio. Si vede un cane (vero) che osserva un cane (di peluche) che si avvicina a una ciotola di cibo. Quest'ultimo fa finta di mangiare, poi la mano che lo tiene lo fa tremare tutto e, infine, cadere di fianco, come fosse stato avvelenato. Il cane vero capisce l'antifona e va via, ignorando il cibo.

Più o meno fu il mio stesso atteggiamento rispetto a una delle poche attività che non feci mai con mia madre: fare la spesa. Il cane di peluche fu mio fratello, solo che gli effetti devastanti di tale esperienza non furono solo simulati.

Sia chiaro: avevo fatto la spesa con mia madre per anni. Anche dopo il matrimonio, pur di evitarle di trasportare carichi troppo pesanti, ci davamo appuntamento a un certo orario e lei si presentava sempre con due liste: una per lei e una per me. Tre minuti dopo l'ingresso in negozio io avevo già completato la lista e la ritrovavo sempre nel reparto cosmetica a scegliere una crema idratante. A quel punto la aiutavo a terminare la sua e poi la riaccompagnavo a casa.

Conoscevo bene le sue abitudini, i prodotti che usava e tutto il necessario per poterla assistere nuovamente in un compito del genere. Magari avrebbe pure potuto aiutarla a riacquistare una certa autonomia.

«Non ti dico che esperienza…», mi disse mio fratello, il giorno dopo essere stato con lei.

«Ho pensato di portarla in un vivaio e…»

Mia madre aveva sempre adorato le piante e aveva pure un discreto pollice verde. Da qui l'idea di portarla in un vivaio, con la scusa di farle scegliere delle piante per il suo balcone. Non l'avesse mai fatto.

A giudicare dal racconto, mia madre si comportò come Michael Jackson quando andava in un negozio di antiquariato. Una scena vista in un documentario sulla sua vita che mi rimase in memoria perché si vedeva il cantante entrare con la sua guardia del corpo, guardare in giro per due o tre secondi, e poi iniziare: «Voglio quello, quello, quest'altro, quell'altro, quello grande e pure quella roba gigante!»

«Ma, Michael, è il furgone dei gelati…»

«Esatto, pure quello.»

Tutto iniziò con «Mamma, mi aiuti a scegliere due piante per il balcone?» e finì con 140 euro di piante infilate in auto. Il commesso lasciò presto spazio al proprietario che, immaginando mia madre fosse l'equivalente delle mogli di un emiro in trasferta da Harrods per fare due spesucce, le paventò davanti di tutto, da alberelli di limone e un baobab. E mia madre accettò tutto.

Sapevo abbastanza per immaginare per filo e per segno la scena di mia madre al supermercato.

«Guarda quanta frutta!»

«Sì, mamma, è il reparto ortofru… aspetta, che ci fai con quattro chili di mele?»

«Possono servire, metti che invitiamo a casa gente.»

«E che offriamo, le mele?»

«Smettila. Uh, le arance! Le possiamo prendere tutte?»

«No. Dai, che dobbiamo andare a prendere il latt...»

«I cavoletti di Bruxelles! Dobbiamo prenderli!»

«Ma se non li abbiamo mai usati in quarant'anni!»

«Appunto, ma metti che guadagniamo punti? Il cibo per gatti ci serve?»

«Non abbiamo gatti.»

«Come no?»

«Mamma, Mao[1] è morto vent'anni fa.»

«Sì, come no. Me lo ricorderei.»

Sarebbe stata una lunga agonia fino alle casse, strappandole roba dalle mani e rimettendo negli scaffali cose perfettamente inutili, come sbuccia asparagi, cera per parquet (che non aveva a casa), alcolici (lei era astemia, ma, chissà, avrebbero potuto servire per fare delle bombe molotov) e non voglio nemmeno pensare a cosa sarebbe successo alla cassa, di fronte ai preservativi.

Tra l'altro notai come mia madre avesse perso del tutto il senso del denaro. Non ne parlava mai, nessun riferimento al proprio borsellino o, in chiesa, alle monete per le offerte. Le chiesi quanto costasse secondo lei un panino al supermercato.

«Non mi fare queste domande», rispose, con un certo disagio. «Dieci euro, forse?»

---

[1] A scanso di equivoci, il nome fu scelto per via dell'assonanza con il verso del gatto e non in onore di qualche personalità politica orientale. Curiosamente, però, visto che mia madre aveva i ricordi risalenti ai primi anni 2000, tecnicamente per lei anche l'altro Mao era morto vent'anni prima.

No, c'era molto di meglio da farle fare, oltre la spesa.
Cosa, non lo sapevo ancora, ma ero certo ci fosse.
Forse.

Il wc vorace

Una sera, per cena, preparai il pollo cucinato a bassa temperatura. Una preparazione che richiede circa nove ore di cottura, proprio per via del fatto che la temperatura non superava mai gli 80°C, rendendo alla fine la carne così tenera da staccarsi dall'osso anche solo guardandola. Un piccolo gioiellino culinario, preparato raramente.

Mia madre, come da tradizione, chiese dove sedersi, ignorando che quello fosse il suo posto da mesi ormai, e guardò con rassegnazione il pollo.

«Sono stufa di mangiare sempre questo piatto.»

Ormai avevo fatto il callo a questa frase e stavo progettando di fare una serata a base di sushi, una roba che mia madre non credo abbia mai visto, figuriamoci assaggiato, solo per godermi lo spettacolo.

Che fosse stufa o meno, le piacque parecchio, al punto tale da cominciare a ingozzarsi, nemmeno fosse un prigioniero tenuto in ostaggio che, perso per perso, si strafogava con qualcosa di commestibile riuscito ad afferrare, anche se ciò avrebbe portato a ulteriori torture.

«Mà, piano…»

«Gnam! Gnam! Gnam!»

«Mà… piano…»

«Gnam! Gnam! Gnam!»

«Mangia piano, che rischi di soffocare…»

Piccola parentesi. Capisco sia sconveniente basare un intero aneddoto su un classico gesto umano finalizzato all'espulsione del contenuto dello stomaco nei momenti di malattia, indigestione o colpi allo stomaco tali da generare reflusso. Sì, insomma, del vomito. Per questa ragione, non userò mai il termine «vomitare», bensì «caramellare». Andiamo, cosa c'è di male in un mare di caramelle colorate che escono fuori da una bocca, come fosse un arcobaleno? Ma andiamo avanti.

«Gnam! Gnam! Gnam!»

«Mà... per favore... rischi di caramellar...»

«Gnam! Gnam! Coff... COFF...» A quel punto, senza preavviso, si piegò in avanti verso il piatto.

Caramelle, caramelle ovunque. Le passammo subito dei tovaglioli per cercare di contenere il tutto e pulirsi, ma, più ne passavamo, più ne usava.

Le passammo pure una ciotola, che non pensò minimamente di usare per caramellarci dentro, bensì per metterci dentro tutti i fazzoletti sporchi. Non a caso, anche la maglia che indossava finì per riempirsi di caramelle.

«Uffa, te l'avevo detto! Andiamo in bagno, dai, datti una ripulita.»

Il peggio sembrava essere passato, quindi l'aiutai ad alzarsi e feci per accompagnarla al lavandino, quando un nuovo colpo di tosse scatenò di nuovo la pioggia di caramelle. Fortunatamente la ciotola era ancora a portata di mano, quindi la afferrai e la usai in modo consono, poggiandola sul lavandino una volta arrivati in bagno, mentre aiutavo mia madre a non sporcarsi ancora di più.

Lei iniziò a sciacquarsi la bocca e sembrò aver terminato di caramellare. In compenso la puzza in bagno a causa della ciotola piena era insostenibile, così la afferrai e ne riversai il contenuto nel WC, tirando immediatamente l'acqua.

Vedendo quest'ultima risalire rapidamente, mi resi subito conto di aver fatto una sciocchezza. I fazzoletti non erano certo idrosolubili come la carta igienica, quindi dovevano aver continuato ad assorbire liquidi velocemente, aumentando volume e rischiando di tappare lo scarico. Ci mancava solo il WC otturato con le caramelle.

In quei pochi secondi fui praticamente certo che l'acqua avrebbe superato il bordo, spargendosi su tutto il pavimento. Esattamente quanto avvenuto anni prima in aeroporto. Solo che in quel caso la colpa era del precedente utilizzatore, giuro. La mia unica colpa fu quella di tirare l'acqua nella speranza di bonificare una zona tendenzialmente radioattiva. La dozzina di persone che attendeva fuori dal bagno che io finissi e che si ritrovò una scena apocalittica una volta entrata, non ci avrebbe creduto facilmente, complice anche la mia rapida fuga guardando in basso dopo che l'acqua sporca aveva cominciato a debordare.

L'acqua continuò a salire e sentii montare il panico. Tutto a un tratto, con un risucchio, il coraggioso WC riuscì ad aspirare tutto e potei rilassarmi: nessuna esondazione, quella sera. Solo caramelle.

Mi girai verso mia madre che, mentre si puliva la bocca, mormorò qualcosa di incomprensibile.

«Non ho capito, scusa, Dicevi?»

«Niente, ti chiedevo se hai visto la mia protesi»

«Mamma, te l'ho detto mille volte, il…dentista…»

Lo stomaco mi si contrasse.

«Ti…ha…cioè…»

Cominciai a sudare freddo.

«La protesi…»

Fu una specie di episodio di pre-morte, uno di quelli raccontati con un distacco dal corpo e la sensazione di vedere la scena da fuori.

Nel mio caso si aggiunse anche il viaggio nel tempo, dato che l'orologio tornò indietro di trenta secondi e io vidi me stesso afferrare la ciotola, riversare il contenuto nel WC, tirare l'acqua e non capire il perché quell'ammasso di fazzoletti faticasse a essere spinto giù.

Non erano stati loro a imbarcare acqua. Avevo buttato nel cesso la protesi di mia madre, evidentemente caduta durante la prima caramellata e nascosta da qualche fazzoletto, e avevo tirato l'acqua.

Fui preso da un senso di colpa mai provato, dovetti appoggiarmi alla parete. Mia moglie entrò in bagno e credo sospettò mia madre avesse provato a uccidermi, o viceversa, vista la mia espressione sconcertata.

Controllai otto volte il WC, senza azzardarmi a tirare nuovamente l'acqua. Cominciai a girare per la stanza, riflettendo. Magari si era incastrata a pochi centimetri dalla parte visibile dello scarico e…

WOOOOSH!

Mio figlio, che nel frattempo era entrato tranquillamente in bagno per fare pipì, tirò lo sciacquone, spegnendo qualunque sogno di gloria.

«Ma la mia protesi?»

Mia madre sembrava davvero volermi uccidere con quella frase, ripetuta ogni trenta secondi. Presi il cellulare e mandai un messaggio a mio fratello: «Ho fatto una cazzata».

Lui mi richiamò immediatamente. Credo avesse temuto qualche insano gesto, visto il periodo di stress che stavamo passando, al punto tale che, quando gli raccontai della protesi buttata nel cesso, fu come se gli avessi confessato che la mia peggiore paura nella vita fosse quella di rimanere senza acqua tonica a casa.

All'improvviso ebbi un'illuminazione. Dalla ristrutturazione di casa, qualche anno prima, ero venuto a conoscenza di una specie di finestrella di ispezione che i vicini del piano di sotto avevano in corrispondenza del bagno. Era vivido il ricordo dei muratori che trovarono lì qualunque cosa, da cemento indurito a plastica, passando per qualcosa che sembrava in modo inquietante un porcellino d'India mummificato.

E se la protesi fosse finita lì? Magari era pesante e quindi si era sedimentata (bella questa) in basso nel collo d'oca. Qualunque cosa fosse il collo d'oca. Ne avevo sempre sentito parlare ma non avevo idea di che funzione avesse. La protesi forse era rimasta lì, strozzando l'oca. Un buon prezzo da pagare pur di ritrovarla.

Chiamai mio cognato, che ai tempi aveva accompagnato i muratori dai vicini, e gli chiesi la cortesia di accompagnarmi. Già non ne capivo niente di idraulica ma, ridotto com'ero, avrei finito per cercare dentro la lettiera del gatto dei vicini.

«Arrivo subito», rispose lui. Erano le 21.00, un orario ancora consono a un po' di disturbo.

Arrivò alle 22.30, un orario decisamente meno consono a un po' di disturbo ma non c'era tempo da perdere.

Magari i vicini, tirando l'acqua, avrebbero spedito la protesi ancora più giù, come quando il vento fa volare un foglio di carta, tu vai per raccoglierlo e ti scappa di nuovo.

Scendemmo al piano di sotto, bussai e guardai l'orologio: le 22.40. Possibile fossero passati dieci minuti solo per fare una rampa di scale?

Totale silenzio. Eppure l'auto dei vicini era parcheggiata nel cortile.

Cinque minuti dopo, riprovai. Niente. Fummo quasi sul punto di andare via quando si aprì la porta e la vicina si palesò. Ma, più che dal suo sorriso, l'attenzione fu catturata da tre elementi: il buio del salone che si vedeva dalla porta, illuminato solo dal bagliore di un televisore; il totale silenzio in casa, col suddetto televisore muto; la vicina in pigiama.

In pigiama alle…? Guardai l'orologio: le 22.50. Ma che stava succedendo al tempo?

I tre elementi qui sopra vennero tuttavia spazzati via dalle cinque parole da lei pronunciate immediatamente dopo:

«Scusate, stavo addormentando il bambino».

Una qualunque persona sana di mente avrebbe chiesto scusa per il disturbo, per aver svegliato il bambino e per aver fatto alzare la coppia dal letto, visto che anche il marito, arrivato poco dopo, si presentò in pigiama. Avrei dovuto salire di nuovo a casa, staccarmi l'arcata dentale e darla a mia madre, a mo' di piccolo risarcimento. Ma non lo feci.

No, non il discorso dell'arcata dentale, dico. Mettendo da parte qualunque dignità, spiegai la situazione e chiesi (leggi: utilizzai delle tecniche da venditore di aspirapolvere per entrare a casa loro) e, tirando per la manica mio cognato, ci facemmo accompagnare in bagno.

Lui si arrampicò, aprendo quella che, dall'esterno, a me sembrava più che altro una cassetta elettrica. Però era fatta in legno e, nell'atto di rimuovere il pannello, questi cadde, fracassandosi a terra.

«Mannaggia, mi dispiace!», esclamai io, mortificato.

Loro furono molto graziosi a non farci pesare il danno, limitandosi a parole di conforto, unite alla speranza che la secondogenita non si fosse svegliata per il rumore.

«Ha la febbre, si è addormentata poco fa dopo due ore che ha fatto effetto la tachipirina», conclusero, guardandomi fisso negli occhi.

Il girarrosto nella piaga fu interrotto da mio cognato che, nel frattempo, aveva infilato un braccio dentro la nicchia.

«Sento…qualcosa…», disse poi. Cominciai a emozionarmi non poco e mi venne il timore che avrei urlato come una ragazza pon pon se avesse ritrovato la protesi.

«…è qualcosa, ma…»

Ma? MA?

«…non capisco, è…»

Cosa? COSA?

«…è tipo materia…hai presente un blob?»

Della protesi, per la cronaca, non si seppe più nulla. Qualche settimana dopo, il nostro dentista ci raccontò una storia simile, solo con protagonista un apparecchio per bambini di colore blu. Evidentemente i gabinetti erano molto voraci di roba costosa. In quel caso, però, non so come, l'apparecchio venne ritrovato mesi dopo, forse durante uno spurgo. Il dentista lo scoprì perché la madre del bambino glielo portò per valutare la possibilità di rimetterglielo. Da blu era diventato rosa, forse perché era rimasto a marinare negli escrementi per mesi.

«Ma, chissà, forse disinfettandolo un pochino…», propose la madre, rischiando di far caramellare la dentista.

Lavoro?! Cos'è?

Appena prima dell'incidente di mia madre, la mia carriera lavorativa aveva messo davvero il turbo. Guadagnavo molto bene grazie a una serie di collaborazioni, ero diventato project manager di una realtà nazionale super promettente e non avrei potuto chiedere di più a livello di soddisfazione.

Dopo nemmeno un mese di questa vita, cominciai a notare le leggerissime, quasi impercettibili conseguenze del sonno disturbato.

Iniziai a dimenticare le cose. Ma non lievi vuoti di memoria, sembravo il protagonista del film *Memento*[2] e andavo avanti a forza di post-it e sveglie sul cellulare, altrimenti avrei lasciato pure i figli da qualche parte. Sempre che non l'abbia mai fatto per davvero, non escludo la cosa. Non ricordo molto di quel periodo nemmeno oggi.

Quotidianamente rischiavo di addormentarmi durante le ore di meeting in streaming, nel corso delle quali si alternavano momenti di geniale lucidità a molti altri di

---

[2] Capolavoro di Christopher Nolan del 2000. Il film è montato al contrario, si parte dal finale e si arriva all'inizio della storia, perché racconta la storia di un uomo che non è in grado di immagazzinare nuove informazioni per più di alcuni minuti. Per cercare di sopperire a questa mancanza cerca di scrivere e prendere appunti il più possibile, usandoli come indizi per capire cosa succede dopo.

distrazione totale e apatia.

Riuscivo ad avere energie per seguire un terzo dei progetti che portavo avanti ormai da sei mesi e, inevitabilmente, i restanti due terzi andarono a farsi benedire poco dopo.

Fui io stesso a congedarmi, con non pochi rimpianti ma totale e onesto realismo verso le persone che avevano fiducia in me e rispettavano il periodo che stavo passando, una volta capito che non avevo minimamente la testa per seguirli adeguatamente. Non avevo testa per seguire me e la mia famiglia, figuriamoci il lavoro altrui.

Per quanto possibile cercavo di lavorare da casa, in smart working, ma, anche lì, c'era il rischio che mia madre spuntasse durante una videocall, visto che aveva la tendenza a girovagare per casa.

Quando mi mettevo in auto, lontano da casa, il mio cervello finalmente si rilassava. Fin troppo, direi, visto che rischiai di sbandare un paio di volte e quello fu un serio campanello d'allarme.

O, più semplicemente, abituato a sentirne uno continuamente ogni santa notte, stavo uscendo fuori di testa.

Coff coff

Contestualmente, mia madre continuò a tossire. Long COVID, dicevamo. Ci poteva stare, visto che a prescindere lei non è che avesse i polmoni di una dodicenne, dopo cinquant'anni di fumo. Ma la notte era un continuo concerto e, su suggerimento del medico di famiglia, cominciammo a darle uno sciroppo per la tosse.

Ora, io di tale sciroppo ho vaghi ricordi fanciulleschi. Un liquido scuro, denso, dolce per non dire melenso e con una lieve nota alcolica. Non mi dispiaceva affatto. Il top era quando, una volta finito, aggiungevo un po' di acqua per diluire il residuo e berlo.

Quello prescrittole magari calmava un po' la tosse, ma risultò una vera e propria arma chimica in grado di devastare un ambiente. Come fosse stato melassa mischiata a pece, una perdita dalla bottiglietta che lo conteneva sporcò il lavandino del bagno per due giorni. Una roba che se mai dovessi vandalizzare qualcosa, le lancerei contro una bottiglietta di questo composto infernale, altro che molotov o letame.

Va da sé che quando mia madre tossiva subito dopo averlo preso col cucchiaio, gli ambienti di casa nostra si trasformavano nella sala delle incubazioni delle uova del film *Alien*, con tanto di liquido nauseabondo che colava dal soffitto.

Passate due settimane di sciroppo, devastato dalla delusione per la pubblicità ingannevole secondo cui rischiava di generare sonnolenza — che non vidi affatto in lei — la tosse era ancora lì. Decidemmo così di chiamare uno pneumologo che, tre secondi dopo aver sistemato lo stetoscopio, se ne uscì bonariamente, quasi sorridendo, con una diagnosi lapidaria.

«Ah, ha la polmonite!»

«Prego?»

«Bilaterale, pure.»

Chissà perché la mente tornò ai continui entra ed esci dal calduccio del letto al freddo invernale di casa. Le prescrisse una cura a base di forti antibiotici. Tuttavia, dopo una settimana di terapia, la situazione non migliorò affatto. E come riuscimmo a capirlo, pur non essendo medici?

«PA-NE!»

Divenni l'equivalente umano dell'emoji della mano in faccia. Non sembrava avere febbre, ma la saturazione iniziò a calare pericolosamente e fu necessario correre in ospedale. Era il 22 dicembre e, dopo circa otto ore di attesa, decisero di ricoverarla, con la temperatura salita improvvisamente oltre i 38°C. Ciò confermava l'ipotesi delle parole anticipatorie del malessere che, nei mesi successivi, riuscì a farci preparare all'inevitabile con addirittura 24 ore di anticipo prima che il termometro superasse anche solo i 37°C.

Si scoprì che la polmonite aveva resistito agli antibiotici più potenti in commercio destinati all'uso personale perché il batterio che la causava era di tipo ospedaliero.

Sintetizzando, durante il mese di degenza post-ischemia, l'aveva contratto in ospedale. E, no, non dagli altri pazienti. Mi grattai la testa, com'era possibile? In ospedale dovresti guarire dalle malattie, non prendertene due, come nel suo caso. Fortunatamente lì avevano pure gli antibiotici specifici per contrastarlo, ma la cosa avrebbe richiesto del tempo.

Passammo il Natale senza di lei ed egoisticamente quei dieci giorni avrebbero potuto sancire una tregua per far tornare me, mia moglie e i miei figli la famiglia che eravamo prima. Non solo non dormivo più con mia moglie da due mesi, ma il fatto che i bambini dormissero con lei non era certo il massimo da un punto di vista educativo, specie per il piccolino che allora aveva solo due anni.

Ora, nonostante fossi convinto (e lo sono tuttora) che la presenza di mia madre abbia arricchito i miei figli, dandogli anche una lezione di amore che credo porteranno con sé in futuro[3], è innegabile come non fosse solo il lavoro ad andare a rotoli, ma anche la vita di coppia. Quella stava andando a pezzi. Era praticamente finita in balia di un frullatore a immersione.

Mia moglie doveva caricarsi di un onere che in quel periodo avevo ampiamente sottovalutato, ma che esplose poco dopo e mi fece sentire un verme. Non potendo lasciare io mia madre da sola, doveva sobbarcarsi il proprio lavoro e fare da autista — avanti e indietro — per

---

[3] No, a scanso di equivoci, non nella speranza accolgano me nel caso in cui mi venisse un'ischemia.

i bambini, tra scuola e attività varie.

Poi, tornata a casa, incontrava la suocera — tanto amata negli anni precedenti — oggi trasformatasi in un ospite niente affatto semplice e verso la quale, soprattutto i primi tempi, aveva dovuto svolgere operazioni da vera e propria operatrice socio-assistenziale di cui non andrò nei dettagli ma che tuttora mi perseguitano come ricordi e senso di colpa.

Per non parlare delle notti, a svegliarsi di continuo sentendomi parlare con mia madre o per via del DING DONG, quando avrebbe dovuto recuperare qualche energia per affrontare il giorno successivo.

Con la prospettiva di riavvicinarci tutti e riprendere a respirare qualche giorno di vita familiare normale, complici anche le vacanze di Natale, ero seduto a tavola, tutto sorridente, quando iniziai a tremare. Le gambe non riuscivano a fermarsi, era una situazione stranissima.

Nel giro di venti minuti la febbre salì oltre i 39°C e sembrò resistente ai comuni farmaci antipiretici. Non scese mai sotto i 38°C per i successivi sette giorni, durante i quali continuai a dormire separato da loro per evitare contagi, nonostante non fosse COVID19. Al picco del malessere, mi agitavo a letto, come preda a piccole convulsioni, stringendo a me tre scaldini elettrici per tenermi caldo, come se il tremore fosse causato dal freddo.

Capodanno

Lentamente recuperai un po' di salute. Fu un bene, visto che, dall'oggi al domani, ci comunicarono le dimissioni di mia madre dall'ospedale. Era il 31 dicembre e, all'apparenza, lei era come nuova.

Ci vollero dieci minuti prima di schiodarla dal reparto, visto che salutò chiunque le capitasse sottomano, come se fossero tutti i membri dell'equipe di un chirurgo che ha salvato un paziente in condizioni disperate, operandolo a cuore aperto avendo a disposizione solo un cucchiaino e un accendino scarico.

Ci abbracciò calorosamente e, guardandoci negli occhi, al limite della commozione, chiese solo una cosa.

Un po' d'acqua, forse? No.

Di andare via il prima possibile? Nemmeno.

«Ma chi erano quelli? E perché mi salutavano?», domandò.

Tornò in condizioni igieniche precarie, quindi fu necessaria una sessione di pulizia notevole, tutta fatta in casa. All'uscita dall'ospedale, subito dopo l'ischemia, a mia madre venne assegnata un'assistenza domiciliare che potesse aiutarla a riprendersi. Non senza difficoltà.

La stessa cosa era già avvenuta qualche anno prima, successivamente a precedenti operazioni come le protesi all'anca. Ma, in quel caso, la scelta per il professionista adatto alla riabilitazione fu semplice: arrivò infatti un fisioterapista in grado di supportarla nel ripristino della funzionalità delle articolazioni.

Dopo l'ischemia, chiesi se fosse previsto qualcosa del genere, dando per scontato che vi fosse un qualche tipo di riabilitazione cognitiva.

«No, non c'è.»

«Come no?»

«C'è solo la logopedia, la fisioterapia e l'operatore sanitario.»

Considerando che, allora, mia madre veniva da un mese di immobilità ed era in condizioni igieniche e funzionali pessime, ogni aiuto sarebbe stato oro colato. In più, la logopedia a quanto pare avrebbe anche potuto aiutarla in una sorta di stimolazione cognitiva tramite l'uso delle parole.

Il servizio venne attivato a tempo record. L'operatrice socio-sanitaria si rivelò essere una manna dal cielo, che sgravò dalle operazioni di lavaggio mia moglie, la quale si era immolata alla causa insieme a mia suocera fino a quel momento, fronteggiando situazioni di un imbarazzo totale sulle quali preferisco sorvolare.

Il fisioterapista aveva un look da motociclista, guidava una Harley Davidson, aveva pure il giubbotto brandizzato e un look perfetto per fare un raduno di appassionati.

Credo sapesse di fisioterapia quanto un harleysta medio, dato che passava più tempo giocando al cellulare che mostrando i movimenti corretti da svolgere a mia madre.

La logopedista si presentò una mattina, si sedette, non

rivolse la parola a mia madre e ci informò che da lì a due giorni sarebbe andata in ferie. Il suo maggior apporto alla giornata fu quando ricevette una telefonata da un uomo non meglio specificato, forse un collega.

«Io ancora aspetto risposta…», gli disse. A giudicare dal tono di voce, la risposta era legata al colore preferito per un tanga, piuttosto che alla disponibilità per una sostituzione al lavoro.

«Blablablabla» indistinto di lui, che immagino fosse qualcosa come «Risposta a cosa?»

«Ehm…», cominciò lei, aggiustandosi la camicetta e il relativo contenuto in modo tale che Freud avrebbe scritto un'enciclopedia in merito.

«Rileggi WhatsApp…». Occhiolino, occhiolino.

Uscì da casa e non la rivedemmo mai più. Queste tre figure, più o meno utili che fossero, servirono quantomeno a ravvivare un po' le due o tre giornate settimanali che prevedevano il loro arrivo.

Quando mia madre fu ricoverata per polmonite, il servizio venne ovviamente sospeso. Una volta uscita, chiamai per farlo ripristinare ma mi venne detto che, per via dell'interruzione, mia madre ne aveva perso il diritto. Non fa una piega, no? Se sei stato male, sei assistito. Se sei stato male e sei stato ancora più male, mica c'è più bisogno, no?

La notte del ritorno a casa post-polmonite, inutile dirlo, facemmo le ore piccole. No, non perché fosse il 31 dicembre, quanto perché mia madre sembrò recuperare la routine notturna delle otto volte al bagno.

Non avevo avuto il coraggio di chiedere come si fosse

comportata in reparto e parte di me avrebbe desiderato mettersi le mani sulle orecchie e urlare «BLABLABLA» per non sentire l'eventuale racconto di un'infermiera. Sta di fatto che si ricominciò con lo stesso, identico schema che, per ragioni egoistiche, non poteva continuare.

Proprio per questo, con l'arrivo del nuovo anno, l'obiettivo fu (farla) dormire. Fino ad allora avevamo provato con sistemi soft come le caramelle alla melatonina super pubblicizzate in TV. Promettevano un addormentamento rapido, un sonno ristoratore e una carica di energia la mattina.

Tutte balle, la verità è che erano delle buonissime caramelle, una specie di droga dolce e al delizioso sapore di frutti di bosco. Avevano anche un'altra caratteristica: una volta masticate, erano talmente appiccicose che potevi usarle per appendere un quadro.

Lo scoprii a mie spese in maniera molto simile allo sciroppo per la tosse, quando mia madre non finiva di masticarne una prima di mettersi a letto, si metteva sotto le coperte, tossiva e qualche frammento di caramella viaggiava per la stanza. Il giorno dopo capitava di camminare in ciabatte e ritrovarsene una lasciata dietro perché rimasta incollata al pavimento. Quello fu l'unico cambiamento nella nostra vita generato dalle caramelle alla melatonina.

Il medico di famiglia non mi credette, dunque ne prescrisse delle altre. E poco importa che avesse nel suo studio uno stand pubblicitario della nuova marca. Mancava giusto la promoter, forse quel giorno era in ferie. Lessi gli ingredienti: erano uguali, c'era solo in più l'estratto di melissa, con una concentrazione dello 0,1%. Un atomo, in pratica, viste le dimensioni delle caramelle.

Per qualche misteriosa ragione, queste non solo non funzionavano, ma sembravano quasi eccitarla, venendo così abbandonate subito. E se il problema fosse stato alla vescica? Magari era proprio lei a svegliarla, così prenotammo da una specialista. Niente, anche la vescica era a posto.

In compenso, una volta ascoltata la nostra storia, disse che i precedenti composti a base di melatonina non avevano funzionato perché troppo commerciali e avremmo dovuto provarne un terzo.

Per puro caso, ne aveva cinque scatole lì vicino. Lessi gli ingredienti: c'era la melatonina, c'era la melissa e, new entry, c'era pure la papaya fermentata. Quella sì che avrebbe aiutato, ecco il perché dei fallimenti fino a quel giorno! La papaya rimase nel reparto ortofrutta e le notti insonni continuarono inesorabilmente.

Ci consigliarono di rivolgersi a un geriatra e, come fanno tutti coloro che hanno un problema e desiderano risolverlo, provammo anche questa strada.

Il medico bollò la melatonina come composto del diavolo (cosa che cominciavo a pensare anch'io, soprattutto quando dovevamo scrostare le caramelle dal parquet) e disse che per farla dormire c'era un farmaco che lui prescriveva spesso. Avremmo dovuto darglielo per dieci giorni e goderci la vita. Che risolutezza! Che carisma! Che sogno (letteralmente)! Un uomo tutto d'un pezzo che non aveva timore della lobby degli integratori alla melatonina!

Passai subito a prendere il farmaco miracoloso in farmacia. Incredibile, spesi pure meno di dieci euro, quando ormai anche i fazzoletti costano di più. Uscendo fischiettando da lì, guardai la confezione: erano benzodiazepine. Grazie al cavolo che avrebbe dormito, praticamente si sarebbe impasticcata.

Pillola rossa o pillola blu?

Non era la prima volta che incrociavo quel farmaco nella mia vita. Tanti anni prima, avevo lavorato per un anno in un centro per persone con disabilità e presi a cuore un bambino marocchino dolcissimo. Certo, l'autismo, la quasi totale cecità e il fatto che non parlasse né italiano né marocchino non aiutavano, però tra noi si stabilì un bellissimo rapporto in stile padre/figlio che mi insegnò tanto sull'essere genitore molto prima di diventarlo. Il bimbo in questione non era dunque facile da gestire per chi non cercava almeno di capirlo, motivo per il quale il neuropsichiatra che l'aveva — per così dire — in cura tendeva a dargli farmaci come quello prescritto a mia madre, pensando di migliorare la situazione.

Ora, non tutti sanno che qualunque tipo di sostanza psicotropa non ha effetti identici tra un individuo e l'altro. Io stesso ne sono la prova: la camomilla — che al pari del caffè ha effetti in grado di modificare lo stato psichico di un individuo, fosse solo di rilassarlo o farlo restare sveglio — in me ha un effetto eccitante, altro che calmante. Figuriamoci dunque sostanze ben più pesanti. Nello specifico, il calmante dato al bambino tendeva a trasformarlo in una specie di piccolo *Chucky*, la bambola assassina dell'omonimo film horror. In compenso, credo lo aiutasse a vedere meglio, perché con tutta l'ipovisione che si portava dietro mirava parecchio bene col bastone, quando era in pieno effetto del farmaco. Finito quello, cadeva in uno stato catatonico per dodici ore e, al risveglio, tornava normale. C'è un episodio di Titti e Silvestro, la parodia di Dr. Jekyll e Mr. Hyde che nessuno può scordare per quanto fosse spaventosa agli occhi di un bambino, che rispecchia perfettamente quegli eventi.

Alla luce di tale esperienza e temendo un effetto rinculo peggiore di quello sedativo, stavo per buttare direttamente il farmaco quando parenti e conoscenti cominciarono a sostenere che avremmo dovuto provare… bla bla… che avevamo bisogno di dormire… bla bla… che le avrebbe fatto bene… bla bla… che la dose era blanda… bla bla… e cedetti.

Non avevo più energie nemmeno per ribattere, così, quella sera, prima di dormire le demmo la pillola. Erano le 22:30 e, secondo indicazioni, avrebbe cominciato a fare effetto entro una ventina di minuti. Mi misi di fronte a lei in attesa della trasformazione in licantropo (lei, non io).

Poco prima delle 23 iniziò a sbadigliare senza che vedessi peli superflui spuntare qua e là, così la accompagnai a letto, sistemai il sensore e andai in camera mia, non prima però di rimproverare i miei figli. Il perché è presto detto.

Chiunque abbia un bambino piccolo sa bene in che condizioni versi la tipica cameretta, figuriamoci quella abitata da tre sotto gli otto anni. Ora, nella loro stanza, al centro era presente un grosso tappeto imbottito, sopra il quale vi erano due tavolini bassi di legno dove giocavano con i Lego e una pista in plastica dura per le automobiline di metallo.

Avevamo predisposto tutto attorno anche cinque sedie basse in legno molto robusto, così da usarle quando venivano i cuginetti. La regola prima di dormire era che tutte le costruzioni e le macchine dovessero stare sopra i tavoli, onde evitare che mia madre inciampasse durante la notte. A loro volta, quest'ultimi dovevano essere messi uniti e lontani dalla porta. Il tappeto, infine, doveva essere svoltato verso l'interno, sempre per prevenire incidenti.

Quella sera, mi arrabbiai perché i due tavoli non erano perfettamente allineati tra loro, ma disposti come due isole sopra il tappeto. Tuttavia, il nervosismo era tale che lasciai tutto com'era, nemmeno per fare ulteriore rumore, e andai a letto.

Non riuscii a prendere sonno facilmente, preoccupato. Poi, quando iniziò a russare come se non ci fosse un domani, mi tranquillizzai. Doveva per forza aver fatto effetto, non aveva mai russato così. C'era il rischio dormisse lei e non dormissero i bambini, con quel concerto. Mi addormentai anch'io, sperando di svegliarmi non dico otto ore dopo, ma almeno non dopo un'ora. E, per una volta, le mie speranze non furono infondate.

Passarono infatti ben due ore prima che il DING DONG mi facesse sussultare. Guardai l'orologio: quasi l'una. Alla faccia delle benzodiazepine e della mia preoccupazione, erano risultate acqua fresca pure quelle! Feci la solita corsa per intercettarla prima che si alzasse ma questa volta mi trovai davanti a uno scenario ben diverso.

Mia madre che dormiva profondamente, con il sensore che aveva dato un falso allarme? No.

Mia madre che, sorridente, allungava le braccia verso di me, ringraziandomi per il solo pensiero di accompagnarla in bagno? Neanche.

Mia madre che aveva fatto tutto da sola e stava tornando placidamente a letto, dopo un paio d'ore di sonno ristoratore? Figuriamoci.

Rischiai di essere io quello a farmela addosso quando nella penombra vidi una figura barcollante che veniva verso di me, con le braccia allungate e facendo uno strano verso mugolante.

«Muooooown...»

Ok, a tutto c'era un limite ma, a dirla tutta, forse l'inserimento di uno zombie in questa storia avrebbe persino spiegato molte cose. Ciononostante raggiunsi mia madre, scioccato dal trovarla in piedi. Ormai riuscivo sempre ad intercettarla, era assurdo non esserci riuscito proprio la notte in cui avrebbe dovuto muoversi a rilento. Aveva uno sguardo perso e si muoveva davvero come un morto vivente, cercando di afferrare qualcosa per tenersi su. La presi da sotto un braccio ma risultò talmente un corpo morto da dover urlare per far accorrere anche mia moglie. Lei la prese dall'altro e riuscimmo ad accompagnarla verso il bagno. Impasticcata o meno, incredibile a dirsi, pure quella notte si era alzata per fare pipì. Non potemmo lasciarla nemmeno mentre era seduta sul WC, altrimenti sarebbe caduta lateralmente. Poi cominciò a parlare.

«Ehmlmlfmhl...»

«Cosa?»

«EHMLNMLML...»

«Ah, ora sì. Hai ragione da vendere.»

«A... A... A...»

«... B... B... B...»

Mia moglie mi diede un pugno per farmi smettere, ma fare lo scemo era l'unico modo per non esplodere, visto come l'aveva ridotta il farmaco che avrei voluto buttare. E non avevamo ancora visto nulla.

La tirammo su e provammo ad accompagnarla a letto. Appena superata la soglia della camera dei bambini, inciampò sui suoi stessi piedi. I due secondi successivi si svolsero in super slow motion. Vidi mia madre che si staccava dalla nostra presa, completamente fatta, e cadeva di fianco, come un albero appena abbattuto, esattamente in direzione dei tavolini e delle sedie precedentemente descritte. Mi feci un terribile calcolo mentale sulla traiettoria che aveva preso e sull'imminente impatto con i mobili. Fossero stati di altezza normale, avrebbe battuto una spalla, ma così bassi era certo avrebbe sbattuto la tempia.

Ancora oggi non mi spiego come sia stato possibile ma il suo corpo si infilò perfettamente tra i due tavoli e le sedie disposte in modo random, con il tappeto morbido che attutì la caduta, peraltro ben ammortizzata anche dal legno del parquet. Era come se fosse caduta sul tappeto vuoto e poi le avessimo messo il più vicino possibile i mobili, tanto risultò improbabile tale dinamica. Avesse provato a cadere altre cento volte dalla stessa posizione, non credo che avrebbe potuto evitare di sbattere contro qualunque cosa. E la ciliegina sulla torta fu il pensiero che, se i bambini avessero messo bene i tavolini, o io stesso li avessi sistemati come avrebbero dovuto essere, lei si sarebbe sfracellata contro essi.

Inutile dire che fine fecero le altre pillole, quella notte stessa.

La manutenzione

Mia madre, a conti fatti, era diventata l'equivalente di una nuova auto nel parco macchine familiare: consumava carburante, aveva un bollo da pagare degno di una Ferrari e, inutile dirlo, necessitava di un po' di manutenzione. Periodicamente chiamavamo un parrucchiere e un'estetista, peraltro di sua conoscenza. Beh, una volta almeno.

«Ooooh, che bello vederti!» cinguettava di fronte all'estetista. «Da quanto tempo non ci vediamo!» continuava poi, prima di girarsi verso di me, cambiare subito espressione e labializzare «Ma chi è?».

Da lì in poi era una sequela di apprezzamenti fisici di vario genere, alcuni dei quali sufficientemente maliziosi da ometterli volentieri qui. Mia madre sembrava aver iniziato a odiare i silenzi. Quindi, quando si trovava a un binario morto della conversazione, vuoi perché ciò avrebbe contemplato la rievocazione di un ricordo o, semplicemente, per noia, tendeva a riempire i vuoti a modo suo, scandendo spesso le parole per prendere più tempo.

«Io-ti-a-do-ro»

«Sei-bel-la!»

«Mi-fa-male-la-spalla!»

Se l'estetista andava via particolarmente turbata, il

parrucchiere, bontà sua, doveva pagare come tassa una miriade di complimenti non maliziosi ma indirizzati alla sua famiglia. Una volta scoperta l'esistenza di una figlia neonata, fu costretto a tirare fuori il cellulare e mostrare una sua foto. Ogni tre minuti.

La volta successiva evitò accuratamente ogni riferimento alla famiglia, dichiarandosi un monaco in esilio, ma mia madre trovò comunque modo per rendere indimenticabile l'incontro. Mentre lui le sistemava la chioma, iniziò lo show.

«MAN-TEL-LO»

«Signora, il mantellino le dà fastidio? Glielo sistemo sub...»

«TU-TA»

«Eh? È un mant...»

«FA-CO-CE-RO. C'è facocero?»

«...»

Fortunatamente ero nei paraggi, quindi spiegai a lui la faccenda delle parole e mi feci il segno della croce perché quelle parole potevano significare solo una cosa: un malessere imminente. Erano l'equivalente di un emocromo, solo più rapido e affidabile.

«PIZ-ZET-TA. C'è pizzetta?»

«No.»

«Come no? Non mi prendere in giro! Scrivi pizzetta!»

Presi davvero un foglio, solo che non scrissi nulla. Lo porsi a lei, dicendole di appuntare lì tutte le parole. I tentativi di farla ragionare sull'inutilità di questa associazione di sillabe erano andati tutti in fumo. Era comprensibile: se per noi non c'era niente di reale, per lei lo era eccome. Sarebbe stato come se io mi fossi trovato davanti al mare e qualcuno accanto mi avesse detto che non c'era acqua da quelle parti.

Decisi quindi di provare la strategia dell'ordalia. Per diminuire i comportamenti inopportuni, infatti, un bieco ma funzionale modo può essere quello di renderli noiosi o farli precedere da qualcosa di veramente seccante. Se facessi un patto col mio dietologo e fossi liberissimo di mangiare dolci, ma, invece di aprire il frigo e mangiare, ogni volta fossi costretto a cucinare una torta, dovendo quindi aspettare anche i tempi di cottura, è probabile che dopo un po' mi passerebbe la voglia.

In effetti, arrivati alla decima parola, si stufò. È probabile le vedesse ancora, ma il povero parrucchiere non fu coinvolto in altro modo e la conversazione cambiò argomento. E, inevitabilmente, in tre minuti già si parlava di nuovo di figli.

Il luminare in neurologia

Superata la fase di convalescenza fisica ed emotiva, un mesetto dopo essere arrivata a casa mia, sentimmo il bisogno di fare un passo avanti e chiedere aiuto a qualche specialista che potesse aiutarla nel percorso di recupero cognitivo.

Ci consigliarono un neurologo. Cosa buona e giusta, pensai, visto che avremmo potuto confrontare i progressi (?) funzionali con quelli neurologici, capendo così se la strada fosse giusta o cosa ci potessimo aspettare dai mesi a venire.

Il dottore aveva lo studio in un palazzo d'epoca in centro città. Ci accolse la segretaria e ci fece accomodare in uno studio che sembrava uscito da una puntata di Downton Abbey, dopo il passaggio del redivivo arredatore di Luigi XV. Dietro una grande scrivania, ecco il neurologo. Somigliava in modo inquietante a Meryl Streep ne Il diavolo veste Prada come pettinatura e vestiti. Dopo dieci minuti, ebbi la conferma che anche il carattere non era molto diverso.

Una piccola premessa per spiegare il mio approccio durante le visite di mia madre: piuttosto che cedere alla facilissima tentazione di rispondere io alle domande che le venivano poste, anche per fare prima, mi mettevo un po' in disparte, sorridendo sornione, pronto a godermi lo spettacolo, e lasciavo fare a lei. Peccato che mi cercasse sempre con gli occhi, facendomi smorfie per toglierle le castagne dal fuoco, visto che anche una semplice domanda come «In che mese siamo?» poteva mandarla in crisi, non avendo idea di quale fosse la risposta.

Inizialmente facevo sempre una bella figura con i professionisti, visto che, dopo un preambolo tecnico da professionista, tornavo figlio e mi mettevo in disparte. Avevo sempre mal digerito i genitori o gli accompagnatori troppo zelanti, quando l'argomento non erano loro ma i figli.

«Come ti chiami, bel bambino?», mi capitò di chiedere una volta.

«Si chiama Giocondo!», rispose il padre, fiero. Benito evidentemente era troppo inflazionato. O il bambino si vergognava a dirlo. Per le due ore successive avrebbe risposto a qualunque domanda rivolta a Giocondo, ivi inclusa «Devi andare in bagno?».

Stavo dunque lì, sornione e in disparte, con un sorrisetto sul viso. Domande come «In che anno siamo?», «In che città ci troviamo?» o «Cosa ha mangiato stamattina» mettevano in crisi mia madre, che non sapeva oggettivamente cosa rispondere e allora inventava di sana pianta. Io sorridevo, sempre più sornione.

Mentre cercava di cavare qualche ragno dal buco della memoria di mia madre, chiedendole di raccontargli il passato, mi concentrai nuovamente sulla stanza. Non c'era alcuna traccia di alcuna apparecchiatura medica. Come avrebbe potuto visitarla? O, meglio, l'avrebbe fatto?

Decisi di non fissarmi troppo, magari muovendo un libro si sarebbe aperta una porta segreta che ci avrebbe condotto in un laboratorio. Continuai dunque a sorridere, infinitamente sornione, fin quando arrivò puntuale il momento topico in cui il neurologo sbroccò e, impaziente, iniziò a desiderare delle risposte sensate. Fu allora che iniziò a fissarmi. Io fissai lui, sempre col sorriso – incredibile a dirsi – sornione. Lui continuò a fissarmi e il mio sorriso aumentò di secondo in secondo. A quel punto, credo avesse cominciato giustamente a pensare che i problemi neurologici li avessi io: «Scusi, può rispondere almeno lei?»

«Prego?». Mi svegliai, come fossi stato ipnotizzato fino ad allora.

«Le ho chiesto in che mese siam… ehm, che farmaci prenda.»

Nel dubbio che stesse parlando dei miei farmaci, elencai quelli di mia madre, tra i quali spiccava anche un antiepilettico da prendere due volte al giorno. Avevo letto nel bugiardino che, tra gli effetti collaterali, c'erano anche problemi di memoria a breve termine, con sintomi identici a quelli che ci allietavano le giornate, quindi mi venne naturale chiedergli se il farmaco potesse in qualche modo contribuire allo stato di mia madre.

Lui rimase impassibile per qualche secondo. Poi sfogliò i documenti di mia madre, iniziando a elencare figure professionali, come se le stesse leggendo sui fogli.

«Notai… piloti di aereo… insegnanti… autisti…»

Un momento. E se i problemi neurologici li avesse avuti lui, in un perfetto plot twist in stile *Il sesto senso*?

«…calciatori… giornalisti…»

«…»

«…tutti prendono questo farmaco e non mi sembrano abbiano problemi», concluse.

«Oddio, alcuni medici forse sì… ehm.»

Non aveva comunque risposto alla mia domanda, che peraltro si basava sulla semplice considerazione che mia madre aveva sofferto di crisi epilettiche nell'immediato post trauma, ma non era mai più stata rivalutata successivamente, quindi il farmaco le veniva dato sulla fiducia che potesse averle di nuovo. Anche per avere un aggiornamento rispetto alle sue condizioni, prescrisse tre esami specifici all'encefalo e ci aggiornammo per rivederci una volta ottenuti i risultati.

Prima di andare via, uscimmo dalla sala ricevimenti del dottore e ci fermammo per pagare l'onorario alla segretaria: 180 euro. Credo avesse inserito anche il bonus esaurimento nervoso. Sulla parete accanto alla donna capeggiava un poster con scritto «5 euro alla segretaria».

Tirai fuori la carta di credito e cadde il gelo.

«Non paga in contanti?»

«No.»

«No?»

«No. Anche perché credo di avere… mmm… solo 50 euro in contanti. Quindi non ci arriverei comunque.»

La segretaria sembrò capire anche l'altra antifona: niente mancia in nero, una pratica odiosa dal mio punto di vista, sia perché imposta, sia perché da 180 euro per mezz'ora di visita, destinare il 2,7% per la paga della dipendente non mi sembrava affatto un dramma per il professionista.

«Ah, la mancia…», mormorai io, costernato. «Se vuole

può aggiungerli al pagamento con la carta!»

La segretaria cominciò ad agitarsi, scuotendo pure la scrivania dietro la quale era seduta. Cominciai a credere fosse sul punto di esplodere, quando si paralizzò, cominciando a guardare la parete di fronte a sé. Attacco di epilessia? Tetano? Improvviso stimolo di andare in bagno? Tutto a un tratto, si sbloccò e, mormorando «Un attimo, un attimo, un attimo!», iniziò a cercare qualcosa, prima nella scrivania, poi nella sua borsa.

«Ah-a! Trovato!»

Ne estrasse un sacchetto tintinnante di monete. L'esperienza suggeriva fosse una raccolta di soldi, simile a quella delle mamme rappresentanti di classe alle scuole elementari. «Ok, ora posso scambiarle i 50 euro!», concluse, felice come un cagnolino che ha riportato la palla al proprio padrone.

Svolgemmo tutti i 450 euro di esami. Per avere un quadro ancora più completo della situazione neuronale di mia madre, avremmo dovuto farle estrarre il cervello e farlo sezionare. Ma per il momento ciò non sembrò necessario, dato che i vari esami avevano fatto emergere dati sufficienti a ricreare un'intelligenza artificiale che ragionasse come lei.

Mandai tutto al neurologo, allegando un aggiornamento sulle condizioni di mia madre. Un minimo di fisiologia la capivo anch'io, quindi la speranza era che, avendo un quadro in uscita dall'ospedale e una fotografia dello stato attuale, si potesse fare un raffronto e vedere la direzione che il cervello di mia madre aveva imboccato. Il neurologo mi rispose che sarebbe stato meglio vedersi, così tornammo da lui.

Solito look, solita allegria, solito sfogliare di fogli. Rispetto alla prima volta, io avevo fatto sparire il sorriso sornione e sfoderai qualunque mia conoscenza di psicologia, fisiologia e anatomia, attingendo da tutte le mie fonti culturali, dai manuali universitari alle puntate di Siamo fatti così (non necessariamente in questo ordine). Mia madre finì per addormentarsi sulla poltrona, russando alla grande.

«Uhm, da quello che vedo è tutto a posto. Possiamo aggiornarci tra sei mesi.»

«In che senso 'tutto a posto'?»

«Che è quello che mi aspettavo di vedere dagli esami di sua madre, alla luce di quanto mi avete raccontato.»

«Ok… e quindi qual è il prossimo passo?», insistetti.

«Continuare così. Poi tra sei mesi la rivediamo.»

«Ma continuare come?»

La cosa si protrasse per qualche minuto, senza ottenere un minimo di informazione in più rispetto a quanto sapessimo prima dei 450 euro di esami. Uscendo dalla stanza del luminare, fui chiamato dalla segretaria nel suo ufficio.

«Allora, la visita viene…»

A giudicare dalla lampadina del lampadario che esplose da sola, credo che il mio sguardo fu sufficientemente fulminante da suggerirle di fare un salto dal titolare per chiedere lumi. No, non nel senso di un'altra lampadina, quanto di quello della ragione. Lo fece, molto saggiamente, e tornò dicendo che secondo il dottore nulla era dovuto. Feci per andarmene, quando sentii «Ehm

ehm».

«Ah, giusto», dissi. «Ha da scambiare una banconota da 500 euro? Non ho altro. Altrimenti posso sempre pagare la mancia col bancomat.»

La richiesta di invalidità

Arrivò inevitabilmente il momento di pensare alla richiesta di invalidità. Altro campo misterioso, la cui unica esperienza era legata a precedenti voci di corridoio fanciullesche di nonni che avevano finalmente ottenuto l'accompagnamento dopo anni di lotte e ricorsi, di pensione mensile sempre troppo bassa e di visite misteriose da passare di tanto in tanto.

Su quest'ultime, poi, sentivo spesso sempre storie simili, soprattutto nelle sale d'aspetto del medico.

«Mio nonno non parla da cinque anni. Mia nonna l'ha portato alla visita e lui si è messo a raccontare di quando lavorava come vigile urbano!»

«Ascolta a me, il trucco è non farli dormire la notte, non sai mai quello che possono fare alla visita!»

«Hai ragione! Il padre di un mio amico è invalido sulla sedia a rotelle e quel giorno si è alzato!»

…e altre amenità del genere. Se la visita faceva così bene ai nonnini, perché non farla così spesso?

Va da sé che, basandomi la mia esperienza su storie del genere, tra il mito e la leggenda, cominciai a informarmi. Conoscevo il proprietario di un CAF nel Centro Italia, quindi gli feci una telefonata per farmi spiegare un po' l'iter.

«Dunque, per farla breve, puoi fare tutto da solo in realtà. Ti colleghi al sito dell'INPS, ti connetti con lo SPID e poi fai la domanda. Carichi lì i referti che hai, ovviamente rilasciati da qualche ospedale pubblico, e poi aspetti che la pratica venga elaborata. Ma con problemi come quelli di tua madre di solito è una roba veloce.»

«Ma dai… tutto qua?»

«Beh, sì, ormai son pratiche comuni, che non richiedono altri passaggi che ci sono per patologie meno evidenti. È un po' come a chi manca un braccio, mica puoi fare finta… no?»

La telefonata mi sollevò il morale. Finalmente qualcosa che funzionava bene in Italia. Altro che visite e notti insonni per evitare exploit intellettuali e/o fisici il giorno fatidico. Non avrei avuto problemi a fare tutto da solo.

Peccato che non arrivai nemmeno a fare l'autenticazione. Problemi con lo SPID? No. Fu piuttosto l'essermi informato con un patronato locale a farmi capire che tutto il mondo non era affatto paese.

«Ma, scusi, chi le ha detto queste scemenze?», iniziò il tizio del patronato.

«CAF, Centro Italia, tipo giusto», risposi.

«Sarà giusto, ma non sa niente di come funzionino le cose qui.»

«In che senso?»

Fu allora che mi raccontò una storia dell'orrore. La descriverò come voce di corridoio, e sono proprio convinto che non sia vera. No, no. Ma proprio no, no. E se per caso dovesse sembrare plausibile e tristemente vera tra qualche rigo non è affatto colpa mia, no no. Io credo nell'onestà delle persone e del sistema, sì sì.

«Le spiego. Non dovrei, ma lo sanno tutti, è inutile

prenderla in giro. La trafila in realtà è questa: Noi faremo la domanda...»

«...e allegheremo tutti i referti che...»

«No, quelli li dovrà portare il giorno della visita.»

«La visita?! Ma mia madre ha un danno cerebrale che tutti, tranne il primario neurologo dell'ospedale dove è stata ricoverata, riuscirebbero a vedere a occhio nudo! È come se le mancasse un braccio!»

«Esatto. Lo dice lei, lo credo io. Però loro non vogliono questi documenti e dovrà portarli il giorno della visita.»

«Ok», risposi io, rassegnato. «Quanto passerà? Un mesetto? Così mi organizzo...»

«Io ho fatto quella di mia madre 14 mesi fa e ancora aspettiamo.»

«Eh?!»

«Sì, la media è 18 mesi.»

«Per la visita?»

«Sì.»

«Cioè, l'invalidità arriva dopo 18 mesi?!»

«No, solo la prima visita. Poi bisogna vedere. Può andare bene e magari vi ritrovate con la certificazione di invalidità. Se va alla grande, magari pure l'accompagnamento, vale a dire un piccolo contributo per aiutarvi a pagare una badante...»

«E se va male?», chiesi in automatico. Forse sarebbe stato meglio non farlo.

«Ecco, ci stavo arrivando. Potrebbero anche bocciare la pratica, cosa che allungherebbe i tempi.»

«Vabbè, nel caso di mia madre, non c'è questo rischio. Mica l'ippocampo si può riformare», feci notare, sollevato.

Lo fui decisamente meno vedendo la smorfia del mio interlocutore.

«Eeeeh, non ne sarei così sicuro. Deve sapere che i medici della commissione possono fare quel ruolo solo per un certo periodo di tempo. E sa cosa fanno dopo?»

«Non so, i tutor di altri medici, forse?»

«No, i consulenti di parte.»

«...?»

«Gliela faccio breve: certe pratiche, che nella normalità dei casi passerebbero senza problemi, vengono bocciate volutamente. Così la famiglia fa ricorso e chi gli viene suggerito come consulente di parte, per un parere medico su cui basare il tutto?»

«...?»

«Esatto, uno dei precedenti membri della commissione medica, che così continua a guadagnare. La famiglia vince il ricorso e ottiene l'invalidità e l'accompagnamento, con l'avvocato che ha seguito il ricorso che guadagna la sua parte. Vincono tutti, insomma.»

«E nessuno si lamenta?», bisbigliai, con la bocca impastata.

«Ma no, poi la famiglia riceve gli arretrati ed è così felice che non ci fa più caso.»

Raramente in vita mia rimasi senza parole, come quel giorno. Mia madre prendeva la pensione e aveva qualche risparmio da parte, avremmo potuto rosicchiare quello per garantirle un'assistenza domiciliare per qualche tempo, spendendo l'equivalente di una crociera intorno al mondo. Ma come avrebbe potuto affrontare l'invalidità una persona che non aveva denaro da parte o una buona pensione mensile? L'idea stessa mi fece rabbrividire, cosa che non riuscì a staccarmi di dosso il disgusto che provavo dopo quel racconto.

Quel freddo giorno di dicembre facemmo richiesta. Spoiler: avremmo aspettato venti mesi, prima che qualcuno si facesse vivo.

I primi colloqui con le badanti

Arrivammo a un passo dal punto di non ritorno. Io non solo mi sentivo prossimo all'autocombustione, ma non potevo negare come in quei mesi fossi visibilmente invecchiato, dopo anni passati a non capire come mai a ridosso dei quaranta sembrassi ancora un ragazzino. La pietra tombale sulla mia autostima arrivò il giorno in cui, mentre aspettavo che aprisse un negozio, si avvicinò una ragazza.

«Ciao, scusa…», iniziò, forse preoccupata per il disturbo arrecatomi. Avrà avuto venticinque anni, aveva un grande sorriso stampato in volto e un approccio molto allegro.

«Dimm…»

«Ah!», si bloccò lei, facendo una pausa perfettamente teatrale. «Volevo dire: SCUSI!». Sembrava realmente imbarazzata per avermi dato del tu.

Cercai una sputacchiera dove spedire il tabacco masticato. Se dovevo essere vecchio, almeno ne avrei sfruttato i benefici. In realtà mi sentii sprofondare. E il peggio doveva ancora venire.

«Scusi, le stavo dicendo… lei sa mica come funzionano questi cosi?»

Mi indicò dei monopattini parcheggiati lì vicino, di quelli che puoi affittare per girare in città. Ora, non solo non ne avevo mai usato uno, ma mi ero sempre chiesto come funzionassero, fosse solo perché li ritrovavo parcheggiati ovunque in città e non capivo come mai non ci fosse chi cercasse di portarseli a casa, preferendo buttarli dentro un cassonetto o, peggio, nel mare.

«Ehm… no». La cosa non solo confermò la mia ormai tarda anzianità, ma la ragazza, scusandosi per il disturbo, mi chiese se avessi bisogno di lei per attraversare la strada. Rifiutai e tornai a guardare il cantiere, criticando i muratori, agitando in aria il pugno.

Anche a livello sociale, mi accorsi di chiudere il telefono ad amici di lunga data, prima ancora di rispondere. Semplicemente non avevo la forza di parlare. A volte non rispondevo nemmeno ai messaggi e feci preoccupare un sacco di gente.

Nel frattempo, a casa, l'insonnia notturna era diventata l'ultimo dei problemi e l'ambiente era diventato una polveriera. Bastava poco per innescare incendi e il fatto di non poter dare la colpa a mia madre (con la quale certo non si poteva imbastire un discorso per migliorare il quieto vivere) rendeva l'atmosfera pesante. Anzi, per dirla tutta, tossica. Perché se è vero che l'ospite dopo tre giorni puzza, dopo più di cinque mesi, con tutto il bene che potevo volere a mia madre, l'aria in casa nostra era salubre quanto una tonnara abbandonata senza aver mai pulito le vasche.

Nelle ultime settimane, avevamo timidamente provato a sondare il mercato delle badanti. C'era chi ci illudeva, dicendo che aveva trovato delle sante, in grado di trattare il proprio caro meglio di sé stesse. Sentimmo racconti di persone che avevano trovato una vocazione in tale ruolo, coinvolgendo gli assistiti in stimolanti partite a carte, corroboranti docce frequenti, passeggiate rilassanti, tiro al piattello, bungee jumping e, in un paio di casi, rapine in banca.

«Quella di mia nonna si cambiava otto volte al giorno», raccontò una vicina di casa.

«Ah, era una di quelle che aveva rapinato la banca e non voleva farsi riconoscere?», rispondevo io.

«No, non sopportava il sudore, essere sporca. E anche mia nonna era uno splendore. Sembrava più giovane, super curata, una specie di Spice Girl.»

C'era poi chi raccontava di pianti a dirotto a seguito della dipartita dell'anziana di turno. Per il caro estinto? No, lui o lei sembrava aver fatto il suo corso. Piangevano perché la badante doveva andare via.

Viste queste premesse, i nostri primi colloqui con badanti abbastanza improvvisate ci demoralizzarono non poco.

Provammo per prima cosa con le badanti nostrane.

«Io prendo 1400 euro al mese», disse la prima.

«Uh-u... per fare giorno e notte?»

«E chi ha parlato di notte? Faccio dalle 8 alle 12. Dal lunedì al venerdì.»

«Stica. Contratto part-time a 1400 euro al mese?!»

«E chi ha parlato di contratto?», rispondeva la badante, profondamente risentita.

La seconda non fu da meno.

«Prendo 1200 euro al mese.»

«Mi faccia indovinare... solo per il giorno, tipo da colazione alla merenda di metà mattinata, senza però venire troppo presto la mattina perché ha bisogno di dormire?»

«No no no», si risentì lei. «Così mi offende. Non è perché ho bisogno di dormire, è che la bambina va a scuola e la prendo e lascio io.»

«Ah. E dove va a scuola? Qua vicino?»

«No, a una ventina di chilometri.»

«Ah. Proprio dietro l'angolo.»

«Però se volete per la notte conosco qualcuna di fiducia. Ci alterniamo già da una signora anziana.»

La domanda su come potessero alternarsi anche con mia madre la tenni per me. L'amica disse che, per fare le notti, chiedeva 1300 euro al mese.

«Part-time?», osai chiedere io.

«E che cos'è?», rispose la donna, facendo le veci dell'amica.

Questo lavoro di squadra si ripresentò diverse volte. La spesa minima si aggirò sui 2300 euro mensili, un'enormità se si consideravano pure le utenze, il costo del condominio e della spesa.

Tutte le donne colloquiate, indipendentemente dall'esito dell'incontro, andavano via con un monito che, a confronto, Fra Cristoforo con Don Rodrigo fu tenero quanto un bambino che accarezza un cucciolo.

«Mi raccomando, non vi fidate delle straniere!»

La prima volta fu lecito chiedere il perché. Beh, in realtà anche la dodicesima volta. La curiosità, il terrore ma anche lo sdegno andavano crescendo di racconto in racconto. Dai furti, primissima argomentazione, a odori vari, passando per la scarsa pulizia generale della casa. Arrivò pure la classifica delle donne più o meno capaci, a seconda del paese di origine. «Mai una proveniente da [omissis], che sono sempre meglio di quelle da [omissis] ma sicuramente peggio di quelle da [omissis], che sono peggio di mia suocera!».

Una fiera del razzismo da fare paura. Per quanto ci riguardava, il problema di fondo era pure trovarle le badanti straniere, altro che classifica.

Decidemmo di dare una chance all'ultima italiana. Una signora a modo, giovanile nonostante fosse di mezza età, che sembrava sapere il fatto suo. Tra l'altro abitava pure a 200 metri da casa di mia madre e avrebbe fatto notte e giorno, un vero miracolo, a 1400 euro al mese. Rispetto alle altre, non sembrava affatto meno professionale. Tutt'altro. C'era solo una faccenda: aveva bisogno dei martedì e dei giovedì liberi. Venne spontaneo chiedere il perché.

Fu una sequela di «ehm», «uhm», «io...», «loro...» e «cioè» ma, alla fine, con grande coraggio, ci rivelò che in quei giorni doveva andare a visitare suo figlio in carcere.

Povera stella. E che madre encomiabile. Non abbandonava il figlio nemmeno nel momento del bisogno. Sicuramente era stato trascinato in una brutta storia senza avere chissà che colpa. Un errore giudiziario che presto sarebbe stato risolto. Il giovane sarebbe così uscito, decidendo di iscriversi all'università, diventare medico e salvare le vite in qualche sperduto villaggio nel mondo. Glielo dissi, con lo stesso spirito e lo stesso sguardo di ammirazione.

«No, in realtà svaligiava case.»

«Ah.»

«Sì, ma almeno non ha fatto del male a nessuno. Mica come il fratello.»

«Ah. Quindi il martedì da uno, il giovedì dall'altro?»

«Eh, sì.»

«Quindi reati differenti, non sono stati entrambi messi in mezzo da qualcuno che voleva trovare capro espiatorio?»

«No, ma uno dei due, con una testa del capretto, effettivamente…»

Fu allora che, volente o nolente, disilluso dalla soluzione casalinga, cadde la reticenza verso l'ipotesi casa di riposo.

Il fantasmagorico mondo delle RSA

Ormai non avevo alcun problema a parlare di mia madre anche con amici e clienti, e un paio di questi ultimi mi misero la pulce nell'orecchio. Anche loro avevano in famiglia persone anziane non autosufficienti e tutti avevano inizialmente sbarrato la porta a tale ipotesi, prima di cedere per autoconservazione, scoprendo che poi, alla fin fine, non era male come soluzione.

Certo, saremmo andati contro un desiderio più volte espresso da mia madre quando era lucida, vale a dire di non finire mai in casa di riposo, ma non c'erano altre alternative, cosa che aveva fatto mettere il veto a mio fratello sulla faccenda. Ma non potendo più psicofisicamente occuparcene noi, non era più una strada che precludevo a prescindere. Ancora un mesetto, forse meno, e non ci sarebbe nemmeno più stata una famiglia ad accoglierla, allo stato attuale delle cose.

Così iniziai a guardarne qualcuna, scoprendo un mondo che, a dirla tutta, avrei preferito restasse celato.

La prima casa di riposo che visitai, detta anche dai proprietari «resort per anziani» (!), forse per giustificarne la retta mensile, fu una consigliata da una mia cliente. Sua nonna era stata iscritta lì dopo che i figli erano venuti alle mani, tra chi era favorevole e chi contrario alla cosa, per poi essere, a due anni di distanza, tutti felici e contenti.

Nonna inclusa, che a quanto pare stava scoprendo una seconda giovinezza, tra balli, flirt e torte cucinate. Effettivamente la struttura non era male: camere singole o doppie, grande spazio aperto, personale in apparenza gentile. Certo, l'esterno con anziani che sembravano passare lì tutta la giornata, fermi al sole fino a quando un dipendente spostava un ombrellone per coprirli, o una sala comune tutt'altro che allegra, mi fecero un po' storcere il naso.

D'altro canto, avevo molto apprezzato la libertà di venire a trovare il proprio caro senza preavviso, un elemento apparentemente banale ma tutt'altro che secondario. C'è sempre da diffidare da strutture con orari di visita prestabiliti, dato che dietro quell'apparente innocente richiesta per non «turbare i nonnini» spesso ci sta dietro un'apparenza da mantenere, ben diversa dal resto della quotidianità. Avevo già notato il fenomeno nel reparto rianimazione dell'ospedale, che era gratis, figuriamoci in quelle prigioni dorate.

«Dunque», iniziò la direttrice, nel suo studio, a fine tour. «Avremmo un posto libero, solo che c'è una persona che sta facendo una prova, quindi potrò darvi una risposta certa tra una settimana. Ma, sinceramente, non credo che la supererà.»

Pur sembrando uno scenario alla *Hunger Games*[4], era sicuramente una buona notizia. Dal canto mio, la cosa mi

---

[4] La saga cinematografica, iniziata nel 2012 e adattamento dell'omonimo romanzo di fantascienza di Suzanne Collins, ambientata in un futuro distopico post apocalittico, dove certi tipi di giochi pubblici sono mortali.

motivò a portarmi avanti col pensiero e fu allora che feci forse l'ultima domanda che avrei dovuto fare, potendo essere facilmente male interpretata.

«Ma... c'è modo di chiudere a chiave la porta, di notte?»

«Prego?», rispose lei, dopo un lungo silenzio. Mi guardò come se avessi chiesto un lanciafiamme personale a uso esclusivo di mia madre. Cercai di rimediare.

«No, è che, ehm, mia madre tende ad andare in giro di notte e quindi, se la porta fosse chiusa...»

La direttrice evidentemente non afferrò il senso della frase e, come per magia, la prova del tizio citato prima si trasformò in un'iscrizione quasi certa. L'incontro finì quindi con un «le faremo sapere» di altri tempi. Ma non da parte mia. Da parte loro.

La seconda casa di riposo era più vicino casa. Impostai il navigatore: otto minuti. Fantastico, in ottica visite. Chiesi a mia suocera di accompagnarmi, anche perché in quella struttura stava da qualche anno un'ex vicina di casa, a cui avrebbe fatto visita volentieri.

L'arrivo fu abbastanza agevole, otto minuti reali. Si trattava di un residence appena fuori città, vicino la statale, con tanto di parcheggio per i parenti. Ottimo inizio. Una volta entrati, la direttrice ci accolse e andò subito al sodo: i posti c'erano (stavolta avevo chiesto, prima che potessero usarla come scusa per congedarmi. Che volpe!) e la retta non era nemmeno tanto alta, se confrontata con i prezzi che avevo sentito.

«Bisogna però considerare che il servizio biancheria è a pagamento, nel senso che ci sono 100 euro in più al mese se dobbiamo pensarci noi.»

Caspita, dovevano davvero lavarla bene, sprecando un sacco d'acqua. Ok, il prezzo mensile non era più molto più basso di altri, ma ancora allettante.

«Ovviamente sono previsti solo i tre pasti principali. Merende, spuntini o altri pasti sono a carico della famiglia.»

«Ah. Pure la merenda.»

«Sì. A proposito, anche la TV…»

Sembrava di vivere l'effetto crociera: uno compra il biglietto, allettato da un'offerta, per poi scoprire che deve pagare pure l'acqua da bere.

Con il prezzo che ormai non era affatto allettante, ci fu offerto un tour della struttura. A giudicare dal via vai di anziani che si trascinavano qua e là, accoglieva veramente tanta gente. Sembrava la trasposizione nella realtà della casa di riposo di Springfield, dove si trova Nonno Simpson. Si estendeva su due piani che, alla faccia dell'abbattimento delle barriere architettoniche, erano uniti da scalinate con gradini altissimi. Sospettai solo dopo potessero fungere anche da deterrente a una libera circolazione.

Il tour iniziò dalla grande sala comune. Otto divani messi a ferro di cavallo e un televisore nemmeno troppo grande su un muro. Chi stava seduto in quel momento restava immobile nonostante l'apparecchio fosse spento.

Passammo davanti alla sala dove il parrucchiere ogni settimana poteva fare il colore e il taglio alle anziane. «Ovviamente anche questo è un extra.»

«Ci mancherebbe», aggiunsi io. «Sia mai uno volesse

rifuggire dalla vecchiaia tingendosi i capelli. Ma, per curiosità, che tipo di attività fate?»

La direttrice sembrò turbata dalla domanda. Avrei dovuto aggiungere «a pagamento», forse.

«In che senso?»

«Dico, la mattina le persone si svegliano, fanno colazione e…? Yoga?»

«No.»

«Giocano a carte?»

«No.»

«La messa, forse…?»

«No.»

«Quindi?»

«Uhm… Beh, diciamo che fanno colazione a orari differenti, quindi c'è chi finisce verso le 10:30. Poi c'è il pranzo.»

«Sì, ok, ma di mattina non fanno niente?»

«Beh, molti preferiscono stare sul divano a guardare la TV.»

«Capisco… e dopo pranzo?»

«Uhm, pure il pranzo funziona a orari differenti e c'è chi finisce anche alle 15:30.»

«Sì, ok, ma il pomeriggio non fanno niente? Le carte che non hanno usato la mattina?»

«No.»

«Cartapesta?»

«No.»

«Lettura di giornali?»

«No, no. Chi vuole può stare sul divano a guardare la TV o…»

«SIGNORA!». Un urlo risuonò alla fine del corridoio e vedemmo avvicinarsi una strana figura. Dalle movenze fui praticamente certo fosse un giaguaro. Ma i giaguari non parlano. E, nonostante non fossi ancora un esperto di case di riposo, dubito ne avessero uno lì, a meno che non fosse previsto pure un extra per non essere sbranati.

Il simil-giaguaro sembrava diretto verso mia suocera. Non feci in tempo ad avvertirla che le balzò al collo.

«Signora! Che visione celestiale! Che gioia!»

Non l'avevo mai vista prima, ma qualcosa mi disse che si trattava dell'ex vicina. Mia suocera avrebbe voluto salutarla, ma la donna la stringeva così forte da tapparle la bocca con il colletto della sua vestaglia. Perché, sì, era ancora in pigiama alle 16:30.

La direttrice, visibilmente contrariata, provò ad allontanarla ma la donna si avvinghiò ancora a mia suocera, come se avesse visto la Madonna. «Signora, mi porta a casa? Per favore, mi porti a casa! Io…»

La direttrice la fece allontanare con uno schiocco di dita e sospetto che abbia passato in isolamento i successivi quattro mesi. Dal canto nostro la visita poteva dichiararsi conclusa. Non tirai nemmeno fuori il discorso dei risvegli notturni di mia madre. Non sarebbero stati affatto un problema, lì. Gli animi erano così tanto effervescenti tra gli ospiti che, a naso, i sedativi li distribuivano come mentine, lanciandoli sulla folla come un batterista con le bacchette a fine concerto.

In compenso gli otto minuti dell'andata si trasformarono in venticinque per tornare. E non perché ci fosse traffico, quanto perché l'unica strada era una specie di paesaggio lunare misto a un bosco infestato di una storia horror, col serio pericolo che la macchina si arrestasse in mezzo a un deserto letale, pur essendo a 80 metri dalla strada statale. La ciliegina sulla torta per scartare anche quest'altro. Next.

Il passo successivo fu un ambiente più piccolo, con soli otto anziani. Di fatto, si trattava di un appartamento gestito da una coppia. Nulla da dire su loro due, i cui discorsi mi sembrarono pieni di umanità e, una volta tanto, anche di competenza. Arrivai ad affrontare anche il discorso pipì notturna, aspettandomi di essere messo al bando per aver anche solo pensato che mia madre potesse accedere all'unico bagno dell'appartamento senza una richiesta formale via PEC. Al contrario, il proprietario iniziò a parlare dei metodi soft da loro utilizzati per gestire eventuali altre ragioni non fisiologiche sottostanti a tali risvegli, tramite l'uso del rumore bianco o di bambole da accudire.

Niente da dire al riguardo, rispetto alla direttrice dell'RSA precedente qui si respirava aria montessoriana. Tuttavia, mia madre avrebbe dovuto dormire in un dormitorio con altre tre persone, una delle quali mormorava continuamente qualcosa, come se stesse ripassando a memoria alcune maledizioni. L'altra, invece, aveva uno strano tic. Mia madre avrebbe sicuramente provato a zittire la prima, ricevendo in cambio maledizioni non biascicate, e preso in giro la seconda, ricevendo in cambio ben altro. Next.

Nuova casa, nuovo gruppo di anziani tutti attorno al televisore. Il dettaglio inquietante è che la struttura disponeva di un giardinetto dove stavano operatori e operatrici, sotto un mite e splendido sole primaverile, mentre l'utenza stava chiusa dentro. Come bonus, non riuscii a trovare una finestra all'interno delle camere. Next.

Qualunque ricerca online portava a risultati molto simili: strutture con ottime recensioni, lasciate dai titolari o dai dipendenti, a volte in modo così plateale da rasentare la mancanza di vergogna. La metà erano a firma di tirocinanti, probabilmente minacciati di essere rinchiusi là se non avessero postato commenti entusiastici, corredati da foto rigorosamente in divisa.

Questi commenti andavano a braccetto con il triplo di recensioni, di tutt'altra natura, lasciate dai parenti degli utenti. «Mia nonna è morta là», «Mia nonna non la trovano più», «Mia nonna stava bene prima di entrare là» e via dicendo.

Ormai si poteva contare solo sul passaparola. Su consiglio di una parente, provammo con un istituto religioso. Un casermone che avevo sempre visto da fuori e che non sapevo nemmeno fosse una casa di riposo.

Bussai all'orario prestabilito per l'appuntamento e spinsi con fatica il pesante portone. Dentro era tutto buio, un ambiente quasi lugubre, con un silenzio irreale. Mi avvicinai alla casupola del portiere. Era buia pure quella ma notai a contrasto il bianco del velo di una suora.

Alzò lentamente lo sguardo ma, se fosse stata davvero coerente all'ambiente, avrebbe potuto torcere il collo di 180°. Mi disse che sarebbe venuta presto la responsabile e che avrei potuto accomodarmi in sala d'aspetto. Buia pure quella, fortuna che filtrava un po' di luce da fuori.

Avrebbero dovuto rimediare con una bella tenda oscurante, giusto per essere coerenti.

La responsabile arrivò di lì a poco, accendendo la luce. Ormai abituato all'oscurità, la mia reazione fu quella di un vampiro alle prime luci dell'alba e mi accomodai lontano da lei per evitare di morderle il collo. Mi spiegò che l'intera struttura era adibita a casa di riposo, con diversi utenti distribuiti su tre piani.

Il primo era destinato a persone non autosufficienti e allettate. Il secondo era per persone in grado di camminare e moderatamente gravi. Il terzo, descritto a gesti e in maniera molto fantasiosa, sembrava una specie di fight club, con utenti particolarmente aggressivi e a tratti sadici, che si sperava non scendessero mai ai piani inferiori alla ricerca di carne da macello.

Indecisa dove avrebbe potuto risiedere mia madre, suggerii il secondo piano e lei mi accompagnò a fare un tour della struttura. Spense la luce prima di uscire.

Camminammo lungo una serie di ambienti che sembravano un misto tra una segreta (come atmosfera) e la casa di Windsor (come ampiezza dei locali) e lei andò accendendo e spegnendo tutti gli interruttori che incontravamo nel tragitto. Indeciso se fosse per un serio disturbo ossessivo-compulsivo o perché le suore erano parecchio tirchie, arrivammo al famoso secondo piano.

Dalle scale partiva un corridoio allegro come l'Overlook Hotel di *Shining*, lungo come la pista di un aeroporto. Tutte le porte si susseguivano una dopo l'altra sulla sinistra e lei mi mostrò la prima camera disponibile. Un letto marrone. Un armadio marrone. A terra il pavimento marrone. Le pareti marroni. Sospettai che non l'avessero più pulita dopo un serissimo attacco di dissenteria del precedente abitante, limitandosi a chiudersi la porta alle spalle, in attesa di un miracolo. Non erano suore per caso.

Il silenzio era totale anche lì. Abituato all'idea che impasticcassero tutti pur di farli stare tranquilli, dovetti rimangiarmi tutto quando incontrammo gli otto anziani nella sala comune. A giocare a tombola? No. A mangiare? Nemmeno. A fare una briscola in cinque, forse? Nah. Davanti al televisore spento. La spending review doveva aver colpito anche lì. Mi balzò all'occhio un piccolo dettaglio: erano tutti uomini.

«Ah, giusto», disse la responsabile, come se mi avesse letto nel pensiero. O, semplicemente, perché l'avevo guardata, sollevando un sopracciglio in segno di curiosità. «Qui sono tutti maschi, per quello non sapevo dove fosse meglio inserire sua madre.»

In effetti tra serial killer, tutti maschi e allettati attaccati a macchine salvavita c'era solo l'imbarazzo della scelta. Next.

L'ultima struttura visitata fu su consiglio di un altro conoscente, che aveva il padre lì da un paio d'anni e si trovava molto bene. Cercando preventivamente su internet, nessuno aveva mai lasciato una recensione. Eppure sembrava in attività da non meno di dieci anni. La casa di riposo si presentò subito bene: pulita, con le pareti arancioni e molto luminosa. Esattamente come la struttura delle suore, insomma, sempre che avessero aperto le finestre, ridipinto i muri e tirato fuori dalla cantina un po’ di gioia di vivere.

Gli anziani che ci capitò di incontrare non saltarono addosso a nessuno per scongiurarli di essere portati via da là e il refettorio, dove in quel momento si stava tenendo il pranzo, era pieno di utenti, uomini e donne, senza che nessuno volesse attentare alla vita dell’altro. Scoprimmo che il titolare aveva i genitori lì dentro. Cosa poter chiedere di più?

Il prezzo, ovviamente. Ma, cosa incredibile, anche quello era piuttosto interessante.

«C’è un solo problema», disse il titolare, persona apparentemente squisita, dopo un’ora di tour e confronto psicopedagogico.

«A parte mia madre che va in giro di nott…ehm, sì, mi dica, mi dica.»

«Non c’è posto.»

«Ah.»

«In realtà ci sono parecchie persone in lista d’attesa», aggiunse, mostrando un bel malloppone di richieste arrivate nell’ultima settimana.

«Ah. E che prospettive ci sono?», chiesi allora, in modo molto innocente.

«Beh, uhm, diciamo che è vero che nella nostra struttura ogni tanto qualcuno va via, però di solito i posti si liberano solo in un modo.»

«…»

«…»

«…»

«…»

«Ah!», conclusi io, avendo capito l’allusione.

«Eh!», rispose lui. Ci mettemmo in lista ma, buon per gli utenti, non credo si sia liberato alcun posto, nel frattempo, non avendo più sentito nessuno.

La ricerca di una casa di riposo si interruppe rapidamente per via di una notizia talmente emozionante da mozzare il fiato. La gravidanza di qualche parente? No. Una vincita milionaria? Nemmeno. Un miracolo avvenuto a un conoscente sfortunato? Nah.

PARTE 2:
COME BADARE
A UNA BADANTE

Alexia

Una parente di una cara coppia di amici di mio fratello stava per essere trasferita in una RSA e dunque la badante, che le aveva fatto compagnia per due anni, era pronta a tornare sulla piazza. Venne referenziata molto bene da loro e pensammo che un periodo di tempo così lungo non potesse che attestarne la serietà e sensibilità. La bloccammo nemmeno dieci minuti dopo, incoraggiati dalla coppia stessa al grido di «Quelle brave vanno via presto dal mercato».

Il giorno dopo andammo a trovarla a casa dell'anziana, a poche ore dal trasloco nella struttura prescelta. Non ebbi nemmeno il coraggio di chiedere quale. Lei era ormai allettata da un po', quindi, per quanto dolorosa, quella decisione era stata presa per garantirle un servizio infermieristico continuativo.

Incontrammo la badante: si chiamava Alexia ed era nativa di un paese centroafricano. Aveva poi vissuto in Francia e in Canada, lasciando lì il resto della famiglia. Nonostante fosse sempre sorridente, qualcosa cominciò subito a non quadrarmi, ma proprio non capivo cosa potesse essere.

Ci raccontò un po' della sua esperienza e noi raccontammo la nostra, incluse le abitudini che mia madre aveva a casa. Lei non sembrò scomporsi nemmeno per il discorso delle alzatacce notturne, affidandosi al pannolone che ancora usavamo.

«No», specificai, «in realtà quello andrebbe tolto, non ne ha bisogno, le è stato imposto in osped...»

«Tranquilli, c'è il pannolone», rispose di nuovo lei, sorridendo.

«Ma se...»

Mio fratello mi diede un calcio da sotto il tavolo. In effetti al momento c'era poco da fare gli schizzinosi e del pannolone ne avremmo parlato in seguito. Prendemmo un appuntamento a casa mia per il giorno dopo, così da farle conoscere la mamma.

L'incontro sembrò un revival della vecchia pubblicità della Ringo, quando ancora il lato alla vaniglia e quello al cioccolato potevano essere accostati insieme senza enfatizzare l'aspetto razziale. Mia madre la accolse come se non la vedesse da anni. A giudicare dall'entusiasmo fu come se – da pilota di elicottero – l'avesse salvata durante una guerra civile nel suo paese natale, con un blitz degno delle forze speciali. La badante, dal canto suo, se la prese sottobraccio, la strinse, le diede pacche sulle spalle e fu fin troppo amicona.

Ci informammo sulle sue abitudini alimentari, così da far trovare il frigo pieno con qualcosa che potessero mangiare entrambe. Lei ci tranquillizzò, dicendo che mangiava solo insalata e mozzarella, quest'ultima solo di una marca specifica.

«Pasta?»

«No, no, solo insalata e mozzarella.»

«Carne?»

«No, no, solo insalata e mozzarella.»

«Sempre insalata e mozzarella?»

«Sì, sempre insalata e mozzarella.»

C'era sempre quel qualcosa a non quadrarmi, inclusi i conti, visto che in un anno calcolai una spesa di 600 euro di mozzarella, sempre che la trovassi in offerta, ma l'idea che dal giorno dopo avremmo potuto ricominciare a risalire la china familiare era troppo ammaliante per essere sufficientemente lucido da capire cosa non andasse.

A quel punto avrebbe potuto chiedere pure una limousine. Credo l'avesse capito anche lei e, non a caso, cedemmo persino quando parlammo del suo stipendio. Davamo per scontato che chiedesse tanto quanto percepito fino ad allora, addirittura meno, visto che la mamma sarebbe stata meno onerosa in termini di impegno rispetto a una signora allettata e a rischio piaghe. Invece chiese 100 euro in più perché, a suo dire, la mamma sarebbe stata più onerosa in termini di impegno rispetto a una signora allettata e a rischio piaghe. Ma era lei del settore, mica noi, così acconsentimmo, concordando che almeno nel primo periodo avrebbe dormito nella stessa stanza per evitare che si facesse male, ed entrai nel magico mondo della contrattualistica delle badanti.

In due giorni mi feci una cultura enciclopedica in merito, tra badanti conviventi e non, nonché sui vari livelli che riguardano i collaboratori domestici.

Perché, sì, la categoria è proprio quella. E se il discorso fosse meramente linguistico, come il fu-bidello che ora è rigorosamente il collaboratore scolastico, il problema non si porrebbe.

Tuttavia, con «collaboratore domestico» si intende proprio chiunque abbia un ruolo non familiare all'interno di un immobile, sia essa una tenda o un castello. Tutto suddiviso in livelli lavorativi, a seconda delle mansioni e della preparazione.

Da uno stalliere, appartenente al livello A al pari di un aiuto cuoco o un annaffiatore di piante, al livello AS, che include le famose dame da compagnia, figure che ufficialmente non hanno alcuna mansione di lavoro nei riguardi di chi le assume, se non, per l'appunto, non lasciarla da sola o, boh? Non farla annoiare? Fare gossip di quanto accade a corte?

Al livello B si trovano i giardinieri (altro che plebei annaffiatori di piante!), mentre al BS assistenti di persone autosufficienti o bambini (baby-sitter, insomma).

Al C, l'assistente familiare e il cuoco, con il livello CS specifico per gli assistenti di persone non autosufficienti non formati. Il che non significa amorfi o disinformati, bensì senza un titolo di studio adeguato.

Al livello D, ecco spuntare il maggiordomo, la governante, il tutore… insomma, a casa di Clara, l'amica di Heidi, ne dovevano pagare di contributi. Al DS, infine, si trovano gli assistenti per persone non autosufficienti, in possesso di un titolo di studio congruo.

Ora, uno potrebbe chiedersi: cosa c'entra il maggiordomo, che in teoria sarebbe pure un lusso, con la badante, che invece è una necessità? E perché l'assunzione del primo a livello contributivo è onerosa tanto quanto della seconda?

Misteriose ragioni che in questa storia non troveranno

risposta. So solo che, tra sudori freddi per paura di sbagliare e previsioni di contributi mensili che facevano sudare ancora di più, mia madre si trasformò per la prima volta in vita sua in datore di lavoro.

Nel frattempo, scoprii che una persona allettata era sicuramente meno autosufficiente di mia madre, quindi per logica Alexia avrebbe dovuto prendere meno e non più del precedente incarico. Ma ormai il dado era tratto e così, contratto alla mano, entrò nelle nostre vite.

Il ritorno a casa (sua)

In mezza giornata smontammo casa di mia madre, chiusa ormai da mesi, per renderla presentabile. Pulimmo ogni angolo e mi occupai personalmente di sistemare i mobili per rendere l'ambiente sicuro e accogliente. Sistemai il mio vecchio letto da single in camera di mia madre, staccato da quello matrimoniale, cosicché Alexia potesse intercettarla la notte. Per quando, invece, faceva il pisolino pomeridiano, sistemai un baby monitor, dando alla badante il ricevitore, così da poter tenere d'occhio la mamma in qualunque momento, evitandole di dover stare sempre nei paraggi.

Organizzai il bagno presente appena fuori la porta della camera con luci LED innescate da un sensore. Fui indeciso se installare Alexa (l'assistente venduto da Amazon) perché temevo di creare confusione con il nome della badante ma alla fine lo feci ugualmente. In tre anni di possesso, mia madre non era mai riuscita ad innescarla. Già aveva problemi a pronunciare la X, ma era come se la sua voce non venisse percepita dal microfono. La prova fu cambiare la parola di innesco da «Alexa» a «Computer»... Niente di niente, era immune al suo timbro vocale.

Accompagnammo mia madre a casa sua, constatando come, ahimé, non la riconoscesse. Speravo che almeno l'atmosfera o addirittura l'odore sentito per anni avrebbe sbloccato in lei qualcosa ma un danno all'ippocampo genera anche queste problematiche, quindi non c'era altro da fare che buon viso a cattivo gioco.

Alexia prese possesso della casa, le spiegammo di tutto e di più. Le mostrai la scorta di mozzarella in frigo e, facendoci il segno della croce, lasciammo la mamma nelle sue mani.

Le regole non scritte

Ho perso il conto delle persone che, saputo dell'accaduto, tennero a rivelarmi le (almeno) tre sacre regole non scritte, fondamentali quando ci si affida a una badante.

La prima è quella di far sparire qualunque cosa di valore. Una persona può essere referenziata quanto vuoi, ma se l'assistita non ricorda nemmeno quale sia il suo letto, figuriamoci i propri averi. La cosa è un tantino pericolosa, specie se il resto della famiglia non è a conoscenza di gioielli, monili e, ovviamente, eventuali contanti.

La seconda è installare delle telecamere all'interno della casa. Molto seducente come cosa, lo ammetto, ma mio fratello mi distolse dall'idea. C'era già quella di sorveglianza fuori dalla porta e, dall'altro lato, la vicina dell'altra scala poteva vedere e sentire qualunque cosa succedesse. Quindi sull'argomento prendemmo tempo.

Tornando indietro, ne metterei venti, interno frigo compreso, ma per ragioni di privacy è bene specificare subito la cosa con la badante e far rientrare le telecamere nei termini del contratto, da firmare entrambi. Dire dopo un mesetto «Sai, pensavo di mettere delle telecamere…» pare brutto. Inutile dire che non si possono mettere in bagno o in zone altrettanto sensibili ma, in generale, meglio parlarne con qualcuno del settore (legale).

La terza è non preannunciare le proprie visite, evitando così il rischio che l'assistita venisse curata solo in previsione dell'arrivo di qualcuno. Una pratica tristemente nota in alcune RSA poi finite nel mirino della magistratura o, come accennato, anche nei reparti di alcuni ospedali.

Proprio in merito a quest'ultimo punto, abitando vicino, i primi giorni feci diversi blitz a sorpresa. Mia madre sembrava tranquilla, se non fosse che il ritorno a casa, o magari il fatto di non vivere più insieme, l'avevano resa molto più emotiva del solito.

Ogni volta che andavamo a trovarla, entro i primi cinque secondi dal nostro arrivo, gli occhi le diventavano umidi dalle lacrime, si metteva la mano sul petto e diceva sempre la stessa, inquietante frase: «Mi viene da piangere! Il mio cuore si allarga!»

«Non lo dire nemmeno per scherzo!», rispondevo sempre. E non a mò di battuta, mi veniva proprio naturale. «Già è stata sufficiente una volta!», in riferimento al famoso cuore a calamaro.

In tutto questo, Alexia continuava a pulire casa e ridere. Era bravissima in entrambe le cose. Le avevamo lasciato casa pulita e ora era splendente. In più, continuava ad abbracciare, prendere sottobraccio, stringere e dare pacche sulle spalle a mia madre, risultando sempre più amicona.

Andando via, alla fine di uno degli ultimi blitz, in ascensore, mentre facevo boccacce allo specchio, ebbi la più classica delle epifanie. Ecco cosa non mi quadrava di Alexia: la bocca sorrideva, gli occhi no. Se avessi preso una sua foto e le avessi coperto la bocca, mostrandola poi a qualcuno, ero certo che l'avrebbero descritta tutt'altro che felice.

Chiamai mio fratello per raccontargli la cosa. «Ma dai», rispose, «magari ha dei trascorsi brutti che non sappiamo, ma finché la mamma è tranquilla non ti fissare su queste cose». Probabilmente, aveva ragione.

Dalle stelle alle stalle

Passarono i giorni e a casa mia, molto lentamente, andavamo riscoprendo scampoli di normalità. Il bimbo piccolo uscì dal lettone, prendendo possesso del suo letto nella camera dei fratelli, precedentemente occupato da mia madre. Fu strano ma meraviglioso non sentire più il DING DONG dieci volte a notte.

Riuscimmo finalmente a dormire per ben sei ore di fila: poco per l'essere umano medio; un sonno quasi eterno per chi ormai non credeva fosse più possibile dormire per più di un'ora continuativa. Il DING DONG finì in un cassetto, visto che Alexia dormiva con mia madre e non avrebbe avuto senso montarlo anche lì.

Dopo circa una decina di giorni, feci il mio solito blitz. Mia madre era in poltrona. Alexia aveva i guanti e stava pulendo. Non faceva altro che pulire. Mia madre parlò del più e del meno. Quando mi accompagnò all'ascensore, le chiesi cosa ne pensasse di Alexia. Le cose sembravano andare bene, ma preferivo sentirlo dire anche da lei, anche se rischiavo se ne uscisse con battute che, nel 99% dei casi, avrebbero avuto un serissimo risvolto razzista e/o di natura sessuale.

Cambiò rapidamente espressione, facendomi segno di stare in silenzio, e mi stupì con l'ultima cosa che pensavo potesse dire: «Ssshh, che questa poi mi prende a calci e pugni!»

Ora, in qualunque altro caso, una frase del genere avrebbe richiesto un bell'approfondimento. Ma se mia madre dimenticava Alexia dopo due minuti che non la vedeva in giro, poteva mai essere vero? No, di certo.

Me ne andai comunque un po' turbato, più che altro perché c'era il rischio che mia madre indisponesse la badante, inventandosi certe cose. Non credo faccia piacere sentirsele dire. Riferii in famiglia la cosa e continuai con i miei blitz a orari casuali. Niente di anomalo. Grandi sorrisi e ancora più grandi pulizie. E Alexia? Sempre più amicona.

Qualche giorno più tardi, durante la mia visita quotidiana, mia madre disse nuovamente dei calci e dei pugni, questa volta in presenza della badante. Ma non per accusarla, quanto perché quest'ultima voleva accompagnarla in bagno per cambiarsi e a mia madre non andava di svestirsi.

«Questa sembra buona e cara, ma poi mi prende a calci e pugni!», ripeté. Alexia non si scompose e continuò a ridere. Io ripresi mia madre, con i ruoli educativi ormai ribaltati, dicendole che chiederle di fare qualcosa non era certo una violenza, specie se ne andava della sua igiene.

Altro giorno, altro riferimento alle botte. Arrivati a quel punto, le cose si fecero sospette. Passi la battuta una tantum, ma tre riferimenti ravvicinati non potevano più essere un caso, memoria o non memoria.

La conferma arrivò quando, poco dopo, incontrai una vicina di casa, in ascensore. Mi chiese come stesse la mamma. Io abbozzai dicendo che si stava riprendendo e, piano piano, le cose sembrassero andare meglio ma, dalla sua espressione, capii che c'era qualcosa che non voleva dirmi.

«Ho sentito delle urla, l'altro giorno», disse poi. «Solo che non ho capito cosa dicessero. Però ho sentito sua madre prima urlare 'ahi ahi ahi' e poi che voleva uscire dal gioco, che si ritirava, cose così. Ma forse ho sentito male, che gioco stava facendo?»

Il macabro sospetto (e la tragica conferma)

Mi si contorse lo stomaco. Arrivato a casa sua, tutto sembrò normale, come al solito, ma ormai nello sguardo di Alexia vedevo tutto tranne che l'equivalente del sorriso che aveva stampato in faccia.

Cercai di capire come fare ad avere qualche prova certa di cosa stesse succedendo. Ora più che mai avrei voluto mettere una telecamera, ma non potevo certo farla comparire così, dal nulla. E poi, se davvero c'era qualcosa che non andava, non potevamo certo rimandare l'allontanamento della badante, solo perché, sentitasi controllata, avrebbe sicuramente fatto finta di comportarsi bene.

L'occhio mi cadde sul baby monitor in camera di mia madre. Era un modello dove si poteva installare una scheda di memoria per registrare gli eventi. Non so perché uno debba voler registrare il bambino la notte, forse per verificare che non sia sonnambulo o cleptomane, ma la cosa mi tornò utile. Ne misi una dismessa che tenevo a casa, impostai il tutto per registrare quando percepiva un rumore e aspettai il giorno dopo per recuperarla.

Inserita nel PC di casa mia, non riuscivo a respirare dalla tensione. I video erano tanti e frammentati, innescati da un rumore qualunque. A volte si sentivano voci in sottofondo, ma nessuna sembrava minacciosa. Purtroppo presto cominciarono i video peggiori.

Il primo raccoglieva le voci provenienti dal bagno durante, presumibilmente, una doccia. Le parole usate da mia madre, che sembrava urlare in modo disperato, erano le stesse menzionate dalla vicina.

«AHI! AHI! AHI! BASTA! BASTA! MI FAI MALE! ESCO DAL GIOCO, ESCO DAL GIOCO!»

Alexia stava zitta, ma la immaginavo già trattare mia madre senza la minima delicatezza, lavandola come fosse una bambola, senza nemmeno accendere la stufa o controllare la temperatura dell'acqua.

Il video successivo, più lungo, mostrava quanto avvenuto dopo cena. Emerse che Alexia non dormiva affatto con mia madre, ma ogni notte si organizzava in camera mia. L'unica possibilità era che avesse scoperto di poter trasformare il divano in letto, una cosa impossibile da capire trattandosi di un modello vecchissimo. Ma, cosa ben peggiore, lasciava sola mia madre.

In un altro video, si vedeva mia madre che usciva dalla camera da letto e si trascinava nel corridoio. Non potevo vedere l'intera scena, ma la sentii bussare alla porta della mia vecchia camera, per poi fare un balzo all'indietro, come se fosse stata spinta, rischiando pure di cadere. Ciliegina sulla torta, nell'ultimo video, si vedeva mia madre di nuovo a letto. Improvvisamente, appariva Alexia che, infastidita, le lanciava qualcosa in faccia, forse un pacchetto di fazzoletti.

Non mi dilungherò molto su quanto accadde nell'arco di poche ore. Lei negò tutto, ma le facemmo capire che sarebbe stato molto più saggio stare in silenzio, fare i bagagli e andarsene.

Il contratto venne sciolto immediatamente e lei venne segnalata per maltrattamenti. Gli amici di mio fratello, che avevano sponsorizzato Alexia, furono scioccati dal racconto di quanto avvenuto. Non solo per il dispiacere e il senso di colpa, ma anche perché si domandarono cosa avesse passato la loro cara, «accudita» per due anni dalla badante.

Letteralmente dalla notte alla mattina, ci trovammo di nuovo punto e a capo.

Bentornata a casa (mia)

Lo shock per eventi così inaspettati, che andavano avanti da troppi giorni e che, memoria o non memoria, avevano lasciato delle cicatrici su mia madre, ci spinse a fare l'ultima cosa che in vita mia avrei pensato o, lo ammetto, desiderato di fare: accoglierla di nuovo a casa mia.

Il suo arrivo fu una festa superiore all'uscita dall'ospedale. In quel caso, infatti, si dava per scontato fosse stata in buone mani, con l'obiettivo di guarirla. Con Alexia, invece, non solo avevamo rischiato di peggiorare la sua salute, ma chissà quanto ci eravamo persi come maltrattamenti, quindi trattammo mia madre come una sopravvissuta.

Quest'ultima rientrò a casa senza avere idea di averci già passato sei mesi. Come sempre non ricordava dove fosse l'unico bagno, dove avrebbe dormito o quale fosse il suo posto a tavola. In compenso, non chiese più dove fossero i genitori dei bambini, dando per scontato ormai fossimo noi.

Continuò a chiedere della bambina, che nel frattempo, a mio dire, si era emancipata e ormai viveva a Helsinki, e a bollare i maschietti come il più rustico, il più introverso e il più leale, mentre io la correggevo dicendo che in realtà uno era il più frugale, l'altro il più meditabondo e l'ultimo il più zuzzurellone. I miei figli impararono più aggettivi in quel periodo che in tutto il periodo di scuola elementare. Tutti ci divertivamo ed eravamo colmi di sollievo.

Capitava che mia madre si fermasse nuovamente ad ammirare i piatti, cercando uno schema logico per sapere cosa e come mangiare, ma era come se avesse superato il clou di quella fase. Anche le parole facevano capolino solo in caso di malessere, stress o stanchezza. In quei casi, il più delle volte bastava un pisolino per resettare il cervello e renderla di nuovo lucida. O qualunque cosa fosse.

I primi giorni scivolarono via rapidamente. Nel bene o nel male le vecchie abitudini tornarono e fui costretto a tirare fuori dal cassetto il DING DONG per la notte. Sarà che in tre settimane di pausa avevo recuperato un po' di energie, ma la notte ricominciai ad alzarmi dalle sei alle dieci volte senza subire i contraccolpi diurni. Apparentemente, almeno.

Infatti, l'idillio non durò molto. Il sollievo bruciò rapidamente come un fuoco di paglia e a casa fu come fare un balzo indietro di mesi. Allora c'era l'incoscienza di quanto sarebbe successo, come una rana messa in un pentolino con l'acqua che si scalda lentamente, fino a quando non si ritrova bollita. Benedico ancora tale incoscienza, senza la quale non saremmo riusciti a superare - letteralmente - l'inverno.

Col ritorno di mia madre, ci ritrovammo di nuovo nei panni della rana. Solo che questa volta avevamo esattamente contezza che la pentola non fosse una piscina e la carota usata per il brodo non fosse un salvagente. Non avendo prospettive di nuove badanti all'orizzonte, né RSA irreprensibili a cui affidarci, l'ambiente tornò a essere tossico. Molto rapidamente.

Fu il momento più buio in assoluto per la mia famiglia perché entrammo in un brutto circolo vizioso, in un tutti contro tutti difficile anche da spiegare.

L'insofferenza generale portava mia madre a essere indisponente e capricciosa come un bambino viziato. Nei suoi giri per cercare sigarette o indizi di un possibile complotto, ruppe quattro volte una maniglia di casa, solo perché collegata a una porta che non si apriva in modo tradizionale, ma a soffietto. Ogni volta la riparavo e inevitabilmente gliela ritrovavo in mano, anche se l'avevo ammonita di non aprirla non dieci minuti, bensì dieci secondi prima. Pur restandole in mano, una volta beccata, negava l'evidenza e la cosa mi faceva andare fuori di testa.

Lei si sentiva giudicata e sembrò quasi iniziare a farlo apposta e a dire persino di non essere libera di fare ciò che voleva in casa sua. Peggio ancora.

La notte era diventata un'agonia senza fine, pur alzandosi la metà delle volte. Questa, infatti, potrebbe sembrare una bella notizia, se non fosse che il motivo dei risvegli meno frequenti era lo stare molto più sveglia di prima, una volta alzatasi.

Così, se prima riuscivo a rimetterla a letto in un paio di minuti, il tempo di andare in bagno, intercettarla all'uscita e condurla in camera, ormai l'opera di convincimento ne richiedeva minimo venti, con punte di quaranta.

L'inizio era sempre lo stesso, con il DING DONG e la mia corsa in camera per intercettarla. La novità, rispetto al passato, è che la trovavo intenta a ridere, perché sapeva che il campanello avrebbe suonato. Pavlov sarebbe stato orgoglioso di lei. I riflessi condizionati ricordati più di tante altre informazioni.

Una volta infilatasi in bagno, diventava un'altra persona. Non metteva più solo a posto, ma cercava e cercava, sigarette la maggior parte delle volte, continuando la tradizione di usare spazzolini non suoi. Quando sentivo silenzio per qualche minuto, bussavo e lei il più delle volte apriva con violenza la porta, dicendomi con fare scocciato di andare a letto, mentre lei finiva una cosa.

«Mâ, sono le quattro di notte»

«E allora? Vai a dormire, che io ora finisco qua e poi vado a preparare per domani, che torno da scuola tardi e non avrò tempo.»

Rumori, cassetti che sbattevano o direttamente svuotati, rimproveri perché ero io quello a fare rumore. Altro che entra, fai pipì ed esci di una volta, si stava davvero meglio quando si stava peggio.

Quando riuscivo finalmente a farla uscire dal bagno, entrava nella camera dei bambini parlando ad alta voce e non accettava la richiesta di abbassare il volume, così da evitare di svegliarli. Si capiva subito come in quelle situazioni avrebbe dato filo da torcere. Pur di non tornare a letto, prendeva come scusa quella di mettere a posto i vestiti dei bambini.

Oggettivamente, la loro camera sembrava uno spogliatoio di una squadra di football dopo il Super Bowl, ma non era né il momento né la persona adatta a mettere in ordine. Questa cosa la mandava fuori di testa, anche perché per lei non era affatto piena notte, cosa che peggiorava ancor di più l'umore suo e, inutile dirlo, anche mio che non la potevo certo lasciare sveglia.

Arrivò a dirmi quanto fossi una delusione come figlio. Una frase che, con tutte le giustificazioni del caso, fu tagliente quanto un rasoio.

Suocera contro nuora

Quando mia moglie mi sentiva in difficoltà, quindi non meno di tre volte a notte, interveniva. Con la migliore delle intenzioni, sia chiaro, ma con la vena pulsante (intesa proprio come vaso sanguigno) di un'insegnante elementare che, due ore dopo, si sarebbe alzata per affrontare per davvero una prima e una seconda elementare, composte da casi umani che si arrampicavano sulle finestre, i cui genitori erano più casi umani di loro.

Assistevo così a una scena surreale di rissa verbale suocera/nuora che, nelle migliori famiglie, avviene in occasioni sporadiche, in modo velato e con i rispettivi coniugi a fare da pacieri. A casa mia avvenivano di notte, in modo grottesco e con me nella duplice condizione di fare da arbitro (corrotto, parteggiando assolutamente con la fazione che voleva andare a dormire) a un match di altri tempi.

Nella comunicazione umana, esistono almeno tre elementi su cui basarsi quando si veicola un messaggio verbale: le parole, ossia il contenuto di una frase; la prosodia, vale a dire il tono con cui si pronuncia, che può cambiare totalmente il senso del messaggio; il linguaggio del corpo, silenzioso ma forse più importante degli altri due. Solitamente le tre cose sono coerenti tra loro. Se sono parole d'amore, il contenuto è tenero, il tono pucci pucci e il linguaggio del corpo coccoloso. Se sono insulti, il contenuto è al vetriolo, il tono violento e il linguaggio del corpo chiuso o tendente all'aggressione.

Ora, nottetempo, era come se Morfeo, noto barman degli dei, shakerasse quanto sopra, dando vita a combinazioni mai viste. Mia moglie, ad esempio, era capace di trovare le parole giuste per indicare a mia madre ciò che avrebbe dovuto fare. Peccato che al contempo la vena sul collo pulsasse sempre più, le venisse un tic all'occhio e il tono fosse – sì – calmo e pacato come una musica new age, ma con un sottofondo death metal misto a un artiglio che grattava una lavagna.

Era come se un adulto stesse avvisando a mezze parole un bambino pestifero, minacciandolo di infilarlo nel wc se non avesse detto «Grazie» e «Per favore». Il tutto davanti alla madre del bambino, usando un tono eufemisticamente affabulatorio.

La cosa, ahimè, si notava non poco, al punto tale che avrebbe potuto dire a mia madre le parole più dolci del mondo, ma, più parlava, più quest'ultima si sentiva presa in giro e lo diceva apertamente. In risposta a ciò, mia moglie aumentava il tono affabulatorio, forzatamente pacato e molto cantilenante, in un circolo vizioso dal quale era impossibile uscire. Era una specie di *Misery non deve morire* al contrario, insomma.

Spesso il match continuava nella camera dei bambini dove cercavamo di farla tornare, con meno toni affabulatori e mezze urla reciproche dettate dalla frustrazione, dalla stanchezza e dalla situazione ormai insostenibile.

Come già capitato in passato ma ora persino

amplificato, non di rado, una volta tornato a controllare
che si fosse addormentata, magari due minuti dopo il
distacco furibondo, lei alzava le braccia al cielo e urlava di
gioia «Il mio figlio benedetto! Ma quanto ti amo!», come
se fossi tornato dalla guerra.

Poi aggiungeva, come se nulla fosse «Coprimi le spalle,
è il mio punto debole.»

Toxic (zin zin zingizing)

Persino i rari momenti in cui mia madre non era con noi non risultavano più riposanti. Il livello di tossicità nell'aria era ormai a livello record e così restava, sia che fossimo dentro, sia che uscissimo per un po' e poi tornassimo. Anzi, in quei casi il passaggio da un ambiente salubre a uno nocivo era ancora più accentuato.

La mattina iniziò a stare con i miei suoceri, nel tentativo di alleggerirmi anche lavorativamente, dato che da una carriera soddisfacente ero ormai caduto nel pozzo della quasi inattività.

Persino il riposino pomeridiano di mia madre era diventato un'agonia. Quella parentesi di ossigeno per darle una serena regolarità, nonché per garantirle un minimo di riposo che la notte non aveva, cominciava subito con una carica di tensione.

Subito dopo pranzo, quando prima andava serenamente in bagno prima di coricarsi, iniziava a fare continuamente il giro della cucina nel tentativo di mettere a posto.

Passaggio davanti al lavandino: «Posso asciugare queste cose?»

«Le abbiamo appena messe a scolare.»

«Queste cose dove vanno?»

«Appena finiscono di scolare vediamo.»

«Devo lavare queste cose?»

«No, le abbiamo appena lavate e stanno scolando.»

Passaggio davanti al piano di lavoro: «Queste cose dove le metto?»

«Là dove stanno.»

«E perché non a posto?»

«Perché è il loro posto.»

«E perché non ne hanno un altro?»

«Perché altrimenti starebbero là.»

Passaggio davanti alla credenza: «Qua devo mettere a posto?»

«No.»

«Perché?»

«Perché è chiusa, non vedi?»

«E perché è chiusa?»

«Perché altrimenti vorresti metterla a posto.»

Passaggio davanti alla tavola: «Devo apparecchiare?»

«No.»

«Perché?»

«Perché abbiamo appena mangiato e dobbiamo andare a riposare.»

«Voi avete mangiato, non io. Che senso ha andare a dormire e poi mangiare?»

«Guarda che hai mangiato pure tu.»

«Non mi prendere in giro. Me lo ricorderei.»

Passaggio davanti alla frutta: «La frutta la metto a tavola?»

«No, era lì fino a due minuti fa.»

«E perché ora è qui?»

«Perché abbiamo finito di mangiare e dobbiamo andare

a riposare.»

«E quando abbiamo mangiato?»

«Prima di mangiare la frutta e rimetterla poi a posto.»

Avendo finito il giro della cucina, si ritrovava nuovamente di fronte al lavandino: «Posso asciugare queste cose?»

«No, stanno scolando.»

«Appunto, non le posso asciugare?»

«No, dobbiamo andare a riposare.»

«Vai tu, che io devo sistemare qua.»

«No, dobbiamo andare a riposare, per favore!»

Secondo inevitabile passaggio davanti al piano di lavoro: «Queste cose dove le metto?»

«Là dove stanno.»

«E perché non a posto?»

«Perché è il loro posto.»

Potrei continuare, con i secondi e terzi passaggi di fronte a ciascuna zona della cucina. Era una specie di via crucis casalinga, inserita in un loop temporale apparentemente infrangibile.

Proprio per questo, a costo di farmi insultare, con vari escamotage avevo come obiettivo quello di farla uscire dall'orbita circolare dentro la cucina, indirizzandola verso il bagno. La media per riuscirci era di dieci, interminabili minuti. Tendeva poi a svegliarsi prima del solito, pure di cattivo umore. Ciò conduceva a una serata pesante e a un'infinita notte di piombo.

Mia madre cominciò pure a percepire complotti da tutte le parti. Le capitò di confidarsi con mia moglie, che a tratti era sua complice, a tratti carnefice, dicendole di trovarsi in chissà quale gioco orchestrato da un deus ex machina sadico: io.

Mi capitò di sentire una conversazione del genere, così entrai nella stanza facendo finta di niente ma col cuore ferito perché mi faceva male pensasse tutto ciò, al netto del fatto che fosse per il problema all'ippocampo.

«Mio figlio benedetto! Che bello! Che regalo del Signore! A prescindere dal gioco, dico.»

Non ce la facevo più.

Olga, la badante 2.0

E ra il momento di accelerare con la ricerca di un'altra badante. Ci fecero qualche altro nome, ma nessuna tra le proposte sembrava fare al caso nostro. C'era chi poteva venire solo la sera, chi solo la mattina e chi sempre, tranne le notti. Una disse che poteva venire un'ora sì e una no. Non capimmo mai cosa facesse tra un'ora e l'altra. Badare a un'altra persona? Furti acrobatici in appartamenti vicini? Chissà.

Dopo una serie di ricerche locali e non , arrivando a mobilitare mezza Europa per far rientrare badanti super-accreditate, ma che erano ormai tornate al proprio paese natale, mi convinsi che fosse statisticamente più probabile trovare una Ferrari parcheggiata sotto casa mia, con le chiavi appese e un biglietto con su scritto: «Ho pagato bollo, assicurazione e benzina per i prossimi vent'anni. Goditela!».

Un giorno squillò il telefono. Era un numero polacco. Rapido controllo mentale: chi conoscevo di polacco? Giovanni Paolo II? Difficile fosse lui. Poi, chissà. Il portiere della Juventus? Speravo non fosse lui, non avrei saputo come pronunciarne il nome. Nel dubbio risposi.

«Buonasera, sono badante Olga. Sono amica di [nome di badante precedentemente conosciuta ma impossibilitata a venire] e questo è il suo numero.»

Quindi erano insieme lì in Polonia. Buono, l'altra

badante era fidata, quindi anche quella nuova passava dallo status di «Ignota» a «Ignota ma con referenza». Seguì dunque un breve racconto delle nostre esigenze e la richiesta di quando avrebbe potuto ipoteticamente iniziare. Silenzio. La signora parlava italiano, ma non benissimo, quindi al telefono – si sa – magari aveva difficoltà di comprensione. Forse l'amica stava traducendo per lei. Dopo qualche secondo, si sbloccò: «Io… già giorno 19 che finisco con vecchina.»

«Perfetto. Senta, è un problema se aggancio alla conversazione anche mio fratello, così da far sentire pure lui? Magari facciamo una videochiamata?»

«No, ora no, prendiamo appuntamento per domenica, che vecchina non c'è.»

Ci stava, mica poteva mettersi a fare la videochiamata con la vecchina accanto, soprattutto se avesse cominciato a dire frasi come «Giorno 19 vecchina non c'è più». Ne avrebbe avuto a male e, comprensibilmente, avrebbe guardato con sospetto qualunque pasto le avesse propinato.

«Ok, domenica alle 16. Chiamo io o chiama lei?»

«Chiamo io o chiama lei?»

«Esatto, chiedevo questo. Chiamo io?»

«Chiamo io?»

«Guardi, chiami lei, ho capito. A domenica.»

Domenica pomeriggio squillò il telefono. Puntualissima, Olga. Peccato mi fossi appena appisolato.

«Mannaggia, la badante!», urlai mentalmente, mettendomi a sedere. Cercai di darmi un contegno, in previsione della videochiamata. Notai solo dopo che si trattava di una telefonata normale. Magari voleva sapere se fosse un buon momento. Che carina, mi piaceva già. Risposi.

«Buonasera, sono badante Olga.»

«Buonasera, Olga. Un attimo che avviso mio fratello per la videoc…»

«Io sono in stazione, aspetto qua?»

«In che senso in stazione?»

«Io sono arrivata ora alla stazione dei treni. Aspetto lei?»

Cominciai a sudare freddo. Come caspita poteva aver capito di dover venire subito qua dalla Polonia? Poteva mai aver capito di aver già avuto l'incarico? La mia descrizione del caso di mia madre era stata così dettagliata da averle fatto credere ciò?

Il trip mentale continuò con lei che aveva dovuto sostenere le spese di aereo e pullman… o forse aveva fatto due giorni di treno? Questo spiegava le 72 ore tra le nostre due telefonate. O forse la vecchina era passata a miglior vita prima del previsto? Se sì, era stata lei? O la vecchina era morta di crepacuore per colpa mia? E se invece l'avesse abbandonata all'aeroporto/stazione dei treni/autogrill?

Panico totale. Adducendo una scusa, chiesi cinque minuti e chiamai mio fratello per organizzare al volo un incontro tra me, lui, nostra madre e la badante potenziale nonninacida. Io sarei andato a prendere quest'ultima alla stazione, per vederci poi tutti a casa di mia madre.

Tempo previsto, conoscendo mio fratello? Almeno un'ora, a fronte di dieci minuti di tragitto. Ecco perché tergiversai prima di andare a prendere la badante, calcolando un po' i tempi. Ne approfittai per sbirciare un po' la sua foto su WhatsApp: una signora non giovanissima ma sorridente. Ispirava fiducia.

Venti minuti dopo ero lì, riconoscendola ferma sul marciapiede. Non era sola, c'era un uomo di mezza età con lei, così scesi dall'auto e mi avvicinai, presentandomi e salutandola. Loro due, imperturbabili, stavano facendo un selfie. Lei teneva una rosa bianca tra le mani, mettendola in bella mostra nell'inquadratura.

Scoprii che il suo accompagnatore non era polacco. Era più locale del sottoscritto, fin troppo locale, diciamo. Mi disse che entro le 19 avrei dovuto riportarla lì, perché doveva lavorare, ma che nel frattempo potevo portarla con me senza problemi.

Guardai il lato positivo: almeno lavorava già in Italia e non aveva dovuto accollarsi un viaggio della speranza a causa mia.

La signora si accomodò in auto, silenziosa. La rosa era sparita. Cominciai a temere che, alla luce della bellissima impressione fatta dal suo accompagnatore, fosse una specie di messaggio in codice, l'equivalente moderno del lobo dell'orecchio tagliato dall'Anonima Sequestri, inviato a chissà chi in Polonia.

Il tragitto dalla stazione a casa di mia madre sarebbe durato dieci minuti scarsi. Di seguito, ecco la cronistoria di tale breve viaggio:

Minuto 1: primi convenevoli da parte mia, tra tempo che prometteva pioggia e racconto della vicinanza tra casa e stazione. Totale silenzio da parte della signora.

Minuto 2: ok, probabilmente avevo parlato troppo, forse la signora era intimidita. Oppure non parlava bene l'italiano, magari l'avevo confusa. Cominciai a scandire le parole in modo eccessivamente lento, ma almeno lei si girò, forse credendo stessi avendo un ictus. Chiesi da quanto tempo stesse in Italia. «Dieci anni», rispose. Ok, risolto il problema: l'italiano lo sapeva, era solo di poche parole.

Minuto 3: gasato dalla risposta, iniziai a dare primi accenni ai problemi di mia madre, alle nostre esigenze e a quello che avrebbe trovato a casa. Totale silenzio da parte della signora. Cominciai a pensare che non fosse davvero una badante e che quello non fosse davvero un accompagnatore. O, meglio, che lei fosse un'accompagnatrice e lui il suo, come dire, badante. Se dunque avessi frainteso io? Speravo davvero di no, ma mentalmente presi l'appunto di formulare bene la frase dedicata a quanti soldi volesse, onde evitare di alimentare la cosa.

Minuto 4: primi accenni di panico. Chiamai mio fratello per riempire un po' il vuoto e per chiedergli dove fosse. «Stiamo arrivando», rispose. «In che senso?», chiesi. «Che, uhm, noi, ehm, ci stiamo mettendo…»

«In auto, spero…!»

«Ehm, no, le scarpe…»

«Ma sono passati quaranta minuti da quando ci siamo sentiti!»

Ripresi a sudare freddo. Cinque minuti e sarei stato solo con la tizia, in una casa vuota. Il panico per il fraintendimento fece posto a un nuovo panico, ben più grande: di cosa avremmo parlato per la successiva mezz'ora?

Minuto 5: mi resi conto che l'uso della forma plurale di «parlare» era quantomeno ottimistico, perché la signora era completamente muta. Provai allora a passare dalla forma interrogativa all'interrogatorio.

«Dove lavora?»

«Qua.»

«Qua dove?»

«In città.»

«Pensi, io pensavo lavorasse in Polonia, eh eh.»

«Perché io devo lavorare in Polonia?»

Evitai il riferimento al numero di telefono polacco, all'amica e alla videochiamata.

«Fino a quanto lavora dalla vecchina?»

«Alle 19.»

«No, dico, fino a che giorno?»

«Il 19.»

«Il 19 alle 19?»

«Il 19.»

Minuto 6: di nuovo silenzio. Visto l'andazzo, temetti di aver bruciato il bonus conversazione e che la badante avesse ricominciato il voto del silenzio. Provai a resistere per il minuto successivo. Funzionò, nel senso che anche lei non lo ruppe.

Minuto 7: mi misi volutamente nella corsia sbagliata del semaforo, così da perdere tempo. Ancora silenzio.

Minuto 8: il gioco del silenzio lo vinse lei. «La sua amica in Polonia la conosce da tanto tempo?» chiesi.

«Cinque anni.»

«Noi la conosciamo perché badava fino a due anni fa a un'amica di famiglia. Forse la conosce.»

«No.»

Minuto 9: nuova chiamata a mio fratello, sempre come riempitivo. Erano riusciti a mettere le scarpe. «Siete in macchina?», implorai. «No, stiamo aspettando l'ascensore.»

Minuto 10: purtroppo il cancello automatico di casa di mia madre si aprì senza problemi, costringendoci a parcheggiare. Scesi subito dalla macchina, così come lei, iniziando a incamminarci verso il portone. Lei sembrò quasi conoscere la strada, cosa super inquietante.

In ascensore, tenendomi a debita distanza, buttai la bomba. «Il signore che era prima con lei immagino che fosse un parente della vecchina dove lavora per ora.»

«No.»

«…»

«Lui è…»

«…»

«Lui è mio…»

«…»

«…ehm, uhm, compagno.»

«Ah, ma certo.» Scemo io a pensare diversamente.

Arrivati al piano e aperta la porta di casa, la signora si sedette esattamente dove le avrei chiesto di sedersi. Sempre più inquietante. Da lì a poco mi avrebbe detto che mia madre tiene lo zucchero dentro la credenza e non su una mensola, ne ero praticamente certo ormai.

«Gradisce un caffè?»

«No.»

«Acqua?»

«No.»

Peccato, mi avrebbe concesso di perdere un altro po'
di tempo. La caffettiera malfunzionante, il commento sul
fatto che oggigiorno non ci sono più quelle di una volta,
la differenza tra arabica e robusta, le condizioni di lavoro
di chi raccoglie i chicchi... insomma, robe da primo
appuntamento amoroso per rompere il ghiaccio. Mi
sedetti di fronte a lei. Ora sì che il setting era quello di un
interrogatorio. Ricominciai a raccontare di mia madre, del
fatto che fisicamente non avesse nulla, ma che il problema
di fondo fosse quello della memoria.

Cercai di limitare tecnicismi, faccio uso di gesti,
indicavo oggetti nella stanza per farmi capire. La signora,
intanto, mi guardava con gli occhi sgranati e
un'espressione neutra. Non annuiva nemmeno.

«Tra l'altro, mia madre chiede sempre cosa debba fare,
quindi ci sarebbe da coinvolgerla in attività...»

«...»

«Che ne so, il giardinaggio...»

«GIARDINAGGIO!»

Saltai dalla sedia dalla sorpresa. O era la prima parola
che aveva capito, oppure aveva proprio una fissa per il
giardinaggio. Non ci fu il tempo per scoprirlo.

«... o la cucina...»

«...»

«Lei cucina?»

«...lei cucina?»

«No, dico, lei... lei», ribadii, indicandola.

«Io non so se mamma sua cucina.»

«...»

I minuti passavano e io terminavo via via gli argomenti di conversazione. Iniziai ad alzarmi, prima per aprire le finestre. Passai poi a invertire la posizione tra due bottiglie. Poi il colpo di genio: potevo dare l'acqua alle piante. Presi un bicchiere di plastica, lo riempii rigorosamente a meno della metà e annaffiai la prima delle cinque piante. Tornai al rubinetto: di nuovo mezzo bicchiere e nuovo tragitto avanti e indietro. Sarebbe stato più facile riempirlo tutto, ne ero consapevole, ma la strategia sembrò funzionare. Sembravo talmente tanto indaffarato che lei non aprì bocca. Solo dopo realizzai che non l'avrebbe fatto a prescindere.

La signora riprese a guardarmi in modo neutro, un segnale inequivocabile che dovevo sedermi. Avevo ormai capito tutto del suo linguaggio del corpo. Sguardo neutro e leggero tremolio del sopracciglio sinistro significava «Dovrei andare in bagno». Sguardo neutro e impercettibile movimento dell'orecchio sinistro era indubbiamente un «Sono d'accordo con l'attuale politica estera polacca». Infine, lo sguardo neutro e un sommesso brontolio dello stomaco era un chiaro «Domani pioverà».

«Tra l'altro, mia madre è una persona molto allegra, quindi avrebbe bisogno di una persona coinvolgente...»

«...»

«Allegra...»

«...»

«Trascinante...»

«Io trascinante.»

La immaginai trascinare un cadavere, ma non avendone

ancora le prove, cercai di scacciare il pensiero dalla testa. Per farlo, chiamai mio fratello.

«Cinque minuti e siamo lì!»

«Ancora?!»

«Per sbaglio ho preso l'uscita sbagliata e siamo finiti a casa tua, eh eh.»

Odio profondo. Altri cinque minuti di panico, impegnati sapientemente facendo la spola tra la sedia e la finestra che dava sul cancello, così da controllare se fossero arrivati. Nulla. Tornai a sedere.

«Ehm, ha degli hobby?»

«No.»

«Figli?»

«Due.»

Incredibile! Un argomento da approfondire! Acqua nel deserto!

«Che bello. Vivono qua?»

«No.»

«In Polonia?»

«No.»

Mi trattenni dall'indagare ulteriormente; ero pressoché certo che, continuando a fare domande, avrei scoperto il domicilio di entrambi: carcere di Roma e carcere di Berlino. Meglio sorvolare.

«Ha qualche allergia?»

«No.»

«Meno male, sennò magari a cucinare… Senta, che ne pensa del NASDAQ?»

Dalla borsa al borsellino. Realizzai di non aver trattato ancora l'argomento chiave: il compenso. Pesai benissimo le parole, onde evitare di risultare equivoco, visti i dubbi precedenti. Non potevo assolutamente permettermelo.

«Ah! Scusi se glielo chiedo, quanto prende?»

ARGH!

«Voglio dire, ha prezzi diversi tra notte e giorno?»

ARGH! Crollai con la faccia sul tavolo. Da lì mugolai qualcosa.

«Cioè, mi capisca, lo stipendio…»

Mi rivelò una cifra equa per il mercato. Ero sul punto di chiederle se parlasse di euro o dollari canadesi, quando finalmente arrivò il resto della famiglia, madre inclusa. Dopo i dovuti convenevoli, ci accomodammo in salotto. «Parla tu», disse mio fratello. «Io ho già chiesto tutto.»

Mia madre divenne improvvisamente loquace e, a parole, ufficializzò l'assunzione della badante. Fu necessario molto olio di gomito (inteso come gomitate per cambiare discorso) per arginare una situazione pericolosa.

«Lei è la mia nuova infermiera?», chiese poi.

«Infermiera?!» ribatté perplessa la badante.

«Sì, beh, noi diciamo infermiera per intendere…», intervenni io.

«Cioè, voi volete che io sia tipo infermiera?», chiese nuovamente lei. Ma non fu una richiesta che lasciava intendere dei limiti riconosciuti alla propria professionalità; sembrava piuttosto un esame di coscienza. No, il tono era lo stesso di una richiesta a una escort di vestirsi da panda e masticare eucalipto.

Continuando con l'olio di gomito nei riguardi di mia madre, fu ben presto chiaro che la signora non facesse al caso nostro. Così, nel tentativo di studiare una exit strategy decente, usai come scusa il fatto di stare già aspettando un'altra risposta per l'indomani e ci avviammo all'uscita. Avrei dovuto affrontare un intero viaggio di ritorno verso la stazione, che immaginavo sarebbe stato uguale, se non peggio, all'andata.

In ascensore tentai di spiegare che mia madre era un tipo particolare bla bla che anche noi vivevamo la situazione in modo difficile bla bla. Lei continuò a guardarmi e fu allora che, per la prima volta, prese la parola.

«Ma lei hai dimenticato?»

«Mia madre? Sì, probabile abbia già dimenticato…»

«No, lei tipo… tu.»

Fu allora che realizzai: la badante doveva aver capito che quello con problemi alla memoria fossi io, non mia madre. Magari aveva avuto il terrore che non ricordassi dove riaccompagnarla, o addirittura chi fosse. Temeva avrei potuto lasciarla a casa di mia madre, forse, rinchiusa o sotto sequestro. La cosa spiegava tutto. Beh, no, tutto no; continuavo a credere fosse lei quella strana. Ripensai alle due ore precedenti con lo stesso shock di quando scoprii il colpo di scena alla fine de «Il sesto senso».

Col cervello ormai in fumo e sghignazzando in modo preoccupante lungo tutto il viaggio verso la stazione, giusto per farla preoccupare un po' di più sul mio stato mentale. La cosa funzionò a tal punto che fu lei a riprendere la parola.

«Ma… questa persona… aspettate una risposta…»

Fui veramente tentato di dirle che non ricordavo nulla di quale persona dovesse darmi una risposta, ma non ero nelle condizioni psicofisiche per reggere il gioco.

«... sì?»

«... è rumena o polacca?»

«Credo uzbeka.»

«Ah, ok, ok!», concluse, sollevata.

Per quanto mi riguarda, non capii molto la domanda; forse c'entrava la rosa bianca di qualche ora prima. a un paio di chilometri dall'arrivo ebbi la premura di chiederle se dovesse avvisare il suo, uhm, compagno.

«No, no.»

«E come fa a sapere dove vedervi?»

«Lui sa.»

«Ah.»

Evidentemente anche lei sapeva più di quanto non volesse far intendere, al punto che preferì scendere prima e attraversare una piazza piuttosto che farmi fare il giro di una rotatoria e farsi accompagnare fin lì. Aprendo lo sportello di colpo, mancò per meno di due millimetri un motociclista che stava sorpassando a destra, radente alla mia auto, che per farle un gestaccio, voltandosi, rischiò di fracassarsi contro un cassonetto.

Continuai a sghignazzare per tutto il viaggio di ritorno, immaginando il racconto che avrei fatto alla famiglia delle ore trascorse in compagnia di una mattatrice come Olga. Arrivato a casa di mia madre, tenni banco col racconto di quanto successo. Risate su risate, quando mio nipote spuntò dall'altra stanza con un oggetto in mano e pronunciando otto parole che mi fecero provare un'esperienza di pre-morte: «Zio, la signora ha dimenticato qua il telefono.»

Sarò breve sul seguito: sopravvissuto a una serissima apnea dovuta alla risata nervosa susseguente, caddi in una profonda agitazione all'idea che Olga non avesse potuto contattare il suo protet... ehm, badante.

Ripensai all'invito a chiamarlo: se l'avesse fatto, ci saremmo accorti del telefono mancante, rimediando subito. Altro problema: era ovvio che lei avesse il mio numero registrato sul cellulare, quindi non avrebbe nemmeno potuto chiamarmi.

Telefonai allora all'amica in Polonia, così da avvisarla. Colpo di genio: scoprimmo che aveva un cellulare polacco e uno italiano (mmm...) e che mi avrebbe chiamato lei. Dieci minuti dopo mi arrivò un sms con delle coordinate e l'indicazione di lasciare tutto al portiere. La mattina dopo si recò lì mio fratello, che abitava nelle vicinanze. Il portiere non c'era, così scese direttamente Olga.

«Grazie, troppo gentile! Che bella notizia, ero sicura di averlo perso! La mamma? Tutto a posto? Che signora gentile! Allora, avete avuto risposta? Io sono disponibile, anche se non pensate di iniziare subito. Ho visto la mamma molto arzilla bla...»

Messaggio su WhatsApp di mio fratello, subito dopo: «Ma domenica l'avevi drogata?»

L'agenzia per badanti

La ricerca fai-da-te non diede i frutti sperati, così finimmo per rivolgerci a un'agenzia apposita. Ebbene sì, esistono agenzie che – alla stregua di quelle matrimoniali – provano a fare un incontro tra domanda e offerta. E, un po' come Tinder, partono da un identikit vicendevole per capire se possa esserci compatibilità.

Fino a qui, tutto bene. Ha senso. Il problema è ciò che ci sta dietro.

Le agenzie nel territorio sono parecchie e molte di esse hanno una serie di *commerciali* che gestiscono il traffic… ehm, la richiesta locale e si interfacciano con la casa madre e i clienti diretti.

Ha senso pure questo, no? Sulla carta sì, nella realtà le cose sono molto più bizzarre.

Qualcuno – che evidentemente ci voleva male – ci passò il numero di tale Dottore Qualcosa. Già al telefono, l'impressione fu che il termine *Dottore* fosse per gli occhiali e l'aria da intellettuale. O forse solo per gli occhiali. Sicuro non per la laurea e, non a caso, scoprii rapidamente come fosse diplomato in ragioneria. Fu dunque ribattezzato rapidamente *Ragionier Qualcosa*. Al quinto congiuntivo sbagliato, venne rapidamente declassato a *Signor Qualcosa*, mettendo in dubbio anche il suo diploma.

Il Signor Qualcosa sciorinò al telefono tutto il suo

speech commerciale: «Sappiamo bene che è difficile trovare una badante, ma noi risolviamo problemi.»

«Ah, come il signor Wolf», dissi io.

«Scusi, non parlo tedesco», disse lui. «Noi facciamo ricerca e selezione di badanti per voi, così da farvene arrivare una certificata, colloquiata e sicura.»

Probabile ci fosse anche la versione diesel. Chissà se avrei potuto sfruttare l'ecobonus? Fui lì per chiedere, ma lui passò subito al sodo.

«Lo dico perché le badanti [aggettivo riferito a un paese europeo] sono le migliori.»

«Ah, sì?»

«Beh, lei pensa [nome di paese europeo] e pensa badante, no?»

«Più o meno come Italia: pizza, mafia e mandolino.»

«Esatto! E poi le donne [precedente aggettivo riferito a un paese europeo] sono tutte carine e gentili.»

Flashback: immagine dell'unica badante conosciuta in vita mia di tale nazionalità. Non molto piacente, particolarmente incazzosa, tendenzialmente cleptomane. Ma è chiaro come la statistica fosse dalla parte del Signor Qualcosa, non certo dalla mia.

«Sì, l'ho sentito dire», risposi per cortesia.

Lui ne fu compiaciuto e cominciò a elencare le condizioni economiche.

«Dunque, funziona così: dovrete pagare 565 euro per il biglietto così da farla arrivare a casa vostra, poi 950 euro mensili alla badante e 250 euro al mese a me.»

«Mmm, 565 euro per il biglietto? Nel senso che vengono direttamente da [sì, sempre il nome della nazione europea]?», chiesi io, innocente e puro. Il discorso sembrava quello delle televendite, con lo scopettone rotante in vendita a 29,99 euro più 82 euro di spese di spedizione.

«No, dalla Calabria», rispose lui.

«Caspita, il volo dalla Calabria è fatto con l'elicottero o un jet privato? Ma, soprattutto, perché la Calabria?»

«Perché arrivano là da [già, di nuovo quella nazione europea] in un'altra mia società e poi le facciamo venire qua.»

Mmmm…

«Ogni venerdì arriva un caric… ehm, un gruppo di badanti», concluse lui.

MMMM…

Scoprii solo successivamente che 1) si spostavano in pullman, altro che aereo e 2) il biglietto costava 65 euro.

«Magari all'arrivo fatele trovare la colazione, così si bendispone. Ah, invece, parliamo degli orari di lavoro.»

Abituato a richieste (lecite e umane) di pause orarie, almeno un paio di pomeriggi a settimana e la domenica liberi, così da preservare la propria sanità mentale con un po' di stacco, ci eravamo già organizzati per coprire i momenti scoperti.

Lui fu molto preciso in merito: «Guardi, di solito funziona così: un pomeriggio libero il giovedì e la domenica libera dalle 8 alle 20, perché così la badante stacca un attimo ed evita di stressarsi troppo…»

«Ecco, esatto», risposi. Eravamo sulla stessa linea d'onda.

«Ma», aggiunse lui, «non è questo il caso. Le nostre

badanti lavorano 24 ore su 24, 7 giorni su 7.»

«...»

«Consideri che non conoscono nessuno qua e se c'è qualche altra [abitante di nazione europea a caso] non gli elo diciamo, quindi dove dovrebbe andare?», concluse, gongolando come Sherlock Holmes dopo aver rivelato a Watson un sagace ragionamento deduttivo.

Rimasi in silenzio per qualche istante. Lui, da ottimo detective, lo percepì.

«Quindi, riassumendo, ha tempo libero solo se volete voi.»

«...»

«Per dire, se andate a fare la spesa insieme, quella vale come uscita di svago.»

«...»

Il mio silenzio in merito mi sembrò emblematico. Ci mancava solo che, da contratto, dovessi essere chiamato «Bwana». Tale parte del dialogo fu giusto la punta dell'iceberg. Presto il Signor Qualcosa tirò fuori dalla manica l'asso del "Soddisfatti o rimborsati".

«Nel contratto con l'agenzia c'è anche la possibilità di cambiare la badante se qualcosa non va.»

«Conservando lo scontrino?», chiesi.

«No, ma se per caso qualcosa non va oppure lei chiede qualcosa, tipo di uscire o di assentarsi, PRIMA VOI LO DITE A ME e io VI DICO COSA RISPONDERE». Tenne a marcare volutamente le parti in maiuscolo.

Cominciai a immaginare scenari con protagonista la famiglia della badante sequestrata e chiusa in un tombino, con la minaccia di far salire il livello dell'acqua.

«Ovviamente», specificò lui, «il cambio avviene solo per motivi oggettivi. Tipo maltrattamenti…»

«Ma non diceva che sono certificate, assicurate, colloquiate…»

«Sì, sì, non succede, ma se succede potete cambiare. Invece se è bionda e uno la vuole mora, può farlo, ma pagandole il viaggio di ritorno.»

«Severo, ma giusto», conclusi io, soprappensiero, cercando di cambiare il discorso per evitare di pensare ancora alla famiglia di quella, sequestrata nel tombino. Provai così a riportare la conversazione nell'area della legalità: «Ehm… Ma per il contratto? E i 950 euro a lei bisogna farli con bonifico, spero.»

«Il contratto l'avete voi con noi e noi con loro. Per il pagamento, niente bonifico, solo contanti.»

«Come contanti?»

«Perché io ho un'agenzia di poste private, e loro mandano i soldi tramite Western Union in [sì, sì, sempre quella nazione].»

«Ah... e una PostePay dove fare il bonifico no?»

«Non si può usare la PostePay per fare i Western Union.»

Rapidissimo check online scrivendo "Postepay" e "Western Union". Primo risultato: il sito di Poste Italiane dedicato ai pagamenti Western Union. Glielo dissi.

«Uhm, ehm, mi sembra strano», balbettò lui. «Un attimo che chiedo alla nostra esperta dell'ufficio. Dottoressa Samantha, scusi se la disturbo durante il suo prezioso lavoro. Lei che è l'esperta, sa se uno può inviare denaro tramite Western Union utilizzando una Postepay?»

«No, zio», rispose la Dottoressa Samantha, facendo crollare in due parole il castello di carte di finta multinazionale del Signor Qualcosa.

«Ehm, scusi, le assicuro che si può», insistetti, alla luce di dieci anni di esperienza nello sventare truffe online che avevano in comune solo due cose: una carta Postepay della vittima e i dati dei truffatori per mandare loro soldi tramite Western Union. Citai il sito delle Poste.

La Dottoressa Samantha fu probabilmente imbavagliata, perché non la sentii più, mentre il Signor Qualcosa cambiò discorso. «Beh, poi potete chiedere alla badante. Stavo dimenticando una cosa importante: la badante può stare otto mesi.»

«Otto mesi?!», ripetei, incredulo.

«Oh, scusi, errore mio», si corresse lui. «Volevo dire fino a un massimo di otto mesi. Di solito vanno via prima.»

«Prego? E perché?»

«La voglia di ritornare al loro paese.»

«Ah.»

«Però si possono fare tornare.»

«Ah.»

«Pagando 150 euro.»

«150 euro di che?»

«Di dogana.»

«Ehm…», iniziai, declassando mentalmente il già ex Dottore Qualcosa, ex Ragioniere Qualcosa e ormai anche ex Signor Qualcosa, a *Qualcosino*, ragazzino brufoloso e impertinente. «Tesoro, ascolta a papà, la dogana… dico, che cosa sono? Dei pacchi?»

Per un attimo non scartai l'idea: visto il tipo, era possibile le facessero arrivare davvero in pacchi, tipo i messicani che arrivavano nascosti nel fieno in *Breaking Bad*[5].

«No, praticamente loro ci hanno detto che c'è questo costo di dogana per rientrare e…»

«Tesoro, ascolta di nuovo a papà… Lo sai che [incredibile a dirsi, sempre quella nazione] è nell'Unione Europea, vero?»

Qualcosino si stupì: «Ah.»

«E nemmeno da poco.»

«Ma loro… Guardi, visto che io preferisco non dire robe che non so, chiamo il mio consulente». Probabilmente la madre, mi dissi.

Chiamò il consulente, mettendolo in vivavoce. Un uomo, quindi non era la madre. Forse il fratello maggiore che andava al liceo.

«Bla bla, mi spieghi il discorso dei 150 euro bla bla?»

Il consulente attaccò di nuovo col discorso della dogana, usando le stesse identiche parole di Qualcosino. Il gobbo doveva essere uguale.

Di nuovo: «Tesoro, ascolta pure a papà: l'Unione Europea, l'Eurovision…»

In un marasma di «Mah», «Ora vedo su Wikipedia» e amenità varie, a un certo punto, per educazione, finii per dare la colpa alle badanti [aggettivo riferito alla suddetta

---

[5] Nell'omonima serie TV, andata in onda tra il 2007 e il 2013, Walter White è un onesto e triste professore di chimica americano che, scoperto di essere malato, decide di cominciare a produrre metanfetamina. Cosa mai potrà andare storto?

nazione] che da anni li prendevano in giro con la storia della dogana.

Salutato il consulente, che il giorno dopo avrebbe avuto il compito di latino a scuola, chiesi una copia del contratto di collaborazione. In altre parole, il giustificativo dei 250 euro mensili che Qualcosino chiedeva, a fronte del suo indispensabile servizio.

Non l'avessi mai fatto. Scoprimmo che non c'era alcun contratto, solo un mezzo accordo *aumm aumm* per giustificare quei soldi. Abituato a certi tipi di accordi, immaginai che anche parte dei 950 euro alla badante sarebbero tornati a Qualcosino.

A quel punto, la domanda venne spontanea: «Scusi, non per cosa, ma se non c'è contratto, che succede se uno non paga i 250 euro mensili?»

Qualcosino si infervorò, come se la maestra gli avesse appena fatto l'unica domanda di cui conosceva la risposta: «Arrr, beh, certo, io ho il coltello dalla parte del manico.»

«Nel senso che in caso dice alla badante di accoltellarmi nel sonno?»

«No, ma verrei a riprendermela il giorno dopo, uaz uaz. Di sicuro non conviene, uaz uaz.»

Nonostante l'emergenza, evitammo di avere a che fare con un personaggio del genere. Tuttavia, l'esistenza di tali agenzie ci aprì un mondo e con la successiva avemmo più fortuna. Ci venne spiegato tutto in modo decisamente più legale e, alla fine, decidemmo di provare. Fornito l'identikit di nostra madre e chiarite le esigenze, dopo una decina di giorni ricevemmo una chiamata: il giorno dopo, alle 7:30, sarebbe arrivata alla stazione Sofia.

Sofia, la coraggiosa

Identikit di Sofia: 59 anni, bionda, caschetto, sguardo omicida e look perfetto per il ruolo di bulletta di un carcere femminile. O di guardia sadica. Premesse ottime, non c'è che dire. Tuttavia, cercammo di essere positivi: andiamo, chi di noi viene bene nella foto della carta d'identità?

Presi nota del numero di telefono per mandarle un messaggio di benvenuto su WhatsApp, ma sembrava non averlo installato. Così, la mattina dopo, comprai dei croissant di accoglienza, forse l'unica cosa intelligente detta da Qualcosino, e mi recai di buon'ora a prenderla.

Arrivato alla fermata dei pullman, cercai subito qualcuna col frustino ma non la trovai. Feci tre volte il giro, ma nessuna corrispondeva alla foto ricevuta, così la chiamai al telefono. Del resto, mi era stato assicurato che parlasse un buon italiano.

«Hello?». Ottimo inizio. Ma almeno sembrava avere una voce dolce.

«Ehm, Sofia?», chiesi. Dieci secondi di silenzio.

«Ja?»

«Ciao, sono Massimo, il figlio della signora a cui badare. Sei arrivata? Non ti trovo.»

«No.»

«Ah, il pullman ha ritardato?»

«No. Non vengo, scusa». Clic.

Rimasi col telefono in mano, sbigottito come se mi avessero appena rivelato di essere stato adottato. E ora? E mamma (sempre che fosse lei la mia vera mamma)? E i dodici euro di croissant?

Tornai a casa e chiamai l'agenzia. Mi chiesero un paio d'ore per indagare e mi richiamarono dopo un po', scusandosi per il disguido. No, Sofia non sarebbe più venuta. Il perché? Aveva visto su Wikipedia le immagini delle stragi di Falcone e Borsellino e temeva di fare la stessa fine. A posto.

Il responsabile dell'agenzia, comunque, non si scompose e annunciò che, nella sfortuna, avevamo avuto fortuna. Si era infatti liberata una nuova badante, che era più brava, più bella, più smart e meno terrorizzata dalle stragi di mafia di quell'altra.

Aveva appena lasciato la famiglia italiana dove aveva trascorso gli ultimi sette mesi e sarebbe arrivata da noi il giorno dopo. Mi descrisse una scena tragica al momento dell'addio: lacrime, fazzoletti, minacce di farla finita pur di farla restare, nonostante la signora a cui badasse fosse purtroppo deceduta.

Che dire? Wow. Altro che Qualcosino.

Wilma: per gli amici Unde

La mattina dopo, ancora una volta di buon'ora, arrivai alla stazione con altri dodici euro di croissant appresso. Per la delusione, il giorno prima avevamo spazzolato i precedenti.

Parcheggiai e guardai la foto della nuova badante: si chiamava Wilma, sempre 57 anni come l'altra, sguardo meno da capo gang di carcere femminile. Mi piaceva già. Registrai il suo numero e sbirciai la foto profilo di WhatsApp: sembrava un'altra. Taglio e colore di capelli differenti, fisico diverso… sospettai pure fosse un uomo.

Scacciai dalla mente tali paranoie, era ridicolo anche solo pensarci. Tuttavia, visto che ero in anticipo, la cercai pure su Facebook: altro taglio di capelli, altro colore, altro fisico.

Le telefonai e mi rispose subito. Mi presentai. Silenzio totale. Mi ripresentai. Lei sembrava non sapere cosa dire. Sentii soltanto una parola: «Unde…?», senza capirne il significato. Le scrissi un messaggio, chiedendole una foto dei dintorni («Mandami una foto di ciò che vedi!») per capire in quale parte della stazione fosse.

Mi mandò un selfie. Ora, la persona comune si sarebbe concentrata su un quarto taglio e colore di capelli su quattro foto della signora, che sembrava avere le capacità di trasformismo di Ethan Hunt in Mission Impossible. Io guardai il pilone argentato alle sue spalle e, da bravo detective, la rintracciai subito.

Mi presentai per la terza volta, sorrisone in viso e promessa di croissant per rallegrare la giornata. Wilma mi guardò e indicò i tre borsoni, grossi quanto vitelli, che aveva portato con sé. «Unde...?», ripeté. Da bravo cavaliere, trasportai venticinque chili di borsone moltiplicati per tre. Lei andò oltre l'«unde...», facendomi capire che erano vestiti invernali. Ottima notizia: se aveva portato il cappotto di lana voleva dire che era ottimista sul fatto di restare a lungo, posto che era già maggio.

Caricai tutto in macchina, non prima di aver indicato i croissant, promettendoli a breve, e ci incamminammo verso casa di mia madre.

Bastarono trecento metri per capire la prima cosa di Wilma: lei stava all'italiano quanto io al suo idioma e/o alla fisica quantistica. Nonostante avessimo fatto presente l'importanza della lingua, all'agenzia dovevano aver preso alla lettera la richiesta, inviando una persona con una lingua in bocca funzionante e in grado di sentire sapori, fare pernacchie e togliersi di tanto in tanto qualcosa tra i denti.

Wilma appariva comprensibilmente tesa. Ma chi non lo sarebbe stato in un paese straniero, incontrando una persona che, per quanto ne sapeva, poteva essere un serial killer o non venire direttamente a prenderla? Per non parlare del dover badare a una persona che non le era nemmeno stata descritta. Chissà, dunque, se un po' di sana vita familiare, tra croissant, persone amorevoli e che mai avrebbero smesso di ringraziarla per la cura destinata alla propria madre non avrebbe fatto miracoli.

Il gonnellino di Eta Beta

Arrivati a casa, incontrò mia madre e le cose sembrarono incanalarsi per il meglio. Sembrava esserci, non dico una simpatia reciproca, ma almeno, rispetto ai precedenti, non era un clima da guerra fredda. Wilma stessa non adottò alcun approccio «sono la tua amica del cuore», cosa che apprezzai perché lo reputavo ipocrita, ancor di più dopo la precedente esperienza con Alexia.

Per festeggiare la cosa, aprii la confezione di croissant, offrendoli ai presenti. Wilma non li guardò nemmeno per sbaglio, forse temendo fossero avvelenati, così altri 12 euro di paste restarono intonse.

Mi squillò il cellulare. Un messaggio WhatsApp. Era Wilma. Sì, la stessa Wilma che avevo a un metro e mezzo di distanza. Come aveva fatto a scrivere senza che me ne accorgessi? Dovevo smetterla di guardare i croissant. Lessi il messaggio: «900 euro al mese... sei ore di pausa... due volte a settimana... poi vediamo...».

Guardai Wilma e le risposi che andava bene. Lei continuò a fissare il vuoto. Le risposi «Ok» su WhatsApp e lei si rianimò. Per festeggiare il ponte comunicativo appena trovato, con un numero eccessivo di puntini di sospensione ma funzionale allo scopo, riproposi le paste, ma Wilma le allontanò e indicò uno dei tre borsoni-vitello, dicendo che aveva portato il suo cibo. Aprì una zip e ne tirò fuori un sacchetto di albicocche belle mature.

Una salutista, pensai, mentre il succo di albicocca gocciolava ovunque.

Tirò fuori anche una bottiglia da due litri di Pepsi, mezza vuota. Forse non era poi così salutista.

Da lì in poi, in una sorta di getto diarroico, tirò fuori dal borsone:

- ✓ una busta di latte,
- ✓ una confezione di Nescafé,
- ✓ una seconda confezione di Nescafé, questa volta decaffeinato,
- ✓ una confezione di tisana limone e zenzero,
- ✓ una confezione di zucchero,
- ✓ un'altra di sale,
- ✓ cinque panini,
- ✓ tre bottiglie d'acqua da due litri ciascuna.

Cominciai a credere che avesse pensato di trasferirsi in un'oasi nel deserto. Ne ebbi conferma con la seconda mandata di cibo:

- ✓ un'insalata,
- ✓ un'altra busta di latte,
- ✓ origano macinato,
- ✓ prezzemolo macinato,
- ✓ cipolla essiccata,
- ✓ due chili di farina,
- ✓ olio di semi (riempita a metà: mi chiesi cosa avesse fatto con l'altra metà durante il viaggio… forse sgrippato il sedile),
- ✓ olio di oliva (confezione intonsa),
- ✓ un'albicocca sfuggita al sacchetto. Fece plaf sul pavimento, esplodendo all'impatto,
- ✓ sette, e sottolineo sette, stecche di cioccolato che offrì

a mia madre in segno di tributo.

Con i dodici euro di croissant che gridavano ancora vendetta, iniziò così l'epoca di Wilma.

Un inizio per nulla agevole: lei non solo conosceva al massimo una ventina di parole in italiano (per scrivere infatti si affidava a un traduttore online, aggiungendo poi manualmente tre puntini di sospensione alla fine di ogni frase), ma nel parlare faceva un mix di lingue romanze ed ebraico, avendo lavorato per dieci anni in Israele.

Le richieste seguivano più o meno la stessa sintassi: Mamma + Unde + parola apparentemente francese + parola italiana + anatema ebraico. Qualcosa come: Mamma unde trebo latte חייב להישרף באש.

Cominciai a starci dentro nel momento in cui capii che «unde» significava «dove». Forse. Insomma, diedi per scontato significasse quello. Ci riuscii solo perché iniziò a usarlo prendendo oggetti e chiedendomi dove metterli.

Dopo poco divenne un intercalare, al punto tale che Wilma divenne per tutti Unde, un po' come Undici in Stranger Things.

Carezze notturne

Mia madre, nel frattempo, sembrava non disdegnare la sua compagnia e il fatto che nessuno avesse ancora aggredito nessuno nelle prime due settimane lasciava ben sperare. Wilma aveva accettato per il primo periodo di dormire nel letto singolo nella stanza di mia madre, così da capire le sue abitudini notturne.

Del resto, lei la notte continuava ad alzarsi di continuo e Wilma stessa ci disse che voleva verificare se ci fosse il rischio che cadesse. Ufficialmente si alzava per andare in bagno, come ben sapevo, ahimè. Inevitabilmente arrivava lì senza ricordarsi del perché (visto che aveva fatto tutto magari cinque minuti prima), tornava indietro e metteva in ordine la stanza. Nel migliore dei casi, tornava a letto.

Wilma, nonostante i buoni propositi, da essere umano inserita in un contesto estraneo e stressante, dormiva della bella, almeno fino a quando lei non la svegliava dandole teneri colpetti sul viso e girandole la faccia.

«Uh?! Cosa…? Unde?», biascicava lei, mentre mia madre la guardava con occhi gentili.

«Shhh, dormi», le sussurrava gentilmente, «meriti di riposare». La scena si ripeteva otto volte a notte, a detta della stessa Wilma, che ogni mattina ci aggiornava sulla vicenda.

Il giorno, inutile dirlo, lo scenario era sempre lo stesso: Wilma sembrava la protagonista de *Una notte da leoni*, proprio a inizio film, quando i protagonisti sono psicofisicamente devastati e non ricordano il perché. Solo che lei lo ricordava benone e aveva uno strano tic assassino all'occhio.

Mia madre alternava momenti di ebbrezza ad altri di narcolessia, chiedendosi il perché non avesse dormito bene e rischiando di ricevere un vassoio lanciato a mo' di frisbee in faccia dalla badante.

Le prime settimane procedettero senza intoppi. Wilma segnalava un problema col ferro da stiro? Dopo due ore arrivava il ferro da stiro nuovo. Mia madre nottetempo si alzava di continuo e apriva tutte le porte? Il giorno dopo avermelo fatto notare, cambiai tutte le serrature di casa, dandole due chiavi che aprivano e chiudevano a chiave tutte le stanze, così da sigillare tutto durante la notte. Roba che nemmeno in The Others. Mancava lo zucchero? Mezz'ora dopo l'aveva, insieme ad altre cose che pensavamo potessero servire. Mia moglie preparava qualcosa di buono? Ne faceva un po' in più per loro due. Andavo in giro? Compravo qualcosa anche per loro, tenendo conto di quanto fosse passato dall'ultima volta. Wilma arrivò persino a lamentarsi perché c'era troppa roba.

Wilma e il frigo, parte 1

La troppa roba, peraltro, veniva riposta in frigo e lì stava a imperitura memoria, fin quando non si trasformava in un essere senziente e salutava chiunque aprisse lo sportello. Riecheggiò il suo sospetto che volessimo avvelenarla, visto che non mangiava nulla di quanto portassimo.

A livello alimentare notammo come disconoscesse la pasta: in quasi un mese non la cucinò mai e l'unica volta che le chiesi di farlo perché mia madre rifiutava altro, mi guardò come se dovesse cucinarle un panda con contorno di pastiglie per la tosse al posto delle patate.

Scoprimmo che disconosceva pure l'olio d'oliva, il che spiegava il perché la bottiglia portata in origine fosse ancora sigillata. Ma allora perché l'aveva portata? Cosa pensava di farci con l'olio?

D'altro canto, era la seconda o terza maggiore finanziatrice europea di burro, visto che ne consumava panetti su panetti. Non si sa se per reale passione o perché non fosse bravissima a calcolare le proporzioni. Una volta preparò 67 cornettini, un'altra ancora una specie di panzerotti fritti con dentro formaggio e patate, di quelli che con mezzo hai le calorie sufficienti ad affrontare la giungla per quattro giorni. In quel caso ne fece 23, tutti grossi quanto una ciabatta. La prima sera, non sapendo cosa fare, sbucciò un chilo di patate, le buttò in padella per friggerle in olio rigorosamente di semi e poi aggiunse sei uova. Tutto buonissimo, per carità, ma avrebbe dovuto mangiarlo solo mia madre.

Oltre al burro, aveva una venerazione anche per la Coca-Cola. Ma non fredda, nonostante fosse giugno: calda. E con calda non intendo a temperatura ambiente, mi riferisco proprio a quella che volutamente lasciava in veranda, locale che nel pomeriggio diventava una specie di serra tropicale, con una temperatura media di 34°C. Una roba probabilmente così densa da poterla usare anche per impermeabilizzare un terrazzo.

Passando al comparto proteine, amava alla follia anche il parmigiano, in qualunque formato. Ciò spiegava la fissa per la pizza al formaggio che cucinava tre volte a settimana. Cinque pizze alla volta, inutile dirlo, per poi surgelare ciò che restava (quattro pizze).

Un giorno mi costrinse a portarne a casa una, che tenni saggiamente in freezer fino a quando mio padre non venne a cena. No, non volevo avvelenarlo, ma chi meglio di lui, che ordina sempre una pizza con otto o dodici tipi di formaggio diverso, poteva meglio giudicare quella prelibatezza? E poco importa che mi fosse spuntato un ciuffo biondo dopo averla riscaldata ed essere stato investito dai fumi aromatici che sprigionava.

Ricordo ancora la sua faccia al primo boccone. Diciamo che o Wilma aveva appena inventato un nuovo formaggio radioattivo oppure il mix di quelli usati aveva l'incredibile facoltà di spingere il cervello a ordinare l'immediato svuotamento di vescica e intestino.

WhatsApp, shopping e la comunione di mio figlio

Col passare dei giorni, le cose sembrarono persino migliorare per tutto, tranne che per l'intestino di mio padre. Wilma disse che mia madre non si svegliava più la notte, un vero evento. Di sicuro non le aveva propinato la pizza al formaggio, altrimenti si sarebbe svegliata eccome.

Insistette poi per pagare il kg di parmigiano settimanale che comprava, dicendo che era un suo capriccio e che con mia madre «lavorava poco».

Raccontò addirittura di come, con lei, cucinasse settimanalmente dolci, arrivando persino a tirarsi la farina per divertimento. Chissà perché la mente corse subito alla scena dei Simpsons in cui il Sig. Burns e Smithers gestiscono da soli la centrale nucleare.

Per chi se lo chiedesse, quanto sopra non venne espresso a voce, ma sempre tramite WhatsApp e sempre quando lei era nella stessa stanza, magari impegnata a fare le pulizie di casa o seduta semplicemente accanto a me. Un esempio indimenticabile fu quello in sala d'attesa in ospedale, nell'attesa che mia madre finisse un ciclo di terapia.

«Voglio andare in un negozio di abbigliamento… dimmi quando puoi prenderlo…»

Non volendo *prendere* niente, le risposi a voce che c'erano tre centri commerciali vicino casa. Lei negò tutto, come se l'avessi accusata di nascondere gatti mummificati nella sua borsa. Le risposi su WhatsApp, con tanto di mappe con percorsi brevi per arrivarci velocemente a piedi, e mi ringraziò.

Ovviamente non ci andò mai, e le volte che, nei giorni successivi, mi dichiarai disponibile a stare con la mamma, in orario extra rispetto ai suoi momenti liberi, per farla uscire a comprare i vestiti più leggeri, dato il caldo che faceva, mi guardò con ribrezzo, come se l'avessi accusata di vestirsi a casaccio, al buio, dentro a un magazzino di abiti da scena del film *Il pianeta delle scimmie*. Anzi, della sua versione porno.

Un rapido passaggio su WhatsApp e il suo umore veniva mitigato, mantenendo l'idea dell'accusa ma almeno eliminando il dettaglio della versione porno.

Purtroppo non sempre WhatsApp aiutava a capirsi. La cosa si notò soprattutto nei momenti di eventi programmati, come la comunione di mio figlio.

I patti erano quelli di rendere presentabile mia madre per le 16:30, in tempo per la cerimonia in chiesa. Mio fratello arrivò a casa sua alle 16:25. Wilma era seduta a tavola, con cellulare e cuffie.

«Ciao! La mamma?», disse, immaginandola in bagno per darsi un'ultima sistemata.

«Mamma? Unde… Dorme.»

«Come dorme?»

«Dorme.»

«Ma… ma… le 16:30…! La comunione…!»

«Ah. Unde…»

«…»

«…dorme.»

Fu allora che mia madre capì (e poi, fortunatamente, dimenticò) cosa significhi essere svegliato alle quattro di notte da un blitz delle forze speciali americane che arrestano un narcotrafficante, nascosto in qualche villa sperduta nella giungla. La cosa comprese luci accecanti, urla, concitazione e coercizione fisica. Mancarono giusto il sacco di juta in testa (avrebbe rovinato l'acconciatura) e le urla in spagnolo. Wilma, che non parlava né italiano né spagnolo, si limitò a fissare.

Ma, si sa, dagli errori si impara e si migliora. Motivo per il quale, dopo qualche tempo, le dissi di farmi trovare la mattina dopo la mamma pronta alle 9:00 per una visita medica. C'era pure l'appunto sul calendario, scritto con un pennarello rosso indelebile e con tanto di orario.

Causa traffico, arrivai appena in tempo per prenderla e correre all'appuntamento.

«Ciao! La mamma?», dissi, sorridente, cercandola con gli occhi, anche dietro la porta di casa, visto che non la vedevo.

«Mamma? Unde… Dorme.»

«Come 'dorme'?»

«Unde…»

«…»

«…dorme.»

«Ma… ma… la visita…!»

«Ah.»

«…»

«Dorme.»

Il blitz si ripeté, questa volta comprensivo di flash bang, sacco di juta (l'acconciatura non era più importante) e urla in spagnolo. O qualunque idioma fosse, visto che per la rabbia sembrai aver appreso il dono delle lingue.

Sentii solo «Unde…?» mentre mi chiudevo dietro la porta di casa, correndo verso l'ascensore e non aspettando mi tirasse su l'elicottero, come nei blitz delle forze speciali. Peccato, sarebbe stato l'unico modo per arrivare in tempo alla visita.

Soldoni e oscuri segreti

Wilma veniva pagata regolarmente e nemmeno una volta al mese, bensì tre volte al mese. Pur avendo una busta paga unica, ci aveva chiesto la cortesia di dividerle lo stipendio in tre versamenti sulla sua carta abilitata a ricevere bonifici. Capimmo che parte di essi li avrebbe inviati altrove e, non cambiando nulla dal nostro punto di vista, accettammo, accompagnandola persino nelle agenzie per inviarli all'estero.

Wilma, infatti, pur ricevendo pagamenti digitali, non contemplava di poter inviare soldi online in piena autonomia. Forse memore di esperienze passate, ne fu riluttante e cercare di spiegarle i vantaggi, visto che possedeva anche il mezzo per farlo, fu inutile quanto provare a spiegare la trap a mia nonna. O a me stesso.

Passi la prima e la seconda volta, notammo come ogni volta che riceveva lo stipendio, qualcosa in lei cambiasse. Inizialmente pensai fosse frustrante privarsi subito dei soldi, però credo lo sarebbe stato maggiormente se fossero arrivati una volta al mese, dopo una lunga attesa.

Iniziò pure a filosofeggiare. Il giorno che mia moglie comprò delle nuove lenzuola a mia madre, mormorò: «Uomini vecchi compra poco». Iniziai a temere sarebbe arrivata presto a massime come «Uomo basso tutto… ehm».

Notammo pure come non mangiasse mai insieme a mia madre. Anzi, per un certo periodo sospettai che lei non mangiasse proprio. Che ci andassi prima o dopo cena, non la trovavo mai a tavola e non c'era traccia di un precedente apparecchiamento.

Temendo fosse perché non dormisse bene la notte, le proposi di spostare il letto nella mia ex stanza, che era già a sua disposizione per vestiti, accessori e, in generale, qualunque cosa necessitasse di privacy e spazio. Lei rifiutò, ma mi venne il sospetto che già si fosse spostata lì dal secondo o terzo giorno di servizio. Così, in puro stile spy story, collocai l'adesivo di un insettino rubato a mio figlio in un punto abbastanza visibile del letto singolo in camera di mia madre, pensando che lo trovasse e, nella peggiore delle ipotesi, cambiasse le lenzuola. Niente, l'adesivo per i cinque giorni successivi rimase lì, come anche le lenzuola.

Inoltre, scomparì anche il cuscino imbottito del dondolo che tenevamo in balcone (sì, esatto, quell'appendice oscena che rubava spazio ai mobili). Questo aveva ormai una seduta di legno, una specie di tortura per terga e schiena. Inizialmente pensammo fosse volato per via di una bufera, qualche giorno prima, ma presto l'idea che venisse utilizzato in altro modo fu sempre più concreta.

Chiesto a Wilma dove fosse, rispose col tipico sguardo di una mucca in autostrada: non so cosa ci faccio qui, non mi piace per niente e temo quei due cosi luminosi che si stanno avvicinando. Dunque, è inutile che faccia muuu.

Letto intonso + cuscino mancante + porta della mia ex camera da letto chiusa a chiave = una sola cosa: Wilma produceva metanfetamina. O che, meno platealmente, aveva deciso di dormire da sola, senza dirci nulla.

Ora, per carità, rimettendomi sempre nei suoi panni, avrei potuto capire la cosa. Io stesso per tre mesi ho dormito nel letto accanto a quello di mia madre, ma da figlio fu un sacrificio necessario. Nel caso suo, se avesse trovato un modo per intercettarla la notte come facevo io, per quanto mi riguardava avrebbe pure potuto dormire all'aperto, in terrazza, su una palafitta.

Peccato che la volta che le mostrai l'uso del sensore di movimento, lei saltellò per tutta la casa cinguettando «Super!» e poi non lo usò mai.

Arrivò il giorno in cui confessò di dormire da sola, mostrandoci una specie di tendopoli nella mia ex camera da letto, composta in puro stile McGyver da oggetti trovati qua e là: il cuscino del dondolo (ecco dov'era finito!), un copriletto matrimoniale e, dettaglio non trascurabile, il divano letto della mia camera.

Comprensivo per i motivi di cui sopra, chiedendole la cortesia di usare il sensore di movimento così da intercettare mia madre bla bla bla, le spostai il letto nell'altra stanza. L'insettino ne ebbe a male, soffrendo lo stress del trasloco. Contestualmente, qualcuno fece sparire il ricevitore che faceva DING DONG... mmm, caro Watson, nuovo mistero da risolvere.

Wilma e il frigo, parte 2: l'inizio della fine

Nonostante la riconquistata indipendenza e l'installazione di un mini cinema personale nella mia ex camera da letto, dove Netflix la faceva da padrona per diverse ore al giorno, la situazione sembrò in una fase di pericoloso stallo.

Anche mia madre sembrava soffrirne e cominciai a notare come venisse lavata sempre meno spesso. Era sempre meno curata e, in generale, sembrava messa da parte.

E Wilma? Dopo nemmeno una settimana dal trasloco del letto, sembrava aver cominciato a vivere una specie di vita solitaria in un eremo. Solo che l'eremo era la veranda, esposta al sole per dodici ore al giorno e chiusa da vecchi infissi in alluminio che generavano un effetto serra degno di un altoforno, perfetto per far stagionare l'immortale bottiglia di coca cola poggiata a terra.

Wilma stava lì, in una poltrona Ikea posizionata al centro esatto della veranda, con gli infissi perennemente chiusi. Temevo sperasse in un colpo di calore per qualche strana ragione, anche perché in quei giorni la temperatura era fissa a 37°C. Aveva pure un'idiosincrasia verso il condizionatore, mai acceso durante tutta la sua permanenza con la scusa di soffrire di mal di testa.

Insomma, detto da chi conosce lavorativamente il fenomeno (io), Wilma divenne l'icona del burn-out... e non solo perché rischiava di prendere fuoco per autocombustione, in veranda.

Una sera iniziò a mandare una serie di messaggi criptici. Nel primo ci accusava di non dare da mangiare a nostra madre. Nel secondo ritrattava la cosa, dicendo che invece davamo da mangiare solo a nostra madre e non a lei. Nel terzo, più confuso, era possibile dicesse che sacrificava volentieri la propria vita, iniziando uno sciopero della fame pur di far alimentare mia madre, come se fosse l'eroe in un film di genere survival, con le scorte di cibo ormai in esaurimento. O forse si lamentava della spending review del proprio paese, non si riusciva proprio a capire.

Escludemmo l'ipotesi della politica interna quando mandò una foto del frigorifero vuoto. Seguirono altre foto, con i dettagli dei vari scomparti, e messaggi riferiti al fatto che, se non fossimo stati soddisfatti di lei, sarebbe bastato dirglielo.

La mente tornò a quando si lamentò della troppa roba e il frigo era stracolmo. Dunque, o aveva buttato tutto, o aveva mangiato tutto. O prima l'uno e poi, pentitasi, l'altro. Avrebbe spiegato il ragionamento, frutto di una seria intossicazione alimentare.

Sta di fatto che la cosa non mi piacque particolarmente, per quanto - più che un rimprovero o un'accusa - i messaggi avevano più la connotazione di una sbroccata.

Essendo già al dopocena, non potendoci recare da lei per chiarire, attutimmo la cosa con qualche messaggio conciliatorio: siamo felici di te bla bla, ci dispiacerebbe partissi bla bla, la mamma ti vuole bene bla bla.

Rispose con una nuova massima, sempre in italiano: «Io capisco persone anche se non parlano». Un po' la versione del nuovo millennio del «Vedo le persone morte» nel film *Il sesto senso*. Una chiacchierata sarebbe stata obbligatoria, il giorno dopo, cosa che puntualmente avvenne.

Lei cominciò a spiegarsi in un italiano molto vago, ripetendo il fatto che non pensava di venire a lavorare in paradiso, che sapeva che il cibo costasse e via dicendo. Ammetto che sul momento mi sentii una specie di mostro, visto che pur essendo presente, disponibile, comprensivo e realmente interessato al perché del suo malessere, davo l'impressione di essere meschino, sadico e strafottente.

Mentre mio fratello provava a riequilibrare la situazione, mostrandosi voglioso di accontentare le sue richieste, anche se prima avrebbe dovuto capirle, mi recai in cucina, giù di morale. Aprii il frigo per prendere un bicchiere d'acqua fresca, ammirando dal vivo la desolante situazione vista poche ore prima in foto. Com'era possibile essersi ridotti così? Ma davvero avevo lasciato che le scorte finissero? Se sì, magari per lo stress lavorativo e il non riuscire a stare dietro tutto, perché non me l'aveva detto? Sarebbe bastato un promemoria via WhatsApp.

Se il frigo piangeva, figuriamoci il freezer, pensai, così controllai anche là, aspettandomi di trovare l'equivalente domestico dell'Antartide: vuoto, arido e con giusto un pinguino morto dentro.

Ora, come spiegare in maniera non volgare la situazione? Mettiamola così: cosa fa un adolescente quando, ricattato in maniera spudorata dai genitori, viene costretto a mettere a posto la propria camera? Apre l'armadio, infila qualunque cosa che impedisce di vedere il pavimento lì dentro, e chiude l'armadio. Ta-daà, camera pulita.

Più o meno fu quella l'impressione, vedendo il freezer esplodere di cibo. Sembrava quello di un accumulatore seriale, c'era di tutto: i condimenti portati ogni volta da casa mia, tutta la carne comprata nel corso delle settimane (peraltro non congelata fetta per fetta, come farebbe chiunque tranne un undicenne, ma a cinque a cinque, arrotolate tra loro… una specie di sigaro bovino, ovino ed equino) e persino un'insalata.

Ora, lo so che si chiama iceberg, ma ciò non toglie che si trasformò davvero in una palla da bowling pesantissima e perfettamente in grado di affondare una nave, se sparata da un cannone.

Cercando un modo educato per affrontare la situazione, Wilma cominciò a dire che per stare con nostra madre era necessaria qualcuna che parlasse italiano. A parti invertite, sarebbe stato d'uopo la massima «Grazie al…» ma non eravamo tanto filosofi quanto lei.

Ci mettemmo in contatto con l'agenzia per avviare una procedura d'urgenza. Wilma ormai era un fiume in piena e aveva pianificato di andarsene due giorni dopo, con un'amica. Mi chiese di farle il biglietto, ma la destinazione non era la stessa da cui arrivò. Mi immaginai una storia di fuga al femminile, una specie di Thelma e Louise, fatta di carne arrotolata, palle da bowling vegetali e qualche unde, qua e là.

Il grande ritorno

L'agenzia prese tempo, per via di una non meglio specificata riorganizzazione estiva. Probabile che anche loro fossero sotto organico, essendo periodo di ferie. Noi, in compenso, eravamo sotto pressione. Con mio fratello ci alternavamo per stare con nostra madre, facendo videocall lavorative spacciando casa sua per l'ufficio.

Passarono i giorni e dall'agenzia non arrivò alcuna novità. Scoprimmo giusto che c'erano speranze di ricevere una telefonata solo il martedì e il sabato, vale a dire il giorno di nuovi arrivi.

Finalmente arrivò.

«Saaaalve, non ci siamo dimenticati di voi, siete in cima ai nostri pensieri.»

«Ah.»

«Oggi arriverà un nuovo caric… ehm, un nuovo gruppo di badanti. Il tempo di colloquiarle e vi daremo il nome di quella nuova che verrà da voi. Di pomeriggio potete chiamare il nostro nuovo responsabile, così da presentarvi. Vi confermerà l'arrivo della badante al 99%.»

Mai parole furono più liete. Aspettai le 17.00 e feci la chiamata, col cuore pulsante.

«Dottore Cappanera!»

Oddio, era Qualcosino! Dovevo aver fatto il numero dell'altra agenzia! Panico, panico, panico!

«Ehm… buonasera… ehm… scusi, mio figlio ha preso il telefono e, sa com'è, numeri a casaccio, videochiamate a go go, ha pure fatto un paio di bonifici… insomma, spero stia bene, la salut…»

«No, no, aspettavo la sua chiamata!»

«Eh?»

«Devo dirle della nuova badante!»

«In che senso?»

«La nuova badante in sostituzione di quella che è andata via qualche giorno fa. Oggi è arrivato il nuovo caric… ehm, il nuovo gruppo e, dopo attenti colloqui, ne abbiamo trovato una per voi. E, pensi un po', parla italiano!»

«Ehm, grazie. Ma lei non lavorava per l'altra agenzia?»

«Sì, sì, ma ora lavoro per questa. Sa com'è, non mi piaceva l'approccio e il contesto… Qua invece c'è più rispetto. Ora le mando tutto sulla badante. Mi raccomando, se questa vuole uscire o avere giorni di riposo, mi chiami subito che le parlo io.»

Chi è Tatiana? (cit.)

E fu così che arrivò Tatiana. Ora, è probabile che la mente del lettore corra subito al celebre personaggio di Gabriele Cirilli e al suo ancor più celebre tormentone («Chi è Tatiana…?!?»). In un'epoca in cui ogni riferimento alla forma fisica di qualunque persona, animale e oggetto è bollabile di body-shaming, non posso certo dire che il nome di fantasia a lei attribuito sia ispirato a tale personaggio. No, no. Se poi il lettore vorrà usarlo come matrice mentale per immaginarselo, sarà solo una sua personalissima scelta. Caschetto e colori preferiti inclusi.

Tatiana arrivò alla stazione e fu mio fratello ad accoglierla, precedentemente avvisato della tassa-croissant che avremmo dovuto pagare, specie ora che Qualcosino era tornato in auge. La recuperò alla fermata con le stesse dinamiche di Wilma: una foto del pilone della stazione, condita da un primo criptico messaggio

«Te aspicto de coa.»

Pochi secondi dopo e arrivò un secondo criptico messaggio

«Eu sono.»

«Rispondile 'Siccame Immebile'», suggerii.

Nel frattempo, una volta ottenuto nome e cognome, nell'attesa del loro arrivo, cominciai la tradizionale caccia al tesoro via web per capire chi avremmo incontrato. Se

Wilma era amante di un'estetica varia e sbarazzina, Tatiana era praticamente una trasformista: in qualunque canale social, su Whatsapp e dal vivo aveva un taglio e un colore di capelli differente. Era praticamente un'Eva Kant moderna. Cominciai a temere avesse una decina di parrucche differenti e si divertisse a cambiarle al volo durante la conversazione, così da confonderti e intimidirti. Alla lunga scoprii che la cosa non è che fosse così campata in aria.

Arrivata a casa con soli due borsoni, Tatiana si accomodò sull'ormai tradizionale sedia in cucina e iniziammo a chiacchierare. Rispetto a Wilma, parlava italiano in modo maccheronico ma abbastanza comprensibile, rendendo più facile la conversazione. Ne approfittai per aprire la confezione di croissant. Solo quattro?! Mio fratello non doveva averne capito l'importanza. Ne offrii uno a Tatiana, che rifiutò. Lei, disse, la mattina non mangiava dolci. In compenso la cosa le diede lo slancio per iniziare a parlare.

«Io vollo due ore de repose tuti o jorno.»

«Non un pomeriggio e una giornata libera?», chiesi, sorpreso.

Tatiana si infervorò e andò dritta al punto: «Io nu cunosc niscuno, nu o amici e vollo due ore de repose tuto jorno.»

Non faceva una piega. Avrebbe comportato diversi sacrifici ma, per il bene comune, nonché per evitare che anche questa sclerasse e magari si buttasse sull'alcol come Marge Simpson quando, per disperazione, osò bere un sorso di vino, accettammo.

«No, no», intervenne mia madre. Non era mai capitato si inserisse in queste conversazioni. «Due sono poche! Facciamo quattro!»

«Mamma, per favore… ehm…»

«SEI!»

Tatiana, nel frattempo, si sollevava da terra, tanto era euforica. A tratti, levitò come un santone zen.

«Mà, PER FAVORE…»

Fattole capire che non stavamo partecipando a un'asta per accaparrarcela, concordammo le due ore quotidiane di uscita.

Tatiana sembrava avere idee chiare su tutto. «Io dovi dormo?», chiese.

«In un letto singolo, nella camera della mamma. È l'unica col condizionatore, fuori ci sono 43°C…»

«Io dormo da sola.»

«Ah.»

Ripensando al fatto di aver trasportato un intero letto da una stanza all'altra solo poche ore prima, l'idea della doppia fatica collassò di fronte al quieto vivere.

Le mostrammo quali medicine somministrare, come funzionassero le cose principali a casa e iniziò questa nuova avventura.

Appena tornato a casa, mi arrivò un messaggio da mio fratello che mi fece gelare il sangue: «È carina, tratta bene la mamma, sembra essere padrona della casa ma c'è un problema: FUMA.»

Dannazione! Sarebbe stato meno dannosa una persona cleptomane, piromane o con entrambe le caratteristiche contemporaneamente. Dopo nove mesi a far credere a mia madre che le sigarette fossero state ritirate dal mercato a seguito del razionamento dei beni dovuti al conflitto Russia-Ucraina, in un modo che a confronto il film *Goodbye, Lenin*[6] era un filmetto amatoriale girato da bambini dell'asilo, avrebbe sicuramente fiutato l'odore della nicotina a due chilometri di distanza, tipo squalo con il sangue umano.

Venne imposto a Tatiana di fumare di nascosto, magari mentre mia madre dormiva, facendo ampio uso di sapone e collutorio per mascherare le prove, anche mischiandone le zone di applicazione, per non sbagliare. Lei accettò e ci disse di non preoccuparci.

In effetti, per i primi giorni, tutto sembrò filare liscio. Incredibile a dirsi, il giorno successivo al suo arrivo, aiutò mia madre a fare la doccia, un vero evento visto che Wilma nelle ultime settimane sembrava reputasse sufficiente l'uso di salviettine umidificate. Sentimmo anche la parola «pasta», commuovendoci.

Ti voglio bene (non l'hai mica capito, cit.)

Pochi giorni dopo, mia madre ebbe il prericovero per un imminente intervento di cataratta, il secondo dopo quello di qualche mese prima. Così mi portai dietro Tatiana perché badasse a lei mentre rimbalzavo tra la

---

[6] Commedia tedesca del 2003 che racconta di Alex, un giovane di Berlino Est che, dopo la caduta del Muro, finge che la Repubblica Democratica Tedesca esista ancora per proteggere la madre, fervente socialista, da uno shock fatale.

ricerca di parcheggio e la trafila burocratica in ospedale.

Tutto andò bene, a parte la notizia di dover aspettare tre ore prima della visita anestesiologica, cosa che aveva due risvolti principali: 1) dover pranzare là, non essendo conveniente tornare a casa; 2) dover affrontare la trascendentale esperienza di gestire mia madre all'interno di una sala d'aspetto.

Per quanto riguarda il punto 1, mi fermai a prendere qualcosa di pronto, nello specifico qualche pezzo di rosticceria. Immaginando che Tatiana non avesse idea della cucina siciliana, le mandai un'immagine con varie didascalie in cui spiegavo cosa fosse ciascun pezzo e quali fossero gli ingredienti.

Scelse il classico rollò col wurstel, di sicuro non la cosa più leggera del menu. Per chi ignorasse pure che forma abbia, il rollò è un panetto di pane morbido con dentro un wurstel di grande dimensione che, nella maggior parte dei casi, fa capolino da una parte all'altra. Come in un hot dog, insomma, solo col panino chiuso e cotto al forno.

Trovato un posto dove poter mangiare, vidi mia madre particolarmente interessata a Tatiana che stava per addentare il rollò.

«Sembra uno che sta facendo la cacca», disse, indicando Tatiana.

Sul momento, non capii. Ok, era seduta, ma non dava proprio l'idea di essere sopra un WC. Improvvisamente, tutto fu chiaro. Mia madre stava indicando il pezzo di rosticceria. Oddio, non avevo mai notato la cosa e non riuscii più a interpretare diversamente la piccola porzione di wurstel che fuoriusciva – urgh – dal pane. Cercai di arginare la cosa, sperando che Tatiana non avesse afferrato il concetto.

«Mamma, per favore…»

«Guarda! Sta facendo cacca!»

«Mà, per favore…»

Inevitabilmente, Tatiana addentò il wurstel.

«Guarda! Ha mangiato la cacca!», disse, con ancora più furore.

«MA', PER FAVORE…»

«Lo sai che hai mangiato la cacca, vero?», disse infine a Tatiana. Lei sembrò non essere dispiaciuta dalla cosa. Tre minuti dopo, passò direttamente a un'arancina. Mia madre non riuscì a trovare in essa alcun riferimento volgare, ahimè.

Risolto il problema pranzo, ci recammo in sala di aspetto per la visita con l'anestesista. Riuscii ad accaparrarmi il ticket numero sei, grazie al cielo. Non tanto perché non avremmo perso tanto tempo, quanto perché «lo show» sarebbe durato meno. Mia madre, infatti, nel suo nuovo corso, all'interno di un gruppo sembrava rianimarsi, diventando una mattatrice. Buon per lei, per carità. Un po' meno per chi l'accompagnava.

«Ma lei perché ha sempre sta faccia da funerale?», chiese a uno, che ovviamente non aveva mai visto e, bontà sua, si faceva i fatti suoi guardando il cellulare.

«Ma lei i denti dove li ha lasciati?», chiese poi a un'altra signora, il cui sorriso (sdentato, in effetti) si spense rapidamente.

«Ma lei è incinta o solo grassa?», domandò alla successiva, infrangendo una delle mie sacre regole: mai chiedere. L'avevo imparato a mie spese molti anni prima, facendo allusioni sul duro ma meraviglioso periodo della gravidanza. Non avevo mai visto una persona portare avanti una gravidanza così bene, con il solo pancino e il resto del fisico super tonico. Scoprii troppo tardi che non era in dolce attesa, sebbene attendesse davvero con ansia la rimozione chirurgica della cisti addominale di circa 8 kg che aveva in corpo.

Da quel momento in poi, mi imposi un totale silenzio per evitare altre gaffe, anche di fronte a donne che parlavano apertamente dei nomi da maschietto o femminuccia che avrebbero voluto dare al futuro nascituro, chiudendomi dietro un diplomatico «Chissà!»

«L'altra volta», riprese mia madre, «sono venuta in ospedale e a casa mi sono trovata i pidocchi addosso».

Per comprensibile reazione, le due persone al suo fianco si allontanarono di qualche centimetro.

«La volta dopo, uno scarafaggio!».

In base all'utenza, i commenti variavano. Le donne particolarmente maggiorate erano destinatarie di commenti molto edificanti.

«Io ho freddo. Lei immagino di no, visto quanto è imbottita davanti!»

«Mà, per favore!»

«E dai, si scherza! Signora, se l'è presa?»

Ogni cinque minuti circa, partiva la sessione di karaoke. Così, di botto. Il «TI…» partiva così di scatto che la gente saltava in aria.

«…VOGLIO BENE, NON L'HAI MICA CAPITO».

A seconda di chi fosse presente, a quel punto la mia

faccia o quella di mio fratello tendeva a toccare terra.

«TI VOGLIO BENE, LASCIA STARE IL VESTITO…»

Di regola, tra una cantata e l'altra, saltava di palo in frasca, iniziando a descrivere il proprio letto a casa, puntando il dito sul fatto che la coperta fosse sempre troppo corta.

A tale proposito, una volta mio fratello la accompagnò a un'altra visita. In sala d'aspetto, oltre a un revival delle sue migliori interpretazioni, a un certo punto sospirò.

«Amore, perché non vai a dormire?», gli disse. «Mettiti il pigiama, io il tempo che mi viene sonno e vado pure a letto.»

«Mamma, sono le quattro del pomeriggio…»

«E quindi? Uno non può dormire alle quattro del pomeriggio?»

«Sì, ma siamo in ospedale…»

«E quindi? Qua letti non ne hanno?»

Non faceva una piega, in effetti. Era il momento di celebrare la cosa con un'altra bella cantata.

«TI VOGLIO BENE, NON L'HAI MICA CAPITO».

«Mà, abbassa la voce, per fav…»

«TI VOGLIO BENE, LASCIA STARE IL VESTITO…»

Pausa teatrale di un secondo.

«…PORCONA!»

La faccia passò dal toccare terra a cominciare a scavare il pavimento.

«Signora, ha un cioccolatino?», chiese poi mia madre alla sua vicina di posto.

«No, mi spiace», rispose lei, avvicinando al corpo la borsa. Probabile lo avesse.

«Lo so che ce l'avete», ribatté mia mamma, rivolgendosi a tutti i presenti con lo stesso tono di Poirot quando sta per risolvere il caso. «L'ho mangiato poco fa.»

In effetti, divenne una maestra nello scroccare cibo. Non a caso, riuscì a farsi dare dall'anestesista qualcosa da sgranocchiare.

La cataratta, parte 2

«A che ora vieni prende a nona? Eu tot vego con voi a spitale?»

Il giorno dell'operazione declinai l'offerta di Tatiana, anche perché sarebbe stato un miracolo entrare anche io con lei. Non a caso, entrò da sola e con mio fratello aspettammo fuori per tutto il tempo.

L'operazione andò bene e mia madre tornò a casa nel primo pomeriggio con la famigerata conchiglia. Saremmo riusciti a far capire a Tatiana di fargliela tenere?

Glielo spiegammo in tutti i modi: parole gentili, mezze minacce, disegnini, disegnini minacciosi e aneddoti catastrofici.

Alle 19.30 le mandai un messaggio per avere conferma che tutto andasse bene.

«Sta repose un meza ora perche sei stanca. ale 8 o zvelie»

Dormiva alle 19.30?! Le dissi che, dormendo a quell'ora, avrebbe fatto la notte in bianco. E, dovendo vigilare sul fatto che tenesse la benda, anche lei avrebbe dovuto farla, di questo passo.

«Scuse che voi o lasi dormi con testa a tavula. lasi una meza ora sta tracuila a leto dopo o zvelio»

Per sì e per no, feci un salto a casa loro verso le 20.00. Aprii con la chiave. Tatiana stava lavando i piatti e mia madre effettivamente la trovai sveglia, seduta in poltrona. Senza conchiglia e addirittura senza benda. Che si strofinava energicamente l'occhio. Con gli ultimi raggi pomeridiani del sole concentrati esattamente sulla sua faccia.

L'urlo lanciato dal sottoscritto fece volare a terra un piatto sporco che Tatiana teneva in mano e sobbalzare mia madre come nella scena della doccia in Psycho. Non erano passate nemmeno tre ore dall'operazione.

Intimai a Tatiana di mandarmi ogni venti minuti una foto di mia madre con la conchiglia, sperando avesse capito e non mi mandasse foto di un sospensorio.

E così fece. La prima ora. Idem la seconda. Verso le 22.30 feci una videochiamata a mia madre. Mi rispose in tutta la sua bellezza e sul suo viso c'erano tante conchiglie quante sul suolo lunare.

Ignoro come andò la notte. Pregai solo che la mattina dopo arrivasse il prima possibile e che mia madre non mettesse il bulbo oculare operato nel bicchiere dove riponeva la dentiera la notte.

Le uscite di Tatiana

Tatiana in casa indossava un vestitino estivo, una specie di copricostume che però non lasciava trasparire nulla ed era adeguato al clima di quel periodo, al netto dei condizionatori messi a palla in qualunque stanza dove fossero presenti. Altro che Wilma.

Da accordi, Tatiana sarebbe uscita un paio d'ore al giorno, invece che usufruire di giorni liberi. Così, già dal giorno successivo all'arrivo, mi recai puntuale all'orario prestabilito a casa di mia madre, pronto a farle compagnia. Tatiana decise di non uscire. Ok, magari voleva solo riposare, era solo il secondo giorno. Dopo due ore, tornai a casa. Il giorno dopo, replay. E così il giorno dopo ancora. Indipendentemente che ci andassi o meno, Tatiana restava a casa.

La volta successiva, avevo un impegno improrogabile alle 17.10, dieci minuti dopo la fine delle due ore. Avevo calcolato tutto, c'era di mezzo giusto il tempo della strada. No problem. Passarono un'ora e quaranta minuti come al solito, con Tatiana che sembrava pure particolarmente loquace. Mi raccontò del precedente impiego, della sua famiglia, del suo paese.

A venti minuti dallo scoccare delle due ore accadde l'imprevedibile: Tatiana sparì in quella che ormai aveva colonizzato come camera sua. In quest'ultima, visto che c'era sempre la porta aperta, nei giorni precedenti avevo potuto ammirare la sacra arte della sistemazione razionale:

- ✓ shampoo e balsamo buttati sul tavolo come fossero bottiglie di alcolici appena tracannate
- ✓ dodici (sì, dodici) paia di scarpe buttate alla rinfusa qua e là
- ✓ cappellini da spiaggia appesi a qualunque spigolo disponibile

✓ bijouetteria con la stessa disposizione studiata dei sassi buttati dal mare in spiaggia

✓ una parrucca biondo platino che, giuro su qualunque cosa possiedo, non riuscii mai a capire dove, come e soprattutto perché indossasse in casa

✓ borse, borse e borse.

Insomma, roba che Marie Kondo avrebbe fatto harakiri usando un bastone appendiabiti.

Stavolta Tatiana chiuse la porta dietro sé. Ne uscì dieci minuti dopo, dopo un'ora e cinquanta dalla mia presenza, agghindata come se dovesse partecipare al veglione di fine anno in una ridente località turistica trash:

✓ cappellino estivo in stile Panama, bianco lucido

✓ occhiali da sole con ciascuna lente grande quanto un pancake, nonché altrettanto spessa. Gli strass multicolor impreziosivano le stanghette

✓ top fucsia, che anticipava, in modo che Nostradamus scansati proprio, il trend rilanciato solo mesi dopo dall'uscita del film *Barbie*

✓ minigonna al limite dell'inguinale, di un delicato verde acido

✓ trucco leggero color porpora

✓ uno zainetto pieno zeppo di allegria.

Non ebbi nemmeno il tempo di chiudere bocca (visto che l'avevo spalancata per lo shock) che mi passò davanti, aprì la porta di casa e uscì.

«Chi era quella?», chiese innocentemente mia madre.

Non trovai le parole. Mi destò soltanto il pensiero dell'impegno improrogabile che avrei avuto diciannove minuti dopo e che, allo stato delle cose, mi avrebbe messo nei guai.

Passai venti minuti a telefonare a mezzo mondo, spostando impegni con promesse talvolta di tipo sessuale, pur di risolvere il problema. Nel frattempo i minuti passavano. 18.00… 18.30… 18.45…

Mi appostai nel terrazzo, scrutando dal nono piano tutta la zona circostante come un cecchino. Inevitabilmente, la notai uscire dal supermercato di fronte. Allungai la mano verso il fucile, sarebbe stato un colpo troppo facile per una serie di ragioni che un lettore sagace immaginerà facilmente.

Al posto del fucile, afferrai per il collo un gabbiano appollaiato accanto a me, che non gradì affatto la cosa, chiamando il resto della famiglia all'appello. La stessa famiglia che aveva nidificato sul tetto della tromba dell'ascensore solo un anno prima, minacciando di morte con attacchi in picchiata chiunque uscisse nel terrazzo, prima che il sottoscritto utilizzasse un drone iper costoso per stanarli e spaventarli.

Il drone iper costoso, per la cronaca, sfiorato da un gabbiano che sembrava fatto di titanio, precipitò da più di trenta metri due minuti dopo il decollo, esplodendo all'impatto.

Tatiana, nel frattempo, era tornata a casa, un'ora e mezza dopo essere uscita.

«Scusa, scusa!», cinguettò, prima di sparire in camera da letto, chiudendo la porta. Ancora non lo sapevo, ma quell'episodio fu solo il primo di una serie di sfortunati eventi.

Sesso, droga e un negozio cinese

Durante le sue uscite, Tatiana amava fare due cose: shopping in un vicino centro commerciale cinese e compere al supermercato, con un'obbligata tappa presso il tabaccaio per le sigarette, considerando che ne fumava un pacchetto al giorno.

Tutte e tre le cose generarono conseguenze terrificanti che dovemmo fronteggiare, ma anche inconvenienti fastidiosissimi che sembravano non avere fine.

«Ciao, ale 12 veni o prinde pe nona?»

Tradussi: «Alle 12 vieni a prendere la nonna?». Perché, sì, mia madre per lei era «nonna». Non ebbi mai il coraggio di chiedere se pensava fosse davvero mia nonna o non sapeva come si dicesse mamma.

Era giornata di visita in ospedale, così cercai di farla corrispondere alla sua uscita quotidiana. Andai a prendere mia madre in orario e trovai Tatiana ancora in fase di preparazione, così iniziammo a fare strada. Chiusi una delle porte di casa a chiave dall'esterno, come facevo di solito, tanto lei aveva le chiavi della seconda.

Grazie ai tempi della sanità pubblica, tornammo due ore e mezza dopo. Accompagnai mia madre a casa, infilai la chiave nella toppa, la ruotai e spinsi per aprire la porta.

Stump!

Conoscevo troppo bene quel rumore. Era quello del chiavistello interno, inserito il quale la porta non poteva essere aperta dall'esterno. Tatiana doveva aver messo il chiavistello nella prima porta di casa, senza alcuna ragione logica visto che l'avevo chiusa io, per poi uscire dalla seconda. E di quest'ultima lei aveva l'unica chiave.

«Che seccatura!», sbottai. Tra l'altro avrebbe dovuto già essere lì, quindi la chiamai per sapere dove fosse. Nessuna risposta. Messaggio. Nessuna risposta.

«Niente, non risponde. Aspettiamo due min...»

«Devo fare pipì.»

Esattamente come mio figlio in aereo, che non deve fare mai pipì se non dieci secondi dopo che il comandante ha vietato l'uso dei bagni avendo appena iniziato la manovra di atterraggio, mia madre aspettò il momento topico per uscirsene con tale frase.

«Mà, per favore! Trattieniti!»

«Ma devo fare pipì!»

Tralascerò volentieri il resto. Scriverò solo che quando si presentò, venti minuti dopo, la liquidai con un «Sono incazzato nero!» e me ne andai. Seppi successivamente che si lamentò con mio fratello, scrivendo «buu, lui uzato parolu negative !!».

Il giorno dopo tentò di rimediare.

«Ei perche sei arabiato pe me ??»

Diciamo che l'umore era lo stesso di una persona derubata, con il ladro che le chiede come mai se la sia presa così tanto.

«Tu cando ai uchuso la porta perche nu meai desso eu nu uchudo.»

Ecco, il ladro aveva appena chiesto alla vittima perché non gli avesse mai detto che non le sarebbe piaciuto essere derubata.

Decisi di mettere una pietra sopra alla faccenda, per il bene comune. E perché quanto capitato successivamente, in proporzione, avrebbe reso questo episodio quasi divertente.

Tatiana by night

Inutile dire che il vero banco di prova per una badante era la gestione delle notti con mia madre. Dopo le notti del giudizio di Alexia e i risvegli traumatici di Wilma, come avrebbe reagito Tatiana?

Semplicissimo: non facendo nulla.

Alle 00.40 del secondo giorno, ricevetti una telefonata da mia madre.

«Massimo! Sono in bagno e non so che fare!»

«Mà, diciamo che a quest'ora puoi fare giusto un paio di cose... tre, se ci aggiungiamo pure dormire.»

«Sì, ma suggeriscimi tu!»

«Ehm... ma Tatiana è là?»

«Chi è Tatiana?»

«A posto... senti, un attimo che chiedo.»

«Chiedi a chi?»

Mandai un messaggio a Tatiana, chiedendole 1) perché mia madre fosse sveglia, 2) perché avesse il cellulare con sé e 3) se non fosse il caso di andare ad aiutarla.

Risposta: «Scuze ea sei andato a bani eu nu a visto che a purtato telefoniae con eii»

Un messaggio che alle 00.45 avrebbe potuto stendere un cavallo. e in effetti lo fece. Mi addormentai giusto il tempo per una nuova telefonata, alle 00.49.

«Massimo! Meno male che hai risposto! Sono in bagno e non so che fare!»

La mattina dopo scoprii che, a parte me, aveva chiamato altre otto persone, quella notte. Più volte ciascuna. Tutte sconosciute, ovviamente. E tutte sufficientemente furibonde di essere state svegliate e spaventate da mandare messaggi al veleno su WhatsApp.

Chiesi a Tatiana come mai, dopo la telefonata, le avesse lasciato il telefono. Lei partì con giustificazioni fantastiche che, col senno di poi, sembrarono un mix tra La storia infinita, Fuga per la vittoria e il libro La metamorfosi di Kafka.

Un'altra volta arrivai a casa di mia madre alle dieci di mattina. Dormiva ancora, mentre Tatiana era già sveglia. Trovai la sua porta chiusa. Conoscendo il clima della casa, tenere quella porta chiusa di notte il 31 luglio significava creare un microclima equatoriale, roba da far andare in autocombustione un foglio di carta. Ma, chissà, forse mia madre aveva acceso il condizionatore.

Aprii delicatamente la porta, sbirciando dentro. Mi arrivò in faccia il vento caldo del Sahara. Il condizionatore era effettivamente acceso e segnava 32°C. Era impostato in modalità invernale. E mia madre? Ancora a letto. Coperta col piumone che Tatiana, per misteriosi motivi, le aveva messo come copriletto. Come bonus, aveva indossato una mascherina FFP2, trovata non so dove. Più che addormentata, temetti fosse ormai ben cotta. Fortunatamente, era ancora al sangue.

Alla luce della libertà di fare qualunque cosa volesse, realizzai che Tatiana aveva un sonno eufemisticamente pesante, quindi mia madre sarebbe stata libera come l'aria, la notte.

Sperando di sbagliarmi, suggerii alla badante la tecnica delle porte chiuse. Conoscendo i miei polli, tolsi però la chiave della sua camera, evitando così che si barricasse dentro.

Pollo, pollo combina guai

Il rapporto di Tatiana col cibo fu ambivalente fin dall'inizio. Nel senso che, nonostante non fosse propriamente una silfide, sembrava non mangiare nulla di quanto fosse presente a casa, al di là della mia sbagliatissima abitudine di rimpinzare il frigorifero come fosse l'alba di un'apocalisse nucleare all'interno di un bunker.

Non sembrava mangiare pasta, anche se i primi giorni diceva che la cucinava a mia madre. Non sembrava mangiare pesce, forse giusto un po' di carne.

Dopo un paio di giorni dal suo arrivo, mi tranquillizzai: la scoperta di un vicino supermercato sembrava averle rimesso appetito, o almeno così sembrava, visto che ogni giorno tornava con un sacchetto bello pesante.

Per rispetto (si chiama così la paura di trovare qualcosa di sconveniente, no?), non guardai mai all'interno del frigo per vedere cosa comprasse.

Dopo 4-5 giorni, tuttavia, mi accorsi che aveva smesso di mangiare insieme a mia madre. Questo, ahimè, era un classico indicatore negativo dell'andamento di una situazione, ma di solito avveniva dopo un paio di settimane, non così presto. Provai ad andare a casa in orari scomodi e a fare videochiamate a mia madre per capirne il motivo. Trovavo sempre quest'ultima a tavola, da sola. Tatiana sembrava non mangiare mai.

Ogni volta che chiamavo mia madre me la facevo passare al telefono e lei era lì che giocava col cellulare, in un orario compreso fra le 18:30 e le 22:30. Quindi cosa e quando mangiava?

Dopo altri due giorni, la curiosità fu tale che le chiesi cosa mangiasse, con la scusa di comprarlo. Lei tagliò corto rivelando una sola parola chiave: pollo. La curiosità duplicò, perché ora le domande erano diventate due: dove lo cucinava? E dove lo mangiava?

Il pollo di Tatiana divenne un'ossessione che non mi usciva dalla testa. Arrivai persino a pensare che facesse i barbecue in balcone.

Il sospetto venne rafforzato dal ritrovamento di uno scontrino dal quale si evinceva una spesa di 12 euro in vaschette di pollo condito alla diavola.

Solo il tempo avrebbe dato una risposta a tale dilemma. E, ancora non lo sapevo, a quel punto avrei tanto desiderato aver continuato a vivere nell'ignoranza.

Questione di f...umo

Come accennato, avevamo espressamente ammonito Tatiana di non fumare in casa e, da persona civile, lei ascoltò tale monito.

Beh, fino al giorno 13 di attività, almeno, quando iniziò a fumare in camera, spruzzando poi il deodorante, nemmeno fosse una tredicenne ribelle.

Prima di tale atto adolescenziale, era solita fumare nel

terrazzo, ammirando il panorama e sentendosi libera di far fare al mozzicone un po' di sano bungee-jumping… senza elastico. Dunque, nell'arco di due giorni, il cortile del vicino del piano terra si trasformò in una discarica. Noi, ovviamente, eravamo all'oscuro della faccenda, visto che partivamo dall'idea che, data una precisa indicazione a un'adulta, questa sarebbe stata rispettata.

Come in qualunque condominio, l'argomento fumo era una questione eufemisticamente esplosiva, tra cenere che macchia i vestiti e l'ormai tradizionale ricerca del colpevole, con indizi e sospetti che serpeggiano negli immancabili gruppi WhatsApp.

Sarei bugiardo se dicessi che la bagarre nella suddetta chat, anticipata dalla presenza di 42 messaggi, giusto quattro giorni dopo l'arrivo di Tatiana, mi sorprese. D'accordo la presunzione di innocenza, ma se dopo vent'anni di quiete armata sul fronte sigarette, il suo arrivo era casualmente corrisposto al lancio di mozziconi, c'era poco da essere ottimisti.

Ovviamente negai tutto, dicendo che avrei indagato in merito e sedato un po' gli animi.

Se gli animi erano stati sedati il giorno prima, vennero in compenso segati nel momento in cui Tatiana, in uno slancio di fantasia e problem solving, cambiò posto per fumare, mettendosi in balcone. Ora, come in qualunque condominio, il balcone dell'attico sta sopra al balcone del penultimo piano, che sta sopra quello del terzultimo piano e così via. Va da sé che, secondo il principio di Archimede 2.0, «Un corpo che cade dal balcone dell'ultimo piano subisce una forza diretta dal basso verso l'alto di intensità equiparabile alla voglia omicida dei vicini».

Tradotto: lei buttava la cenere dal balcone ed essa cadeva come neve su tutti gli altri. Ma proprio tutti.

Anche in questo caso, non ero al corrente di nulla, ma sarei bugiardo se dicessi che il pandemonio nella chat condominiale, anticipato da 76 messaggi, dopo altri due giorni, mi sorprese. Un condomino del penultimo piano inviò la foto di un cuscino bruciato da una sigaretta, dando il via alla caccia al colpevole, in pieno stile Cluedo.

Solo che l'arma del delitto era nota (la sigaretta), il luogo pure (il balcone) e l'assassino era palese, visto che sopra il penultimo piano c'era l'attico dove viveva mia madre. Avrei potuto forse citare il cambiamento climatico, la presenza dei monsoni e la possibilità che una sigaretta gettata dal secondo piano fosse arrivata, grazie a una corrente ascensionale, al settimo. Ma, onestamente, avevo una dignità da difendere.

La stessa cosa non si poteva dire di Tatiana, che mi disse esattamente quanto sopra, scoprendosi meteorologa ed esperta di correnti come nemmeno un pilota di ultraleggeri.

Il vicino del piano terra, ex militare in pensione, propose di venire lui a parlarle. C'era una guerra in corso e lui sapeva benissimo cosa fare quando un despota prova a imporre il proprio volere su un gruppo di altre nazioni i cui rapporti sono governati da un delicato armistizio.

Guai a cascata (letteralmente)

Tatiana non si poteva certo descrivere come una

maniaca del pulito. Il terzo giorno la trovai arrampicata a sistemare le robe in dispensa e apprezzai la cosa, mi sembrava un gesto di buona volontà. Solo dopo scoprii che era rimasto il primo e unico atto di sistemazione della casa, forse alla ricerca di una merendina.

In compenso, andava spessissimo in balcone e nel terrazzo. Un pomeriggio che lei era lì mi arrivò una telefonata da parte del vicino del piano terra. La sua voce era lontana e sovrastata da quella che sembrava una cascata. Che mi stesse chiamando da Niagara?

«Salve, c'è qualcuno a casa sua?»

«Ehm… sì. Spero, almeno… Perché?»

«Perché qui sotto c'è una cascata d'acqua che arriva da casa vostra!».

Non contento, mi inviò anche un video. L'acqua usciva a pressione dal canale di scolo di quella piovana, come se Tatiana si fosse messa sopra al tubo per annaffiare, con in testa un cappello da cowgirl, e lo stesse cavalcando. Cosa che non potevo certamente escludere.

La chiamai immediatamente. Nessuna risposta. Chiamai a casa. Nessuna risposta. Chiamai mia madre (a mali estremi) e, fortunatamente, mi rispose.

«Mà, porta subito il telefono a Tatiana!»

«E chi è Tatiana?», rispose lei, perplessa.

«Smettila con sto torment… sì, sì, hai ragione. Piano B: ti ricordi la signora che ti assiste?»

«Quale signora?».

«Mmm… Ok, piano C: vai in balcone!»

«E dov'è il balcone?»

«Inizia a camminare, lo troverai!»

Mia madre coraggiosamente partì in esplorazione, trovò Tatiana e le passò il telefono.

Per ragioni letterarie, utilizzerò dei caratteri speciali per trasmettere al meglio le parole che uscirono dalla mia bocca:

«%£$%£$&£$& GRRRR £"$&&£$&& $%& £ %£CHIUDI% £$%£$% £$% GRRRR $£%£$% £$% %$£ £%£$£% ACQUA GRRRRR SUBITO!»

«Due gocce sono, pulisco.» Me la immaginai come Freddie Mercury nel video di *I want to break free* dei Queen.

«ASCIUGA TUTTO.»

«Ma, io...»

«ASCIUGA! TUTTO!»

Chiusi la conversazione e, per la successiva mezz'ora, rimasi a monitorare WhatsApp, certo che, prima o poi, qualcuno avrebbe scritto qualcosa come: «Piove candeggina! Mi si è sbiancata la gatta nera! Ora sembra un dalmata!». Con Tatiana, tutto era possibile.

I'm too sexy for my shirt (cit.)

Tatiana, dopo soli pochi giorni dal suo arrivo, decise che era finito il tempo dei vestitini e decise di dare un taglio alla faccenda. Letteralmente. Iniziammo infatti a notare che la quantità dei vestiti sul suo corpo diminuiva in modo costante. Sembrava una partita di strip poker con lei che credeva di giocare a Monopoly e, per tale ragione, perdeva a ogni mano.

Iniziò così a girare in intimo. Inizialmente pensammo fosse perché mia madre la sporcasse quando la lavava. No, non era quello. Forse si spogliava per farle la doccia ed evitare si bagnasse? Nah. Semplicemente andava in giro scalza, con slip e reggiseno.

Mia madre, che dopo l'ischemia aveva eufemisticamente abbassato i suoi livelli di censura mentale e linguistica, commentava il fisico di Tatiana a ogni passaggio, in toni misti tra uno scaricatore di porto al passaggio di una bella ragazza e quelli di un'anziana del 1922, timorata di Dio, di fronte a un film porno. Ogni. Singola. Volta.

Il problema si poneva quando ci recavamo a casa sua senza avvisare, visto che, al rumore di chiavi nella toppa, si percepiva c'era un fuggi fuggi in direzione della camera da letto.

A suo dire era tutta una questione di clima. D'accordo, fuori c'erano 38°C, ma dentro ce n'erano dieci in meno, quindi non era molto credibile come scusa.

La cosa assunse tratti inquietanti quando, dismesso l'intimo, cominciò ad andare in giro in costume. Il caldo si era attenuato, quindi perché il costume? Lo scoprimmo pochi giorni dopo, insieme a tanto altro, e fu l'inizio della fine.

Elementare, Hicson

Un giorno mi recai a casa di mia madre per le canoniche due ore di relax di Tatiana. Memore di una delle ultime volte, arrivai a casa dicendo che sarei stato lì fino alle 17:00, per poi scappare. Quindi, qualora avesse voluto uscire, avrebbe dovuto farlo subito. Il tempo di entrare in stanza e uscirne con un top zebrato, una minigonna maculata, l'immancabile cappello bianco e l'ancora più immancabile zainetto pieno zeppo di fantasia, uscì. Miracolo.

Con mia madre impegnata a fare un cruciverba, mi recai in bagno. Sì, anche gli scrittori lo fanno. La casa aveva due bagni: il bagno grande, usato da mia madre, e il bagno piccolo, da sempre il mio preferito. Con esso vi è ormai un rapporto indissolubile, sancito il 6 settembre del 2002 alle 3:21 con una delle più forti scosse di terremoto che la città ricordi. Perché, sì, in quell'esatto momento ero al cesso, già cotto di mio per una sessione di studio matto e disperatissimo, in previsione dell'esame universitario del lunedì successivo.

Il bagno piccolo era accanto alla stanza di Tatiana. Aprii la porta, feci un passo e sentii il pavimento appiccicoso. Accendendo la luce, notai in controluce una serie di macchioline a terra. Sapone? No, sembrava più un liquido zuccherino. Forse tè freddo caduto a mia madre?

Eppure, nel bagno, non c'erano tracce. Le macchie sembravano provenire dalla stanza di Tatiana, che in quel momento aveva la porta socchiusa.

Una volta aperta per constatare l'entità della macchia, così da pulirla, notai come le macchioline continuassero ben oltre la soglia, così mi addentrai nella stanza.

Mi mancavano giusto il cappello e la lente di ingrandimento di Sherlock Holmes mentre seguivo le tracce. Una capocciata contro il legno di un'anta, data perché guardavo le tracce sul pavimento, mi indicò che ero giunto a destinazione: l'armadio. Lì le macchie si moltiplicavano. A dirla tutta, era totalmente appiccicoso.

Non ero certo di voler davvero scoprire cosa ci fosse lì dentro. Un cadavere in decomposizione? Nah, niente puzza. O forse un'arnia? Nah, niente api. O forse distillava alcool in una vasca, come durante il proibizionismo? Se sì, come aveva fatto a portarla dentro l'armadio?

Aprii l'anta con un bastone, così da non lasciare impronte. Niente, solo vestiti sporchi. Che delusione. Dov'era la vasca piena di alcool?

Feci per chiudere l'anta quando anni e anni di letture di racconti gialli fecero capolino, mi fecero sedere e mi schiaffeggiarono, urlando «Kattifo pampino!». La cosa mi svegliò al punto da notare come i vestiti sporchi accatastati fossero oggettivamente strani: tutti in un angolo, ben compatti, col resto dell'armadio senza oggetti ma con il fondo appiccicoso.

Avrei dovuto controllare. Avrei dovuto infilare una mano tra i vestiti sporchi. Avrei dovuto farlo con cautela, sia per evitare quelli intimi, sia per non far capire a Tatiana che ero stato lì. Ma non ne ebbi il coraggio. Quando poi anni e anni di letture di racconti gialli fecero capolino e mi minacciarono di nuovo di schiaffeggiarmi, dandomi di nuovo del «Kattifo pampino», infilai una mano da un lato. C'era qualcosa di solido.

Lo afferrai. Era una bottiglietta di acqua minerale con uno strano liquido giallo paglierino dentro. Tutto fu subito chiaro: Tatiana beveva le sue urine, seguendo il culto di quei santoni che promuovono tale prassi depurativa.

Per averne conferma e/o per espiare tutti i miei peccati

della vita attuale e di quelle precedenti, trovai il coraggio di aprire la bottiglia e annusare. Ah, era solo vino. Meno male. Un momento, come vino?!

Infilai la mano dall'altro lato del mucchio di vestiti, tirandone fuori una lattina di birra. Vuota. Gradazione alcolica di 10°.

Nuova pesca miracolosa: un bicchiere del servizio di mia madre. Nuova annusata: sicuro non era né vino, né birra, forse vodka.

Hic-ouston, avevamo un problema.

La terrazza sul cortile

Il rapporto di Tatiana col balcone e il terrazzo, alla fine della fiera, fu superiore a quello instaurato con mia madre.

Avendo una telecamera di sicurezza perimetrale, installata per via di brutte esperienze, con persone simpaticamente passate dal balcone dell'altra scala al nostro, il sistema mi segnalava con una notifica il passaggio di qualcuno dal balcone al terrazzo.

Nei giorni di permanenza di Tatiana, la notifica di continuo andirivieni faceva scaricare il mio cellulare già a mezzogiorno, quando le notifiche erano tali da fargli fare gli stessi suoni di un flipper. Ma che interesse poteva avere ad andare in terrazza, per giunta in costume?

Era difficile pensare che prendesse il sole: non era abbronzata e comunque non avrebbe fatto avanti e indietro ogni dieci minuti. Si era messa forse ad allevare gabbiani senza chiedere il permesso?

Arrivò finalmente il giorno in cui scoprii l'arcano. Fu

lei stessa, in costume, a invitarmi a raggiungerla in terrazza. Indeciso se accecarmi come Sirio il Dragone de «I cavalieri dello zodiaco» prima di affrontare Medusa, così da non trasformarmi in pietra, virai su una soluzione meno drastica: tenere a portata di mano lo smartphone, con il numero 112 già selezionato, sia mai volesse molestarmi.

La trovai con in mano il tubo per annaffiare. Sentii il residuo della mia libido uscire fuori dal corpo e buttarsi dal balcone senza paracadute, pur di farla finita. Tatiana in costume + tubo dell'acqua + idea dell'uso che ne facesse, infatti, era troppo per chiunque. Si vantò di lavarsi spesso così, visto che c'era caldo, come se fosse un'idea geniale. Ma in realtà l'invito era motivato da altro. No, non quello. Uno forse peggiore. No, non esageriamo. Cioè, insomma, dipende dai punti di vista.

«Facciamo una piscia!» Fu un'esclamazione, non una domanda. «Facciamo bene, molto bello!»

«Prego?», balbettai, sperando che il 112 fosse ancora digitato sul display del cellulare.

«Piscia gonfiabile, io priso da cinesi, sì!»

Una piscina. Avrei preferito l'alternativa letterale da lei pronunciata, probabilmente. Ma una piscina... andiamo, era fuori di testa. «No, guarda, è proibito dal regolamento condominiale», le risposi, d'impatto.

Seguì una supercazzola di venti minuti sul fatto che il condominio vietasse di usare piscine per una questione di integrità strutturale del lastrico solare non bitumizzato bla bla. Nulla di quanto detto credo fosse vero, ma volevo evitare a tutti i costi l'arrivo della piscina. Tatiana come minimo si sarebbe trasferita fuori, lasciando mia madre al suo destino.

«Ma io dentro acqua e…»

«No. È vietato.»

«Ah, ok.». Finalmente si era arresa.

Il giorno dopo, durante le due ore libere, portai mia madre a prendere un gelato e incontrare una persona. Tatiana era stranamente uscita in tempo, così ci stavamo tutti godendo un po' di tempo libero.

Dopo un'oretta, mi arrivò un messaggio su WhatsApp. Già l'anteprima mi fece gelare il sangue:

Testo: Vede meam priso

Contenuti multimediali: una piscina gonfiabile blu di circa due metri di lunghezza sgonfia nella prima foto; la stessa, gonfia e piena a metà, nella seconda foto.

Fui io a diventare blu, altro che la piscina. Tornammo subito a casa. Lei era presumibilmente a mollo, non sentì né il campanello né il telefono. Le mandai un messaggio con scritto «Mi dispiace interrompere il bagnetto, ma siamo tornati. Dove sei? La mamma è in cucina, io devo andare via». Nessuna risposta.

Cinque minuti dopo, per puro caso, rientrò e se la vide davanti, cominciando a urlare per la sorpresa in un misto di lingue, ma tutte con l'accento dell'Australia occidentale. Io, da dietro la porta di casa, mi gustai il concerto.

Non poteva passarla liscia. Chiamai un amico per farmi mandare un messaggio vocale, spacciandosi per il capo condominio e rivelando di aver ricevuto una soffiata sulla piscina. Minacciava me di multe salatissime, mi intimava di rimuoverla e chiudeva dicendo che sarebbe passato il giorno dopo a controllare.

Inoltrai il messaggio a Tatiana, convinto che l'avrebbe fatta spaventare a sufficienza da sgonfiare subito la piscina e bere tutta l'acqua pur di far sparire le prove.

Ovviamente nemmeno visualizzò il messaggio e, ancora più ovviamente, la piscina rimase lì.

Ma perché non lesse il messaggio? Lo scoprii solo poche ore dopo e fu solo grazie a mia madre.

Era quasi ora di cena, quando lei iniziò a fare tentativi di videochiamata. Avendo la suoneria disattivata, non li sentii. Una volta visti, pochi minuti dopo, riprovai a chiamare. Niente. Cinque minuti dopo, riprovai. Niente. Chiamai otto volte Tatiana. Niente.

Chiamai il numero fisso di casa. Niente. E se non sentivano quello era grave, essendo collegato a un amplificatore di suoneria tale da informare il resto del condominio della chiamata in arrivo.

Possibile mai fossero già a letto, alle 20.15? O era successo qualcosa di brutto?

O-O-O, Occhi di gatto (a casa propria)

Aspettai un po', magari era giusto un riposino prima di cena. Passò mezz'ora e ancora nessuna risposta. Ormai certo che qualcosa non andasse, mi misi in macchina e andai a trovarle. Nel frattempo arrivarono le notifiche dalla telecamera del balcone: mia madre gironzolava là attorno. Meno male, era viva. Di Tatiana nessuna traccia.

Aperta la porta, trovai tutto spento. Niente cena a tavola, nessun piatto nel lavandino, tutto al buio.

Cominciai a muovermi furtivamente dentro casa mia, anche perché la conoscevo a memoria, cigolio delle porte compreso. Davo anche per scontato di ricevere una padellata in testa, oggettivamente era uno scenario tipico da film.

Scivolando (fortunatamente solo in modo figurato) nell'ombra, andai a intercettare mia madre in terrazza e la accompagnai in cucina, chiedendole di stare buona per cinque minuti. Tornato in terrazza, non trovai nessun altro. In compenso la piscina era lì, bella tronfia e scena di delitti multipli, la maggior parte dei quali contro il pudore. Sì, limitiamoci solo a quelli contro il pudore, forse è meglio.

Feci per tornare dentro casa, quando l'occhio mi cadde su un sacchetto accatastato vicino alla piscina. Lo raccolsi (il sacchetto, non l'occhio) e, ta-daaa, tre belle bottiglie da 660 ml di birra, extra triplo malto, 10 gradi alcolici e un briciolo di radioattività per rendere il gusto più incisivo. Tutte e tre rigorosamente vuote.

Cominciai ad avere uno strano sospetto. Forse Tatiana era annegata in piscina e mia madre aveva fatto scomparire il cadavere? Nah. Magari il capo condominio era passato per davvero e la badante era fuggita con lui. Nah, nemmeno.

Rientrai, muovendomi radente al muro per evitare la famosa padellata da parte di Tatiana, che continuava a non vedersi. Sotto sotto, le ipotesi cervellotiche lasciavano spazio a un realismo nudo e crudo e ormai pensavo di conoscere il perché non si vedesse. Le possibilità erano solo due: o era caduta dal balcone, ciucca totale, o era caduta sul suo letto, sempre ciucca totale.

La risposta all'annoso dilemma arrivò subito: mia madre, mentre ero fuori, doveva essersi allontanata dalla cucina, finendo nel suo girovagare in camera di Tatiana. Sentii quest'ultima biascicare qualcosa, con il tanfo d'alcol che arrivava a due stanze di distanza, facendo segno a mia madre di lasciarla dormire. Lei, educata com'è, uscì e chiuse delicatamente la porta, invece di andare a prendere un bel secchio d'acqua — rigorosamente dalla piscina, così da non sprecarne altra — e versarglielo addosso. Erano le 21:10.

Intercettata di nuovo, le feci segno di stare in silenzio, come avrebbe fatto un assaltatore della SWAT con un ostaggio, e ci chiudemmo in cucina. Le diedi da mangiare, insieme alle medicine serali che Tatiana ovviamente non aveva nemmeno pensato di darle. Dopo un po', l'accompagnai a letto.

Dovevo però trovare un modo per non farla passare liscia a Tatiana, in attesa trovassimo una sostituta. Con l'idea di ricorrere per davvero a una secchiata d'acqua, che faceva un po' a botte nella mia testa con un ingresso nella sua stanza con luci stroboscopiche e uno sparacoriandoli buttandola giù dal letto, mi guardai attorno. Come avrei potuto farle capire di essere stato lì, visto che l'indomani lei avrebbe ricordato a stento il suo nome?

Fu mentre riflettevo che mi venne in mente l'idea geniale di entrare nella sua stanza, indossando una tuta antiradiazioni, mettendole delle cuffie nelle orecchie e sparando Van Halen a tutto volume, per poi dirle di essere Darth Vader dal pianeta Vulcano. Purtroppo non avevo con me la tuta antiradiazioni, così dovetti soprassedere, a malincuore.

Ripiegai su qualcosa di più subdolo: avrei chiuso tutte le porte a chiave — come peraltro avrebbe dovuto fare Tatiana ogni notte — lasciando il suo mazzo di chiavi in un angolino del corridoio e uscendo in modo furtivo, chiudendomi alle spalle l'ultima porta con il mio doppione. Mi portai dietro, già che c'ero, anche la chiave di una delle due porte che conducevano al terrazzo. L'altra non la trovavamo da anni, quindi il giorno dopo avrebbe potuto scordarsi i bagnetti quotidiani. Uaz uaz. Buttai persino la spazzatura. Altro che Lupin, il vero ladro gentiluomo ero io.

La mattina dopo, mi aspettavo da un momento all'altro una telefonata da parte di Tatiana, disperata perché non sapeva come aprire le porte. Magari sarebbe stata dilaniata dal dubbio di averle chiuse lei, prima di inghiottire la chiave, chissà. Si delineava uno scenario alla *Saw l'Enigmista* che avrei volentieri alimentato, fornendole delle false radiografie del suo stomaco con la chiave dentro, ma la telefonata non arrivò mai.

Grazie a una videochiamata fatta a mia madre, scoprii che Tatiana si era alzata alle 11 e sembrava non aver avuto problemi ad aprire le porte. O forse era stata mia madre, chissà. Del resto, ormai era lei a badare a Tatiana e non il contrario. Tra un po' le avrebbe detto di andare a lavarsi perché doveva andare a scuola.

Amen, addio il discorso porte. Almeno ci sarebbe stata la sorpresina della piscina chiusa, quel giorno. Mentre gongolavo per il mio sadico piano geniale, mi arrivò una notifica: Tatiana in balcone…?!

Dannazione, aveva trovato la chiave dell'altra uscita, dispersa da oltre vent'anni! Che donna perfida!

Ma tu ti lavi?

Di videochiamata in videochiamata, notammo che mia madre tendeva a stare in pigiama tutto il giorno. Passi il fatto che a tutti piace la comodità a casa, ma dopo uno, due, cinque giorni, questa cattiva prassi era ormai diventata una costante.

«Mà, ancora in pigiama?», chiedevo sempre.

Lei cercava di giustificarsi dicendo che era stanca e stava per andare a letto, anche se ci sentivamo alle quattro del pomeriggio. O che quello non era affatto un pigiama. O che, caspita, era notte, perché la disturbavo? Sì, questo sempre alle quattro del pomeriggio.

La verità è che l'unico modo per scardinare questa brutta abitudine era starle dietro, aiutandola a gestire i tempi della giornata e a stabilire le regole. Flessibili quanto si volesse, ma non si poteva certo mangiare a ogni ora o andare a dormire con i vestiti per uscire. Allo stesso modo, uno non poteva mica stare in pigiama tutto il giorno, andare a dormire, stare ancora in pigiama, tornare a dormire… Anche perché era estate, si sudava… quindi se il pigiama era sempre lo stesso, ciò significava solo una cosa.

«Tatiana, scusa, ma la mamma si lava?», chiesi, dopo l'ennesima videochiamata in cui mia madre aveva il pigiama da marinaretto.

«Ehm... Nonna vecchia sempre freddo», rispose. Sembrava una massima in stile «Uomini vecchi compra poco» di Wilma.

«Sì, ma la devi far lavare! Pensa al sudore!»

«Sì, sì, ma nona no esce, sempre a casa...»

Mia moglie, come al solito, vedendo la conversazione a un punto morto, intervenne.

«Tatiana, devi lavare mia suocera!», le disse in maniera secca. Tatiana incassò il colpo e si allontanò dalla telecamera, cominciando a mormorare nella stanza. Le parole esatte non erano chiare, ma il tono era emblematico.

«Devi dire a Tatiana di lavarti!», disse nel frattempo mia moglie a mia madre.

«Chi è Tatiana?», rispose lei.

La badante, sentitasi evocare o giusto perché aveva smaltito un po' la rabbia, tornò visibile.

«Tatiana, scusa, ti abbiamo assunto per accudire mia suocera, e il tuo compito è quello di stare con lei, darle da mangiare e pure di lavarla, soprattutto adesso che è estate. Prima che arrivassi tu era sempre pulita e profumata. Ma non senti il cattivo odore che fa?»

«Io non sento puzza! Lei no suda! Lei sempre stare a casa», si difese.

Mia moglie diventò viola dalla rabbia. «Fammi capire, anche tu stai sempre a casa e non ci credo che non sudi. Ma allora non ti lavi neanche tu?»

Tatiana non solo annuì, ma, come fosse stato un oltraggio alla sua dignità personale, fece chiaramente il segno del tubo dell'acqua spruzzato sul corpo, richiamando la sua attività preferita: rinfrescarsi in terrazza, in costume. Un brivido corse lungo tutta la mia schiena, ricordando la proposta di mettere la piscina, mentre era in abiti succinti.

«Appunto! E perché mia suocera non la lavi?»

La badante si allontanò di nuovo, lanciando maledizioni in una lingua mista tra aramaico antico, giapponese e un dialetto della Papua Nuova Guinea.

Fu allora che mia moglie lanciò la frecciata finale: «Nemmeno ti stessi chiedendo di truccarla e agghindarla ogni giorno…»

Non l'avesse mai detto.

Thug life

Nei giorni successivi, Tatiana cambiò atteggiamento. Sarà stata la sbronza, sarà stata una reazione alla ramanzina di mia moglie, ma sembrò più attenta nei riguardi di mia madre. O, forse, quest'ultima si era versata addosso una bottiglia di vodka, risultando così più attraente.

Tale ipotesi venne avallata la prima volta che andai a prendere mia madre e mi ritrovai davanti la versione *pimpata* della signora che ricordavo[7]. Lei, che non portava nemmeno più orecchini o collanine da anni, si presentò

---

[7] A scanso di equivoci, visto che «Pimp» in inglese è legato a magnaccia e sfruttatori di schiavi, «Pimped up» significa «Agghindata in modo stravagante».

con un paio di occhiali da sole a forma di stella, molto fashion, con brillantini sparsi lungo tutte le aste. Ai lobi, due rari pezzi di alta gioielleria quasi vera con perle grosse quanto noccioli di albicocca, adornate da plastica dorata, scorticata al punto giusto da mostrarne l'anima vintage. Un pendente a forma di unicorno adornava in modo perfetto il suo collo. Infine, il rossetto rosa shocking alle labbra passava in secondo piano quando lei alzava la mano, mostrando una collezione di anelli che, in una mano magra come la sua, assumevano le fattezze di un tirapugni di una gang dedita per hobby al narcotraffico. Mi aspettavo mi salutasse con un «Yo, baby».

Avevamo un appuntamento in ospedale per un controllo con lo psicologo e, memore dell'episodio del wurstel, evitai di portarmi dietro pure Tatiana. Poverina, doveva ancora smaltire l'hangover, magari con un bel bagnetto.

Quando lo psicologo vide spuntare mia madre, guardò prima lei, poi me. Poi ancora lei, poi me. Mia madre era vestita come Don King, storico manager di Mike Tyson, ma io non avevo certo le fattezze del pugile, quindi capii la sua perplessità. Queste aumentarono nel momento in cui mia madre sfoderò un sorriso d'altri tempi, spalancò le braccia e si rivolse, mezza commossa, allo psicologo.

«Quanto tempo! Che bello rivederla!», esclamò. L'uomo reagì come se gli avessero appena rivelato qualche oscuro segreto relativo alla sua infanzia e mi guardò, con sguardo impaurito. Io presi a braccetto mia madre e lo salvai da qualunque altro discorso.

Beh, quasi tutti.

«E sua moglie come sta?», chiese mia madre, nel tentativo di fare conversazione. Inutile dire che non conoscesse affatto né lui né la moglie.

«È morta due anni fa», mormorò il professionista. Poi tornò in sé, come se l'informazione gli fosse sfuggita, senza volerlo. Del resto, in una situazione del genere, chiunque avrebbe abbozzato un «Tutto a posto!», esattamente come quando ti presenti in ascensore insanguinato e con tracce di artigli di leone sul petto e, pur di non prendere l'argomento con la vicina pettegola, ti rifugi in una frase fatta.

Di fronte a tale risposta, io mi ritrovai sul pavimento, a cercare eventuali spiccioli caduti, pur di scomparire dalla sua vista.

Durante la visita, avrebbe dovuto somministrare a mia madre il celeberrimo test MMSE, per gli amici il Mini-mental. Ottima scelta di nome, un po' come se l'indice di massa grassa si chiamasse Porco Level. Si tratta di un test neuropsicologico per la valutazione dei disturbi dell'efficienza intellettiva e della presenza di deterioramento cognitivo, vedi casi di Alzheimer o demenza in genere, ed è molto semplice da somministrare. Fin troppo, direi, il che spinge ad abusarne e dargli troppo valore.

Se, infatti, qualunque test psicologico dovrebbe essere somministrato da un professionista che, prima ancora dei risultati, deve vigilare affinché lui stesso non li influenzi (e influenzare un test psicologico è facilissimo), nel Mini-mental è la cultura dell'individuo a fare da padrona. In altri termini, una persona con una buona cultura generale può comunque raggiungere risultati molto alti e nascondere così altri deficit evidenti al di fuori del test.

«Signora, lei che studi ha fatto?»

«Ho la laurea.»

«Davvero? In cosa?». Chissà se lo ricordava.

«Sono laureata in pedagogia.» Se lo ricordava.

«Fantastico. In effetti ha l'aria da maestra. Ora, però, le farò io delle domande.»

Rivelai allo psicologo di possedere un master in psicodiagnosi e lui mi concesse di rimanere. O forse l'avrebbe fatto comunque per non restare solo con mia madre, rischiando di rivangare altre dodici volte l'argomento moglie defunta. Dal canto mio, dopo la storia della moglie, avrebbe potuto chiedermi di vestirmi da Freud e fare da valletta. Io avrei acconsentito.

Senza che me lo chiedesse, feci il bravo e mi sedetti esattamente alle spalle di mia madre, cosicché lei non potesse vedermi. Non certo il migliore dei setting, ma almeno non avrebbe potuto cercare suggerimenti. L'idea non era sabotare il test. Tutt'altro. Speravo che uscisse in maniera molto oggettiva il degrado mentale di mia madre, così da potere avere maggiori indicazioni o supporto da parte del servizio pubblico.

«Cominciamo», esordì lui. «Che giorno è, oggi?»

«Ehm…ehm…». Mia madre cadde nel panico, lo stesso di quando a scuola non hai studiato, ti interrogano e tu hai giusto una vaghissima idea dell'argomento, che tuttavia comporta anche un numero limitato di risposte possibili. Ma ti pare che tra sette possibilità sarebbe riuscita a…

«Ehm…lunedì?»

«Esatto», rispose lo psicologo. Che cavolo!

«E in che stagione siamo?», continuò lui. C'era il 25% di possibilità indovinasse, figuriamoci se…

«Ehm…primavera?»

«Corretto.»

«Ora mi sa dire in che città siamo?»

Ecco, qua avremmo cominciato a scoprire gli altarini. La sua memoria la collocava ancora in due luoghi del passato. Pur essendo nata a Palermo, vivendo lì fino a 25 anni e tornando per stabilirsi all'età di 30, per un lustro aveva abitato tra Rimini e Ostia. Ed è lì che pensava di essere, la maggior parte delle volte, stupendosi quando magari vedeva il cartello della via di casa, pensando fosse una coincidenza.

«Ehm…Palermo?»

Ma dai! Come aveva potuto… Fu allora che notai una divisa da giocatore di calcio firmata, appesa alle spalle dello psicologo. E non fu tanto il colore rosa, tipico della squadra locale, a tradire dove fossimo, quanto la scritta a caratteri cubitali *Città di Palermo* che capeggiava al posto dello sponsor. Lì accanto vidi il calendario, con aprile in bella mostra. Ecco come aveva indovinato la stagione.

«Perfetto», sorrise lui, compiaciuto. Mi stava venendo voglia di cambiare posto, sedermi accanto a lui e mimare le risposte corrette. Corrette per indicare lo stato di mia madre, voglio dire.

Nonostante il look da strafatta di acidi, mia madre stava facendo un figurone.

«Ok. Ora le dirò tre parole e lei dovrà ripeterle: casa, pane, gatto.»

«CA-SA. PA-NE. GAT-TO.»

Figuriamoci, stava provando a vendere ghiaccio a un'eschimese.

«Ok. Ora dovrebbe contare per sette all'indietro da cento.»

Mentre io stavo ancora cercando di capire la consegna, mia madre iniziò: «100…93…ehm…86…». La cosa non mi stupì: sapevo già che non aveva avuto ripercussioni sulla capacità di calcolo, se si escludevano quelli in cui si dovevano tenere a mente molti numeri. Ma una semplice sottrazione non implicava altro che tenerne a mente solo uno.

«Bravissima. Si ricorda le parole di prima?»

«Quali parole?»

«Non ricorda che abbiamo ripetuto delle parole?»

«No.»

«La aiuto: casa…»

«…mia!»

«No, voglio dire: la prima parola è casa.»

«CA-SA»

«Esatto.»

«PIP-PO.»

«No, attenzione, era pa…»

«PA-TA-TE.»

«…pane.»

«PA-NE.»

«Esatto. Casa, pane e…»

«…FAN-TA-SI-A.»

«Ehm… Tranquilla, andiamo avanti. Ora ripeta questa frase: non c'è se né ma che tenga.»

Mia madre svolse il compito senza alcun problema. Lo psicologo fu particolarmente sollevato e recuperò sufficienti energie per riprendere le parole di prima.

«Si ricorda le parole di prima?»

«Quali parole?»

«Casa…»

«CA-SA!»

A posto. Lo psicologo cambiò subito registro. Passò ai compiti a comando: le fece prendere un foglio, piegarlo, buttarlo sul tavolo. Le chiese di chiudere gli occhi, formulare frasi con soggetto e verbo, poi copiare un disegno. Nessun tipo di problema.

Alla fine della fiera, il risultato del test fu mediocre ma non grave. Perché, giustamente, mettere sullo stesso piano dimenticare le cose con copiare un disegno può definire o meno lo stato di salute mentale e di autonomia di una persona.

Non a caso, esistono altri test, come il cosiddetto IADL (Indice di Dipendenza nelle Attività strumentali della Vita Quotidiana), che avrebbero definito meglio il quadro di mia madre.

Quest'ultimo sonda, ad esempio, la capacità di usare il telefono. Mia madre aveva già dimostrato una certa confusione in merito, e tutte le persone sconosciute alle quali aveva telefonato nottetempo avrebbero potuto testimoniare in merito.

Sonda anche la capacità di fare acquisti. Da questo punto di vista, i soldi lasciati da mio fratello al vivaio, umidi di lacrime, valevano più di mille parole. A questa area era connesso anche l'uso dei soldi. Se mia madre pensava che un panino costasse 10 euro, che qualcun altro finanziasse il gioco o non si poneva mai il problema del denaro come valuta di scambio.

Peccato che non glielo abbiano mai somministrato.

Complotti internazionali (o Thug life, parte 2)

Qualche giorno dopo, uscii di nuovo con mia madre. Avevamo segretamente in programma di incontrare una nuova badante, per dare il benservito a Tatiana, così portai con me mia madre per capire se tra loro ci fosse feeling.

Mia madre si presentò questa volta con un rossetto rosa opaco anni '30, che passava nuovamente in secondo piano quando lei alzava prima un polso e poi l'altro, mostrando non uno bensì due orologi. La cosa, per la cronaca, tendeva a mandarla un po' fuori di testa perché già aveva problemi con gli orari, ma in questo modo era davvero complicato sapere che ora fosse per davvero.

Al collo niente unicorno ma una catenina con un pendente a forma di ancora, che faceva pendant con gli orecchini lunghi e cadenti. Con i soliti occhiali da sole modello Ray-Ban a forma di stella, la scena questa volta era rubata da una fortissima essenza di sandalo che sembrava mandare in sofferenza le piante che si trovavano nei paraggi al suo passaggio. E se andavano in sofferenza le piante, che non avevano un naso, figuriamoci un essere umano.

L'incontro era previsto per le undici. O almeno così mi era sembrato di capire, visto che con la badante non avevo avuto alcun contatto, avendo sempre parlato con suo fratello. Sempre che fosse suo fratello e non l'agente. Era tutto un po' confuso.

Tra l'altro alla richiesta di una via precisa dove incontrarci, preferì darmi un'indicazione di massima, dicendo che avrei dovuto richiamarlo quando fossi stato lì vicino. Strano non mi avesse chiesto di indossare un garofano rosso, così da riconoscermi.

Rispettando le indicazioni, e portandomi addosso delle banconote di piccolo taglio non segnate e niente polizia (essendo spesso protagoniste di richieste del genere), qualche minuto dopo la telefonata vidi avvicinarsi un ragazzino con lo zainetto e un principio di barbetta che suggeriva un'età tra i 13 e i 14 anni, insieme a una ragazza molto minuta. Del resto, mia madre aveva due orologi, non poteva che apprezzare che quei ragazzi fossero minuti. Di lei si poteva intuire solo che fosse molto giovane, visto che il velo la copriva dalla testa ai piedi, tenendole scoperta solo parte del viso.

Va da sé che al momento di far scendere mia madre dall'auto, il contrasto tra la ragazza minuta, velata e timorosa di Dio e la versione *moglie di narcotrafficante* di mia madre fu abbastanza scioccante. Mai quanto i primi commenti da parte sua, nove dei quali riferiti al fatto che fosse così coperta nonostante i 38°C percepiti e il decimo come commento materno al fatto che non dovesse stare con la testa coperta, così da evitare un colpo di calore.

Contemporaneamente, provò delicatamente a scoprirle la testa, creando le basi per un incidente diplomatico catastrofico.

Tra l'altro, nonostante mia madre fosse molto magra,

risultava comunque il doppio in corporatura della potenziale nuova badante, il che mi preoccupò in ottica lavaggio quotidiano. Era più probabile che mia madre mettesse lei nella vasca e non viceversa.

Questo, unitamente al fatto che il ragazzo, che si rivelò essere contemporaneamente suo fratello e agente nelle trattative, chiese: una cifra folle, i diritti d'immagine, un bonus per ogni gol segnato e, soprattutto, l'autorizzazione a portare alla ragazza tre volte al giorno del cibo a casa di mia madre, unitamente a qualche membro della famiglia, ci fece desistere.

Giusto il tempo di bloccare mia madre nel tentativo di toglierle di nuovo il velo per evitare il colpo di calore, ci salutammo.

Tik Tok Tatiana

«Tatiana fa i TikTok». Fu questa la frase con cui mi salutò mia moglie una sera, tornando a casa. Il tono fu lo stesso di «So che mi tradisci», il che mi turbò non poco. Eppure nessuno di noi due usava TikTok, quindi la curiosità su come l'avesse scoperto superò lo sbigottimento iniziale.

Chiedemmo a nostra nipote, una vera detective digitale, di indagare. Da lì la scoperta di un profilo aperto, dove Tatiana pubblicava contenuti di una fantasia unica: ripresa dal collo in su, canzone con tono bollywoodiano ma in lingua diversa dall'indiano e lei che provava a fare lip synch, ammiccando alla fotocamera, toccandosi le labbra e alzando/abbassando gli occhiali da sole. Sì, quelli a forma di stella.

C'erano quaranta video così. Cambiava soltanto il look di Tatiana: capello rosso sbarazzino in uno, capello biondo platino lungo nell'altro. Trucco emo in uno, trucco da far(d) west in un altro. Non si riusciva nemmeno a capire dove li avesse girati, la sua faccia copriva il 95% dell'inquadratura.

«Ma c'è anche mia madre?», chiesi, terrorizzato dalla probabile risposta.

«No», mi smentì lei.

«Meno male, dai.»

«Non ancora, almeno.»

Fu profetica. Il giorno dopo trovammo il primo, girato nella cucina di mia madre. Curiosamente, sparì dopo qualche ora. Nuovo video, nuova sparizione. A chi voleva farli vedere, cancellando poi le prove?

Le cose andarono avanti così per un po', fino alla pubblicazione di un video totalmente diverso dai precedenti. Cominciava in modo consueto, il lip synch in lingua sconosciuta con lei in primissimo piano. In testa, spiccava un cappello di pelle in stile vigilante all'interno di un riformatorio femminile. O di uno dei Village People. Sullo sfondo, un cielo terso estivo. Dopo altri venti secondi di lip synch, occhiali abbassati in modo ammiccante e cappellino alzato con un colpo di mano, in puro stile cavallerizza, l'inquadratura cominciò a girare e riconobbi subito il set: il terrazzo di mia madre. E se lei si trovava in terrazzo…

Distese il braccio e l'inquadratura aumentò a sufficienza da mostrarla in piscina. Accaddero allora due cose: 1) la mia pressione toccò i 200, facendo «Ding!» come al luna park quando si fa il test di forza dando una martellata per far suonare la campana posta in cima, 2) lo schermo dello smartphone si crepò. Ma non era tutto.

L'inquadratura continuò a spostarsi, tra un ammiccamento e un altro, finendo per mostrare mia madre seduta di spalle, coperta come un lappone durante una tempesta.

La pressione salì di nuovo, con rumori in pieno stile jackpot alla slot machine: DINGDINGDINGDING!

Io non ti re-sushi-terò

Capii che con Tatiana la situazione era ormai sfuggita di mano seduto davanti a un piatto di sashimi. No, il pesce non era andato a male. Non ancora, almeno, visto che divenne in pochi minuti veleno.

Lo scenario fu quello di un ristorante giapponese, in compagnia di una coppia di amici che aveva sostanzialmente rapito me e mia moglie, nell'estremo tentativo di darci una botta di vita.

I primi venti minuti furono meravigliosi. Risate, chiacchiere e tentativi di capire cosa fosse il katsuobushi, cosa che generò altre risate.

L'illusione che tutto potesse durare almeno un paio d'ore si ruppe nel momento in cui mi arrivò un messaggio:

«Scuze tuto jorno noi faciamo doci. A matina i a sera.»

«Fanno dolci tutto il giorno?», chiesi, dubbioso, a mia moglie.

«Sicuro non la doccia», rispose lei. «O almeno sicuro

non tua madre. Forse parla al plurale maiestatis.»

Altro messaggio:

«A dente a semtito nolo so che perché eu nu posso i tolera dente scuzeee.»

«Scuuuuzee, so che è soltanto un'altra scuuuuze...», cantai, imitando Paola e Chiara di un tempo.

Altro messaggio:

«Ea insta poso fare sola eu nu.»

«Insta?!», mormorò mia moglie, perplessa.

«Forse è stanca di TikTok e vuole cambiare social», risposi io.

Nel pieno del brainstorming, squillò il cellulare. Era Tatiana. Risposi a malincuore.

«Pronto?»

Silenzio.

«Pronto?»

Ancora silenzio. Chiusi la chiamata, evidentemente era uno di quei casi in cui qualcosa andava storto e bastava richiamare per sentirsi a vicenda.

Nuova telefonata, nuova risposta.

«Pronto? Mi senti?»

Ancora silenzio. Nel trambusto del ristorante, riuscii comunque a sentire qualcosa. Una presenza dall'altro capo del telefono.

«Se ci sei, batti un colpo», buttai lì.

«Pronto? Sono io sono Tatiana.»

E fino a lì, nulla di nuovo. Il pensiero fu più che altro il perché mi chiamasse a quell'ora. Mia madre stava forse male?

«Ciao. Che succede?»

Altro silenzio. Poi si sbloccò, inquietandomi non poco, sia per il tono pastoso della sua voce, sia per quello che disse. In questo caso spero di essere perdonato nel tradurre in italiano comprensibile quanto mi venne detto in tutto tranne che in un italiano comprensibile:

« Se ai due minute per parla, ti devo dire una cosa, ma no mi interrompi, ok.?»

«Ok», risposi, con un misto di ansia e curiosità.

« Ti ho dito di no interrompere. », mi ammonì.

«Ok, ok.»

«TI HO DITO DI NO INTERROMPERE!»

«...»

«...»

«...»

«...»

[cinque minuti dopo di totale silenzio]

«Scusa, ma non mi dovevi dire qualcosa?», sussurrai.

«NO INTERROMPERE!»

Seguirono dieci minuti pieni durante i quali lei, ubriaca persa, mi accusò di qualunque cosa: dalla fame nel mondo, alla deforestazione del Brasile, fino al crollo degli stanziamenti economici alla scuola pubblica.

Non potevo fare altro che immaginarmela sdraiata sul lett... no, era troppo, quello. Avrei voluto cenare. Me la immaginai quindi seduta sulla sedia, assolutamente vestita, con un cartone di Tavernello vicino e lo stesso look di Bacco ubriaco in *C'era una volta Pollon*.

Col passare dei minuti, non potendo interromperla, lei evidentemente pensò che la cosa non mi interessasse, così iniziò ad aumentare il volume della voce.

Arrivò a urlare a tal punto che chiunque nel locale avrebbe potuto sentirla, anche se avevo abbassato il volume dell'altoparlante del telefono al minimo. Gli amici mi guardavano con lo stesso sguardo compassionevole che avrebbero tenuto se, dopo un anno lontano dalle sigarette, mi avessero visto accendermene una per il nervoso. Mia moglie, bontà sua, cercava di fare conversazione per togliere loro dall'imbarazzo. La cameriera era ormai passata tre volte per chiedermi cosa volessi, visto che ero rimasto l'unico senza cibo.

Non ricordo esattamente cosa mi fece scattare la molla. O l'embolo. Che venissi provocato da dieci minuti era indubbio. Che lei fosse su di giri, idem, con l'aggravante del fatto che in quelle condizioni non poteva certo badare adeguatamente a mia madre.

Sarà stato il calo glicemico, non so. Sta di fatto che arrivò il fatidico momento in cui attivai la modalità *Io vi troverò*[8].

Le risposi in modo così cupo, freddo e tagliente che, al tavolo, i presenti restarono con la bocca aperta e le bacchette a mezz'aria. Da una di queste, cadde un pezzo di tonno crudo che fece *splat!* sul tavolo.

Quando chiusi la conversazione e alzai la testa, mia

---

[8] Nell'omonimo film, Liam Neeson interpreta il ruolo di un ex agente delle forze speciali, testimone al telefono del rapimento della figlia. Dopo aver ascoltato la colluttazione in modo impotente, riesce a parlare con il sequestratore, minacciandolo in modo pacato ma al contempo macabro perché la liberi, chiudendo il monologo con: «Se non lo farete, io vi cercherò, vi troverò e vi ucciderò».

moglie mi guardò e sembrò quasi sussurrare, con voce tremolante: «...ma chi sei davvero, tu?». Dal canto mio, potei finalmente ordinare, meditando se mandarla via ora o prima di subito.

Il piano di fuga

Purtroppo non era facile mandarla via. Non tanto per una questione di contratto, Alexia aveva dimostrato come la caduta del principio di fiducia fosse un valido motivo di licenziamento, quanto perché si trattava di una grande bomba a orologeria, pronta a scoppiare.

Sarebbe stato necessario un mix tra diplomazia e azione immediata in stile Forze Speciali durante un intervento per liberare ostaggi. Non potevamo certo dirglielo chiaramente, intimandole di fare i bagagli e andare via subito. Non abitando in città, sarebbe stato quanto meno crudele. Certo, ci riflettei un attimo. Poi due attimi. Poi dieci attimi e fui lì lì per accettare la crudeltà della cosa.

Poi, però, volendo fare tutto a modo, con mio fratello feci l'ultima cosa che avrei mai pensato di fare: chiamare Qualcosino.

«Commendatore Cappanera!», rispose, con il suo solito aplomb. «Che mi racconta? Come si trova con la badante?»

Ora, è difficile spiegare l'effetto dirompente che ebbe quest'ultima domanda. Per fare un'analogia, è come se una moglie, perfettamente consapevole che il marito la tradisce da anni con una donna dai capelli rossi e il tatuaggio di un pinguino sulla schiena, si sentisse chiedere da lui se avesse mai pensato di tingersi i capelli e tatuarsi un buffo animale artico tra le scapole. Il tutto dopo aver ricevuto un messaggio dell'amante che annuncia la fine della loro relazione clandestina.

Mentre mio fratello cercava di spiegare la situazione con una certa flemma, io fui un po' più diretto: alcol («Non mi dica», rispose Qualcosino), gratta e vinci («Ah!»), piscina («Oh!»), altro alcol («Ma davvero?»), incuria («Non ci posso credere»), scarsa igiene («Assurdo»), allagamenti («...»), ancora alcol («Sono senza parole»). Un fiume in piena. Probabilmente, l'avessi avuto davanti, le parole sarebbero state associate a schiaffi. Lo so perché, in mancanza d'altro, mi ritrovai a schiaffeggiare il cellulare.

Qualcosino rimase in silenzio. A ripensarci, sono certo si aspettasse un extra conclusivo, tipo «armi da fuoco» o «piromania». O, più semplicemente, dopo dieci minuti trascorsi a elencare i vari eventi narrati in questo capitolo, era certo avessimo mandato una squadra speciale d'assalto a prenderlo in custodia e stesse cercando di fare una valigia al volo, per poi darsi alla macchia. Fondamentalmente, pur non avendolo mai visto in faccia, me lo immaginavo come un Saul Goodman[9] di serie B, con alto rischio di retrocessione in serie C.

Avendo ormai perso la voce, mio fratello riprese la parola e gli intimò di aiutarci a farla sloggiare in modo tranquillo. Qualcosino, non scorgendo alcun cecchino nei palazzi di fronte, si tranquillizzò e riprese sicurezza.

---

[9] Uno degli avvocati più famosi delle serie TV, protagonista di *Breaking bad* e dello spin-off a lui dedicato, *Better call Saul*.

«Ci mancherebbe altro! Fate una cosa: ditele che la chiamerò per proporle un altro incarico. Dovrete solo farle il biglietto e farla partire. Poi ci penserò io.»

«In che senso?», chiedemmo all'unisono.

«Lasciate fare a me.»

Non solo Qualcosino mantenne la parola, ma la chiamò da un altro telefono, mettendoci in vivavoce. Spiegò a Tatiana che avevano bisogno di lei in sede per un lavoro che solo lei avrebbe potuto svolgere. Non scese nei dettagli ma la tester di alcol denaturato fu l'unica alternativa che mi venne in mente.

Tatiana non si scompose per nulla. Anzi, cinguettò ringraziamenti per tutto il tempo, immaginando una villa con una vera piscina dove poter mettere in mostra tutte le proprie abilità. Qualunque esse fossero.

Si misero d'accordo per vedersi in sede due giorni dopo e lei tenne a comunicarcelo subito, battendo cassa per i giorni di lavoro maturati e chiedendo un piccolo anticipo per comprare qualcosa per il viaggio. Figuriamoci, pur di mandarla via, questo e altro. Anzi, le dissi che per non farle perdere tempo alla stazione, l'avrei aiutata a comprare il biglietto online.

Per sì e per no, visto il tipo, le feci comunque firmare una ricevuta per l'anticipo.

Bye bye Tatiana

Arrivò il grande giorno. Un lungo giorno, fatto di tensione, speranze (che sloggiasse pacificamente), altre speranze (che non sloggiasse pacificamente, facendomi

sfoderare qualunque arma preparata) e ancora speranze
(che avesse la decenza di pulire).

Inutile dire che la scoperta della vera natura del
personaggio mi spinse in quei due giorni a sentire di
continuo i dialoghi provenienti dalla cucina e dal salone,
le zone più frequentate della casa, grazie alle telecamere
poste nel pianerottolo e nel balcone.

No, non si trattava di chissà quale apparato iper
tecnologico. Semplicemente li sentiva mezzo condominio,
vista la vocina di Tatiana, figuriamoci le telecamere poste
a una porta di distanza. Si sentiva di tutto, pure le
telefonate, visto che lei, giusto per aumentare
l'inquinamento acustico, le metteva tutte a vivavoce.

Per captare uno dei momenti migliori della sua
permanenza, tuttavia, non vi fu bisogno di alcun apparato
di ascolto ambientale.

Ero appena tornato da casa di mia madre quando mi
accorsi che non le avevo portato del condimento per la
pasta preparato da mia moglie. Onde evitare di farmi fare
due volte la strada, fu lei a portarglielo, così da poterlo
usare a pranzo.

Mi chiamò pochi minuti dopo, allarmatissima.

«È morta la sorella di Tatiana! Io sono nel pianerottolo!
Neanche sono entrata, ma la sento urlare come una
pazza!». Io impassibile.

«Ma le è morta la sorella!», ripeté a bassa voce,
scioccata. Io impassibile. Le dissi di mettere il vivavoce
perché potessi sentire anch'io, intuendo la scena come se
fossi presente.

Davanti a mia madre, infatti, Tatiana aveva cominciato

a mettere in scena l'opera magna «Me tapina, me disperata», un dramma in due atti in cui iniziò a raccontare le sue gesta tragiche e la morte della sorella. Mia madre non poté fare altro che consolarla.

«Ora io vado via, no ho solde, mia sorella è morta! Come facio io senza solde e senza sorella?», disse piagnucolando.

Mia madre le disse che i soldi non sono importanti ma la preghiera lo è. Anche lei aveva perso buona parte della famiglia ma preferiva essere povera e con fede, piuttosto che ricca e senza il conforto della preghiera. Tatiana si ritrovò così inebetita e non seppe che rispondere, a parte un paio di bestemmie, motivo per cui mia madre la ammonì.

Mia moglie entrò, lasciò il condimento per la pasta e si chiuse la porta alle spalle. Tatiana non si fece vedere, ma arrivò immediatamente dopo, in tempo perché lei potesse ascoltare il nuovo atto della tragedia.

Vi fu subito un colpo di scena: le preghiere materne sembravano aver fatto il miracolo. Ora la sorella di Tatiana stava solo morendo. Insomma, mia madre l'aveva resuscitata. Probabile che, se fosse rimasta un altro giorno, la sorella di Tatiana sarebbe stata viva e vegeta, il giorno dopo ancora sarebbe ringiovanita e così via, in una specie de *Il curioso caso di Benjamin Button*[10].

Dal canto mio, perché rimasi impassibile? Semplice.

---

[10] Film del 2008 con Brad Pitt il cui protagonista, da lui interpretato, nasce anziano e, col passare degli anni, va ringiovanendo. È basato sull'omonimo racconto breve del 1922 di Francis Scott Fitzgerald.

Fino a dieci minuti prima dell'opera magna, quando ancora ero da mia madre, mi ero gustato da una stanza all'altra mezz'ora di amabili conversazioni in lingua straniera, probabilmente con mezza famiglia che stava in patria.

Che bello, aria familiare. Chissà, magari stava avvisando che stava tornando a casa. Capii solo lo 0,5% delle parole, tra cui «piscia», ma il clima era disteso, tutti sembravano felici, si sentivano un sacco di risate. Lei sembrava persino meno ubriaca del solito. O forse rideva di continuo perché lo era più del solito. Chiusa la conversazione, era partito lo show. Nuova telefonata, stessi toni distesi. Oh, ci aveva provato. Un ottimo inizio di giornata.

Il pullman sarebbe partito alle 18, quindi anticipai un po' lo scontro finale, arrivando alle 16.15. Non avrei potuto scegliere un orario migliore.

Aprendo la porta di casa, senza nemmeno stare attento a non fare rumore, la sentii parlare al telefono, in italiano, stavolta. Ora capivo perché la sentissi pure dalla telecamera del pianerottolo: a due porte di distanza, era come se mi urlasse in un orecchio. Ancora più del volume, mi intrigò il contenuto della conversazione.

«Buuu, mi trattano maleee… buuu, no mi paganooo… buuu, lavoro troppo… buuu, no mi hanno mai fatto usciiiiireee… buuu…»

Dall'altro lato del telefono, rigorosamente in vivavoce, un pover'uomo sembrava credere a quanto gli venisse detto e cercava di essere comprensivo. Povera anima innocente. Tatiana cercò di scroccargli un passaggio dalla stazione, destinazione del suo pullman, a 80 km di distanza da là. Sembrava una puntata di *Pechino Express*.

L'uomo educatamente rifiutò, dicendo che avrebbe dovuto tagliare tutta l'erba per lavoro quella mattina. Tatiana prese la palla al balzo, dicendo che lo avrebbe aiutato con l'erba, che l'erba le piaceva, così da terminare il lavoro rapidamente, avendo così modo di accompagnarla. Credo che «mi piace l'erba» sia stata l'unica verità uscita fuori da quella bocca durante la conversazione, anche se credo parlassero di due cose differenti.

Per impietosirlo, iniziò a descrivermi come un mezzo mostro: che contavo gli euro (quali, se diceva di non essere mai stata pagata?), che non volevo stare con mia madre solo perché dopo due ore e mezza che stavo lì e avevo l'esigenza di andare via mi lamentavo perché voleva uscire e glielo impedivo, che dicevo parole negative (!). In compenso gli disse che avevo trent'anni, guadagnando così qualche punto a suo favore.

Avrei potuto fare due cose: entrare nella stanza, sperare sopravvivesse all'infarto di vedermi arrivare, prendere il telefono e parlare con il tizio, raccontandogli un po' di cose. Oppure realizzare un sogno, vale a dire sedermi una poltrona, aspettare che lei finisse e girarmi tipo il cattivo nei film di James Bond, accarezzando un gatto e sfoderando un ghigno malefico.

Ero seriamente tentato dalla prima opzione ma, se già girava in costume quando c'ero io, come minimo c'era il rischio fosse nuda, bottiglia in mano e telefono nell'altra. La cosa mi fece assolutamente desistere e preferii realizzare il sogno precedentemente descritto.

La poltrona dava proprio sul corridoio. Persi dieci minuti a provare pose varie e cercare un'alternativa al gatto. C'era un panno elettrostatico vicino. Provai. No, non rendeva.

Trovata la posizione adatta, simile a quella di Will Smith nella sigla de *Il principe di Bel Air*[11], aspettai.

E aspettai. E aspettai. Insomma, quella non la finiva di parlare. Mi salvò mia madre che, arrivando dal bagno, richiamò la sua attenzione.

Chiuse la telefonata in fretta e furia, si strappò dalla testa una lunga parrucca di capelli biondo platino di cui disconoscevo l'esistenza, lanciandola dentro la stanza e fece per avvicinarsi, con un sorrisone. Si accorse di essere in costume, così fece dietrofront e seguì la parrucca nella camera, uscendone qualche secondo dopo con un pareo.

Credo di non aver mai avuto un ghigno soddisfatto del genere in vita mia.

«Grazie per le belle parole! Sappi che la stima è reciproca!»

Tatiana iniziò a ridere, dicendo che parlava con un amico, che non aveva parlato male ma, per sì e per no, chiese pure quanto tempo prima fossi arrivato. Poi, nel tentativo di cambiare argomento in maniera molto arguta, si sedette e, battendo la mano sul tavolo con fare plateale, chiese i soldi maturati fino a quel momento.

---

[11] Sitcom comica statunitense (1990-1996) con un giovane Will Smith nei panni di un ragazzo di strada che va a vivere con i suoi zii a Bel-Air, quartiere residenziale di Los Angeles.

Non aspettavo altro. Tatiana non era arrivata a coprire un mese intero, nonostante sembrassero passati cinque anni dal suo arrivo. Feci un bel respiro e iniziai.

«Dunque, seguimi così da non lasciare dubbi. Sei arrivata il giorno 18 luglio e, dopo dieci giorni, su tua richiesta, ti abbiamo anticipato una parte dello stipendio mensile.»

Tatiana, nel frattempo, sembrava attenta quanto me a scuola durante la lezione di algebra. Con gli stessi risultati, peraltro.

«Ora, non essendo nemmeno arrivata a un mese di attività, devo saldarti otto giorni, ossia il 29, il 30, l'1, il 2, il 3, il 4, il 5 e, guarda, mi voglio rovinare, pure oggi.»

Tatiana sembrò risvegliarsi.

«No, no!»

«Ah, ok, allora non consideriamo og…»

«No, no! Manca tuto giugno!»

«Eh?»

«Mea arrivata a giuno.»

Piccolo appunto sul sottoscritto: se qualcuno mi dice che il cielo limpido è verde, io non dico per partito preso che è azzurro. Guardo fuori dalla finestra, constato che è (ancora) azzurro, e solo a quel punto controbatto con le prove. Se lui continua a dire che è verde, arrivo a giustificarlo, magari un po' compatirlo, pensando soffra di daltonismo non diagnosticato. Quando continua, riguardo fuori dalla finestra per essere sicuro, vedo che il cielo continua a essere azzurro, e glielo faccio presente ancora una volta.

Nel caso di Tatiana, arrivai persino a pensare di essermi

sbagliato. E se fosse arrivata a giugno? Impossibile, perché avrei dovuto pagarle solo dieci giorni a luglio? E io dov'ero a giugno? Possibile fossero passati più di sessanta giorni? Sì, quello era possibile, aveva combinato talmente tanti guai da riempire le statistiche medie di dieci anni. Mi ricordai di avere registrato il biglietto di andata del pullman con cui arrivò: *Partenza: 17 luglio.* Glielo mostrai.

«Visto? Io arrivata a giuno, eh!»

«Guarda che c'è scritto luglio…»

«Giuno! Io partita in quella data e arrivata il 18 giugno!»

«Tatiana, o magari sei Marty McFly e nell'armadio nascondi l'almanacco sportivo, renditi conto che…»

«18 giuno!»

«Quindi tu mi confermi di credere che sei partita il 17 luglio e di essere arrivata il 18 giugno?»

Detta così, Tatiana vacillò e cambiò argomento, facendo con sufficienza il segno con la mano per andare avanti. «Io volio i solde!»

«Ok, riequilibrato lo spaziotempo, torniamo a noi. Ti ho pagato dieci giorni dal diciotto luglio, ne rimangono otto: il 29, il 30, l'1, il 2, il 3, il 4, il 5 e, ahimé, il 6, oggi. Ora ascoltami bene e guarda la calcolatrice: da contratto, divido il tuo stipendio per 30, e nemmeno per 31, ed ecco scoprire la tua paga giornaliera. La moltiplico per gli otto giorni che mancano e arrivo a questa cifra, corretto?»

Mi resi velocemente conto che il suo tasso alcolemico era tale da interpretare le mie parole come «La fisica quantistica studia il comportamento della materia, della radiazione e di tutte le loro interazioni viste sia come fenomeni ondulatori sia come fenomeni particellari.»

«Vabbè, sintetizzando: ti devo tot, tolti i soldi che ti ho anticipato ieri – qua c'è la ricevuta – e i soldi del biglietto di ritorno – eccolo qui, stampato e pronto per essere mostrato – praticamente mi devi dare tu venti euro.»

Oh, era vero. Si sentì in lontananza un *quaaa quaaaaa quaaaaaaaaa…*

«Io volio i solde!»

«Ok, ricominciamo. Guardai il calendario e contiamo col ditino: il 29, il 30, l'1, il 2, il 3, il 4, il 5, il 6…»

«Io volio capire perché tu hai pagato biglietto con i miei solde!»

«Scusa, chi deve partire? Io o tu?»

«Io.»

«E a chi serve il biglietto?»

«A me.»

«Quindi con che soldi lo dovevo pagare? Anzi che te l'ho fatto, evitandoti le code e il rischio di perdere il pullman.»

Tatiana si infervorò: «Ma perché hai usato miei solde?»

«Ricominciamo. Tu come devi tornare a [omissis]? A piedi?»

«No.»

«In auto…?»

«No.»

«In aereo, forse?»

«No.»

«E come?»

«In pullman.»

«Appunto, qua c'è il biglietto. No biglietto, no pullman. Anzi, ti dico pure che se lo strappo, devi trovare un alloggio per la notte perché era l'ultimo rimasto. E, ti prego, non farmi spiegare di nuovo chi dei due deve partire.»

Risolto pure il problema biglietto, l'attenzione si spostò su altro. Tatiana iniziò infatti una specie di flusso di coscienza, un mix tra improvvisazione, dialogo con l'aldilà e generazione random di contenuti. Capii che non si sentiva rispettata. «Prego? Cioè, tu parli a me di mancanza di rispetto? Ma non ti ricordi la telefonata dell'altra sera?»

Ovviamente Tatiana non ricordava niente di tutto ciò. Aveva persino cancellato i messaggi inviati dopo la conversazione, che aveva assunto la stessa dinamica del marito ubriaco che va a prendere a calci la porta dell'ex moglie. Io, ovviamente, avevo fatto uno screenshot di tutto.

«Ok, tranquillo, tranquillo… ora volio i solde!»

Affondai il colpo. «Di che? Vuoi pure i soldi della piscina?»

«Quale piscia?»

«Come quale piscina?»

«Dove sta piscia?»

«L'hai tolta ieri.»

«No c'era nessuna piscia!»

«Tatiana, mi hai mandato la foto tu con la scritta 'guarda cosa ho comprato', o qualcosa del genere, ovviamente il giorno dopo in cui ti avevo detto che il regolamento del condominio la vietava.»

«…»

«Ah, già che parliamo di piscina… Vogliamo parlare dei TikTok con la mamma sullo sfondo?»

«Io no fatto nessun TikTok!»

«Ma se li ho visti io!». Seguì un'imitazione poco edificante di lei che ammiccava all'obiettivo, alzandosi gli occhiali, lanciando un bacino e gesticolando con le dita. Faceva solo quello in tutti i video. L'unica grande assente in quel fedele revival era la piscina piena d'acqua, dentro la quale avveniva quanto sopra.

Tatiana era alle corde, così mi giocai la carta del KO, con lo stesso tono pacato di Hercule Poirot quando rivela il nome dell'assassino.

«Guarda, lasciamo stare la piscina, TikTok e tutto il resto. Non avrei voluto dirtelo, ma a questo punto devo farlo. Tu pensi di aver rispettato mia madre e di aver fatto bene il tuo lavoro?»

«Certo! Io ho lavorato pure troppo!»

«Quindi l'hai sempre lavata?»

«Certo!»

«L'hai sempre accudita?»

«Certo!»

«Sei a posto con la tua coscienza?»

«Certo!»

«Ok, lo sai che una sera non hai dato le medicine a mia madre?»

Tatiana mi guardò con un'espressione mista tra stupore, incredulità e, sotto sotto, convinzione che la stessi prendendo in giro in modo davvero esagerato per essere vero. «Io? Pfff!»

«E sai come faccio a saperlo?»

Tatiana era bella tronfia e serena, pronta a rispondere alla panzana che si aspettava le rispondessi.

«Perché io ero qua alle 21.30, dopo che mia madre aveva cominciato a chiamarmi un'ora prima perché tu l'avevi messa a letto nemmeno alle 20.30...»

« Ale otto? Imposibile, mai suceso!»

«E invece sì... Sono arrivato, sono stato con lei e l'ho messa a letto io all'orario corretto. Tu eri in camera, porta chiusa e sonno profondo, chissà perché.»

«Bugia! Bugia! Mama mia, bugia!», iniziò a urlare lei.

Io, sempre più calmo e con tono pacato, risposi con un sorrisetto: «Sai qual è la prova che è tutto vero? Ti sblocco un ricordo... Ti ricordi quella mattina che hai trovato tutte le porte chiuse e le chiavi messe in quell'angolino del corridoio?»

Tatiana divenne bianca: «...si...?»

Io, di contro, stavo mettendo in rete il gol della vittoria all'ultimo secondo della finale di coppa del mondo di calcio: «Secondo te, chi gliele aveva messe? Ma, soprattutto, come faccio io a sapere che erano là?»

Il precedente *Quaaa quaaaaa quaaaaaaa* si ripeté, con lo stesso tono delle trombe del giudizio. Direttamente dai *I Simpson*[12], Nelson sbucò indicando lei e irridendola con un «Ah-a!».

La folla era in delirio e l'arbitro del match di boxe mi si avvicinò, mi afferrò il polso e lo portò su in alto, dichiarandomi vincitore per KO tecnico e sepoltura dell'avversario. Del resto, non sapendo che dire, Tatiana

---

[12] Mi rifiuto di spiegare qualunque cosa legata ai Simpson. Se hai un'età compresa tra i 5 e i 95 anni, mi auguro tu ne sappia parlare anche se non hai mai visto nemmeno una puntata. È cultura generale, alla stregua della differenza tra carnivori ed erbivori.

era rimasta a bocca aperta.

«Ora però sbrighiamoci, che il pullman parte tra mezz'ora!», mi ripresi io, mettendole fretta.

«Cosa parte tra mezz'ora?», biascicò lei.

«Il pullman! Sbrigati!»

« E come io arrivo a pullman? Doveva venire tuo fratele!.»

«Ti accompagno io, non c'è tempo. Ci vogliono dieci minuti, ma se c'è traffico perdi il pullman!»

«Ah.»

«Vedi che alla fine non ti prendevo in giro dicendo che ti abbiamo sempre rispettato? Dai, dai!»

Tatiana si infilò nella sua ormai ex camera da letto. Sperai dovesse giusto cambiarsi, avendo già fatto i bagagli. Era arrivata con due, ora erano sei. Più la piscina, ovviamente.

Meno 25 minuti alla partenza. Arrivò mio fratello e scese i bagagli. Meno 20 minuti. Mi venne in mente l'atroce sospetto volesse sabotare la partenza, così da rimanere.

Dopo due minuti il sospetto divenne praticamente realtà, così mi attaccai alla porta, bussando come se fosse l'unico bagno libero e fossi lì lì per affrescare la stanza, non riuscendo più a trattenermi.

La frase magica fu «Ti devi pagare l'hotel! ». Come fosse un moderno «Apriti, sesamo» la porta si spalancò e fui investito da un tanfo alcolico tale da restare stordito, mentre Tatiana – in versione cavallerizza, con jeans attillati che lasciavano ben poco all'immaginazione, camicia annodata che lasciava ancor meno all'immaginazione e storico cappello bianco con i brillantini – mi passò veloce vicino e scomparì via dalle nostre vite.

Certo, mio fratello più tardi mi raccontò di come avesse dovuto guidare sui marciapiedi pur di arrivare in tempo, con l'autista del pullman che minacciò Tatiana di partire senza di lei, se non si fosse presentata entro tre minuti.

Una volta arrivati, mentre questi le lanciava addosso qualunque insulto, ben prima che avesse altre motivazioni per farlo, mio fratello caricò sul pullman i sei bagagli e la piscina.

Nel suo biglietto erano specificati due bagagli. Nessuno se ne accorse, per fortuna, ma l'idea di quello che sarebbe successo al primo cambio mezzo mi perseguitò per i due giorni successivi. E non necessariamente in senso negativo.

Non aprite quella porta

Nel frattempo, io ero rimasto paralizzato davanti alla porta della mia ex camera da letto. D'accordo, il tanfo alcolico ci poteva stare, magari aveva buttato giù il residuo della bottiglia, così da nascondere le prove dentro il suo zainetto pieno zeppo di allegria, ma – figuriamoci – il resto sarebbe stato di certo pulito.

La mia innocenza, nonché innata illusione, si scontrò con uno scenario misto tra il post-apocalittico, la tana delle iene ne *Il re Leone* e una fogna a scelta. Tipo quella in

Ghostbusters 2[13], solo meno rosa.

La mia stanza, la mia fanciullesca stanzetta, era diventata l'equivalente del sottosopra di *Stranger Things*[14]: buia, sporca, inquietante e probabilmente abitata da qualche immonda creatura.

Strani rivoli di liquido scorrevano lungo le piastrelle del pavimento (e, se scorrevano in orizzontale, figuriamoci in verticale), alternati a macchie incrostate e appiccicose.

Cominciammo a girare un video per testimoniare ai posteri quanto avevamo iniziato a esplorare con la stessa cautela dei RIS di Parma di fronte alla scena di un delitto, visto che 1) non potevamo escludere di trovare un cadavere, data la puzza e 2) non potevamo escludere il reale intervento dei RIS di Parma.

«Oddio, guarda!», urlò mia moglie. Ecco, lo sapevo, aveva trovato il cadavere. Mi girai per guardare cosa stesse indicando. Era lì, sotto il letto. Ma che diavolo…

Un osso di pollo guardava me e io guardavo lui. C'era un osso di pollo sotto al letto. E, no, non era solo, ma – ribadisco – c'era un osso di pollo sotto al letto.

Trovammo anche riso, ormai secco, residui di insalata, gusci di frutta secca e un paio di semi di albicocca. «Eh, cosa preferivi? La plastica delle merendine?», obietteranno molti, di fronte a tali residui da dieta salutista. Sì.

---

[13] Film del 1989 di Ivan Reitman sugli acchiappafantasmi al lavoro per ripulire New York. Lì, nelle fogne, scorreva un fiume di melma rosa che serviva a…niente, meglio vedere il film, è un discorso troppo lungo.

[14] La dimensione alternativa dell'omonima serie di fantascienza targata Netflix, iniziata nel 2016.

Decisamente. Sarebbe stato più facile pulire.

Inutile dire in che stato – e di che colore – fossero le lenzuola, lasciate stropicciate come se le avesse usate per fare il bidet. Fortunatamente era un'eventualità da escludere. Per vivere in quell'ambiente, Tatiana difficilmente sarebbe stata tipo da bidet.

Aveva lasciato alcuni dei prodotti di bellezza buttati qua e là, ricordando la scena di un supermercato preso d'assalto in previsione di una carestia, con a terra rimasugli di roba invendibile come le scaglie di cocco aromatizzate al curry o il pesce sega ricoperto di cioccolato.

In un cassetto lasciato socchiuso vidi qualcosa. Lo aprii con una matita, sia mai ci fossero le impronte o anche solo l'avesse toccato lei dopo aver toccato qualcos'altro, e scovai una collezione di gratta e vinci.

La speranza si fosse sbagliata, lasciandone un paio vincenti con cui pagare i danni causati, si scontrò con il fatto che avesse grattato dappertutto, pure su un tavolino in legno, dove ancora si vedevano i segni di monete.

Le ante degli armadi erano state lasciate socchiuse, come dopo il passaggio di topi di appartamento, che non escludevo fossero tutt'ora presenti nella stanza, probabilmente agonizzanti e/o già mummificati. I topi intesi come roditori, non i ladri.

Mi avvicinai a una di esse, dalla quale partiva una scia per terra simile a quella di sangue lasciata da un cadavere trascinato via. La aprii con disgusto. La puzza era tremenda, alcol misto ad altro alcol misto ad altro alcol precedentemente digerito.

All'interno dell'armadio trovai un sacchetto azzurro

pieno di roba che preferii non guardare. Lo sollevai per buttarlo e un misterioso liquame cominciò a scolare. L'intero armadio era una palude di alcol, penetrato pure nelle giunzioni. Era scolato anche sui cassetti sottostanti, ma non di recente. Le tracce erano secche e appiccicose.

Ora, è più che plausibile chiedersi il perché di questa mia fissa per l'alcol. A scanso di equivoci, per quello trovato durante l'ispezione, non a prescindere. Che Tatiana fosse alcolizzata, ludopatica e con serissimi problemi di colesterolo credo sia ormai abbastanza chiaro. Era, di fatto, la versione umana e femminile di Bender in *Futurama*[15].

Tuttavia, la fretta di liquidarla il prima possibile non era solo legata alla salvaguardia di mia madre, ma anche al fatto che da lì a tre ore sarebbe arrivata una nuova badante, colloquiata pochi giorni prima, che avrebbe preso il suo posto e, ovviamente, avrebbe dormito in quella stessa stanza.

Dall'uscita di scena di Tatiana, partì un conto alla rovescia ansiogeno quanto quello di una bomba a orologeria. Fu un delirio senza precedenti. Ma non nel senso dell'ubriacatura dovuta ai fumi respirati, quanto una corsa contro il tempo per trasformare una fognatura in una graziosa stanza degna di un boutique hotel.

In tre ci mettemmo a raccogliere roba putrefatta, spazzatura varia e gettare qualunque cosa risultasse

---

[15] Mi rifiuto di spiegare pure robe legate a *Futurama*, sarebbe come spiegare che il sole è caldo. Non a caso, è la serie cugina de *I Simpson*, creata dallo stesso autore, Matt Groening.

ignoto. L'osso di pollo cercò di scappare, ma non facemmo sconti. Smontai qualunque parte dell'armadio potessi separare dal resto e consumammo un intero flacone di sgrassatore per pulire le macchie, mentre mia moglie usava l'amuchina pura per pulire il pavimento.

Avrebbe pure potuto liquefarsi e farci cadere al piano di sotto in pieno stile vasca di *Breaking Bad*[16], ma non ce ne importava. Per quanto mi riguardava, avrebbe pure potuto diventare trasparente o con crateri lunari, sempre meglio che lo stato attuale. Le lenzuola le buttammo direttamente: nemmeno un ciclo a 100°C avrebbe potuto sterilizzarle.

Passammo anche al bagno che usava Tatiana. L'asse del WC, una volta sollevata, mostrò un rivolo di liquido porpora scolato giù non molto tempo prima. Mi augurai fosse fragolino, ma, ahimé, era una pia illusione. C'era puzza di alcol pure in bagno e, nonostante gli sforzi, non riuscimmo a debellarlo in nessuna delle due stanze.

A quel punto non potevo escludere avesse imbevuto le pareti con il Tavernello, aspergendolo come si fa in chiesa con l'acqua benedetta.

Sfoderai così l'arma finale: un generatore di ozono, comprato ai tempi del COVID-19. Per chi non conoscesse questa macchina dei miracoli, si tratta di una scatoletta in grado di generare ozono, vale a dire una forma dell'ossigeno con un atomo in più: O_3. Rispetto a

---

[16] Ops, spoiler… sì, è sempre quella del professore di chimica e la metanfetamina. Lo capisco che, scritta così, sembra una sciocchezza, ma va assolutamente vista. È ormai cultura pop.

quest'ultimo, necessario a tanti organismi per vivere, ha il piccolo dettaglio di essere tossico per qualunque cosa: uomini, animali, piante e batteri/virus.

Tuttavia, ha altre due caratteristiche interessanti. Primo: ha un alto potere ossidante, quindi distrugge anche gli odori e soprattutto le puzze. Inoltre, col passare dei minuti, l'ozono si riconverte in ossigeno, smettendo di essere pericoloso. Ci si ritrova così in un ambiente sterilizzato e con il profumo dell'aria dopo un temporale, durante il quale si sviluppa, appunto, ozono.

Solitamente è sufficiente tenere acceso un generatore d'ozono per cinque minuti. Io lo infilai dentro l'armadio e lo lasciai quasi un'ora. Alla fine avrei potuto operare qualcuno sul pavimento della stanza, tanto era asettico e, miracolo, l'odore di alcol andò via. E con esso qualunque forma di vita, anche subatomica.

Mi sfilai le due paia di guanti in lattice che avevo indossato fino a quel momento, tolsi la maschera antigas e andai a prendere la nuova badante: Zamira.

A scanso di equivoci, non fu Qualcosino a consigliarla. Avessimo continuato con lui, la successiva come minimo sarebbe stata una praticante del bondage e mi avrebbe usato come cavia, appendendomi come un salame dal balcone.

Zamira, la nemesi di Tatiana

Tatiana era fuori dai giochi. Ci avrebbe ricontattato solo un paio di settimane dopo, chiedendoci via messaggio l'ultima cosa che mi sarei mai aspettato da lei.

«Ciao scuze for favore che va fato eu male che ati parlato con agentia bruto de me???»

Poco dopo arrivò un altro messaggio.

«Perche agentia nu a vuturo mi dae un altoro lavoro.»

Ma il capolavoro fu il finale:

«Perche che eu nu a fata bene nu meai deto mai????»

Scossi la testa, decidendo di non pensarci più. La nuova badante sembrava distante anni luce da lei. Non ci sarebbe stato nemmeno un giorno di transizione tra l'una e l'altra.

Ma allora perché, nel tragitto verso casa di Zamira, ero così inquieto?

Forse perché realizzai di non aver preso i croissant, cosa che avrebbe sicuramente generato un incidente diplomatico non da poco? No, no.

Magari per la volontà di non fare brutta figura con lei già all'inizio, volendole assicurare un luogo salubre dove non rischiasse di prendere la peste, il tifo e il gomito del tennista? Fuochino, ma non era tutto.

Fu il ricordo martellante del colloquio avuto con Zamira a farmi tremare. La donna, infatti, aveva dalla sua delle limitazioni di natura alimentare non indifferenti.

Era forse celiaca? Nah.

Vegana? Nah.

Fruttariana, forse? Nah.

Molto più semplicemente, era di religione musulmana. Non a caso, durante il colloquio le chiedemmo se fosse un problema per lei cucinare la carne alla mamma. Se non ricordavo male, il maiale era tabù, ma in famiglia non avevamo mai avuto chissà quale passione per il suino, prosciutto a parte, quindi mia madre non ne avrebbe sentito la mancanza.

Lei, tuttavia, ci tranquillizzò subito: «Non vi preoccupate, io non mangio maiale però lo posso cucinare o maneggiare.»

Ammisi la mia ignoranza in merito. Magari erano cambiati i tempi. Scoprii solo in seguito che il divieto di consumare carne di maiale è dovuto al fatto che il caro porcellino non solo non è certo l'animale più pulito al mondo, ma la sua carne, già dalla notte dei tempi, non poteva essere conservata ai 45°C tipici del Nord Africa. Mezza giornata e diventava una specie di plutonio velenoso aromatizzato all'arsenico, uccidendo chiunque la assaggiasse. Come dargli torto, dunque?

In un modo o nell'altro, il problema comunque era risolto alla radice e sorrisi, sollevato.

«Questo vale per qualunque cibo», disse. Sorrisi nuovamente. «Tranne per una cosa. Quella non posso nemmeno sentirla o toccarla», continuò, alzando pure il ditino, come fosse un monito. «Per me è proprio tabù.»

«Ma dai, cosa?», chiesi in automatico, mantenendo la stessa espressione allegra. Sarà sicuramente stato qualcosa di esotico o disgustoso, come le interiora di animali. Magari bagnate di fango e sterco di gallina. O, magari, la carne umana marinata.

«L'alcol.»

«Ah!», esclamai, allora. «Figurati! A casa nostra non ce n'è una goccia!»

Letteralmente. Ai tempi non lo sapevo, ma Tatiana se l'era scolato tutto. Come avrei potuto immaginare che quest'ultima frase iperbolica fosse in realtà la pura verità? E perché tra tutte le badanti possibili e immaginabili, proprio quella alcolista doveva aver occupato la sua futura camera?

Meditai se fare una deviazione, lasciarla un attimo a un incrocio, con la promessa di tornare a prenderla, tornare a casa di mia madre e pulire nuovamente la stanza, questa volta smontando pure le ante dell'armadio e scollando i rivestimenti del laminato. Poi avrei potuto pure dare un'imbiancata. O magari invertire le camere da letto. O farla dormire in un B&B.

Scelsi di lasciarla all'incrocio. Sì, era decisamente la scelta corretta. Coraggiosa, è vero. Potenzialmente molto pulp, lo ammetto. Ma, piuttosto che farla entrare in una specie di fumeria d'oppio moderna, avrei tollerato di gran lunga la denuncia per abbandono.

«Siamo arrivati? È questo il palazzo?»

Tornai lucido (o qualcosa di simile) a me stesso e mi ritrovai parcheggiato sotto casa di mia madre. Zamira era accanto a me. Quando era salita? E di cosa le avevo parlato durante tutto il tragitto? Oddio, dovevo aver sottostimato le conseguenze dei fumi dell'alcol e dei detersivi. Dovetti dire addio al progetto dell'incrocio e salimmo a casa.

Arrivati da mia madre, Zamira venne accolta da quest'ultima con un chiaro riferimento alla sua religione. Forse un rispettoso «Salām aleikum»? Purtroppo no.

«Ah, sei di religione musulmana!», ripeté mia madre, giusto per essere certa.

«Sì», rispose Zamira.

«Ma è vero che dite: Allah, Allah, pesce fritto e baccalà?».

Cercai una katana per fare harakiri pubblico. Non la trovai, così cercai pure una scimitarra. Sarebbe stato più doloroso e in linea con la cultura mediorientale, ma ne sarebbe valsa la pena. Purtroppo non trovai nemmeno quella, dunque mi limitai a sprofondare, chiedendo umilmente scusa. Da quando mia madre era diventata conoscitrice della discografia di Leone di Lernia?

Subito dopo, mia madre cercò di convertirla al cristianesimo, mostrandole un paio di ritratti di Gesù. Al terzo tentativo, Zamira rispose in modo diplomatico che Gesù fu effettivamente un bravo profeta. Grazie al cielo, mia madre non colse il velato messaggio polemico, così se ne andò soddisfatta.

Mostrammo a Zamira la casa, lasciando la sua camera per ultima. Il perdere il maggior tempo possibile era legato alla speranza di qualche effetto tardivo dell'ozono. Ne avevo generato così tanto lì dentro che non mi sarei stupito di trovare mobili di colore diverso.

Accesi la luce e la feci passare, con la stessa tensione addosso di un artificiere daltonico di fronte a una bomba con tanti fili colorati e il supervisore che gli urla:

«Mancano otto secondi, taglia il filo ROSSO!».

Mi aspettavo di tutto, da «Questa è una stanza blasfema!» a un più velato «Avete anche la versione analcolica di questa?». Eppure lei non disse nulla.

Ricordo ancora la prima telefonata, la mattina dopo. Ero certo iniziasse la conversazione urlando: «Spiriti di galline mi sono venuti a trovare, preannunciandomi la fine del pollo». E invece mi rivelò di aver dormito benissimo.

Evidentemente i fumi dell'alcol rilasciati dalle pareti, oppure il mix chimico di sostanze che avevo mischiato, creando una specie di cloroformio alternativo, dovevano aver fatto effetto anche su di lei. Avrei dovuto brevettare tale composto chimico. Se avessi tuttora ricordo delle sostanze usate in quel frangente, dico.

Come ti contratto il contratto

Avevamo conosciuto Zamira il pomeriggio dell'ormai noto Giorno della Piscina. Inutile dire quanto mi sia rimasto impresso in memoria, visto quel trauma.

Andammo a trovarla a casa sua, in un quartiere multietnico della città. Una signora sorridente, dall'età imprecisata per via di un velo che le copriva il capo. A prima vista, poteva avere cinquanta anni portati male o settanta portati bene. Aveva la tipica dolce voce baritonale di una madre che ha dovuto crescere un numero imprecisato di figli e nipoti con gli stessi principi pedagogici di Al Capone, secondo cui si ottiene di più con una parola gentile e una pistola che solo con una parola gentile. Solo che, al posto della pistola, Zamira sembrava cintura nera di ciabatta volante e cucchiaio di legno.

Mia madre la salutò e abbracciò come se fossero state colleghe di lavoro, separate da un non meglio precisato cataclisma, avvenuto anni prima. Zamira, dal canto suo, nonostante trent'anni di vita in Sicilia, non sembrava gradire molto manifestazioni fisiche. O, semplicemente, non le gradiva da una perfetta sconosciuta.

Con mia madre che ne incensava le doti umane, sociali, antropologiche e religiose, pur non avendola mai incontrata e con lei palesemente devota a un altro culto, cominciammo a raccontare le nostre esigenze. Lei al momento era impegnata con una famiglia, ma non si trovava bene e avrebbe provato a liberarsi.

Ci raccontò aneddoti uno più angosciante dell'altro, dal cane di famiglia che la disturbava durante le preghiere, mentre era china sul tappeto, al fatto di dover accompagnare la sua assistita a fare passeggiate in carrozzina. In spiaggia. A dicembre inoltrato.

Sembrava un po' lo scenario di una ragazza che ti piace, è già impegnata in una relazione poco soddisfacente e che, mentre racconta di quanto sia meschino il fidanzato, non ti fa desiderare altro che prenderla in braccio e fuggire insieme verso il tramonto, a cavallo.

Ora, d'accordo il sapiente uso di iperbole, ma non c'era pericolo accadesse con Zamira. Portarla a casa per badare a mia madre invece sì. Era il momento di parlare di soldi.

Con mio fratello, non è che fossimo proprio questi grandi conoscitori di tariffe, tanto meno questi grandi contrattatori. Abituati ad avere rispetto per il denaro e per chi lo chiede in cambio di un lavoro, pagando sull'unghia quanto richiesto, partimmo con l'idea di chiederle quanto prendesse dall'attuale famiglia. Una strategia a prova di bomba.

«No, no, fai tu il prezzo», rispose lei, sorridendo. Fregati. Realizzai solo allora come, per Zamira, la contrattazione fosse parte integrante della propria cultura. Era come il calcio per un brasiliano, la pizza per un italiano o qualunque altro stereotipo mi venisse in mente.

Proponemmo una cifra.

«No, no, troppo poco», rispose. Eppure non sembrò infastidita. Continuava a sorridere.

Alzammo un po' la posta.

«No, no, troppo poco». Ancora sorrisi da parte sua.

Ancora.

«No, no, troppo poco». Sorrisone.

Ancora una volta.

«Eeeeeeh…»

Suspense.

«No, no, troppo poco. Però quasi.»

Provai con un'ulteriore richiesta: l'ultima cifra proposta a fronte di metà delle ore. In pratica, avrebbe guadagnato il doppio all'ora.

«No, no, troppo poco.»

Dall'espressione che tenne durante tutta la trattativa, o qualunque cosa potesse essere chiamata quella, sembrò quasi divertirsi. O forse era compassione? Tenerezza, magari. In effetti, dava l'idea di una leonessa intenta a guardare giocare i suoi cuccioli, mentre tra una innocua zampata e un morso accennato, provavano a fare i primi passi nel crudele mondo della caccia.

Senza nemmeno capire come, ci accordammo per una cifra superiore del 30% a quanto percepito da Tatiana, a fronte di meno ore di lavoro.

Ho vaghi ricordi di quel momento, ma non è escluso che le abbia anche intestato casa mia e promesso una fornitura a vita di detersivo per i piatti.

I vocali su WhatsApp

Come da tradizione, WhatsApp assunse un ruolo chiave nella relazione con la nuova badante. Beh, magari non subito, visto che scrivevo, scrivevo, scrivevo e non ricevevo mai risposta.

Cominciai a temere di aver fatto una grossa gaffe quando, due giorni dopo il suo arrivo, vidi cambiare la foto profilo del numero al quale scrivevo: da quella standard, grigia, di un utente WhatsApp anonimo si passò alla versione femminile di Lo Pan, lo stregone cinese del film cult *Grosso guaio a Chinatown*[17]. Per i non cinefili, una specie di mummia vivente. Zamira non era più nel fiore degli anni, ma certamente non somigliava alla foto. Che fosse un parente, peraltro abbastanza estinto?

Ne seguì un silenzio stampa cautelativo da parte mia, rotto solo quando mi arrivò il suo primo messaggio. Un

---

[17] Cult del 1986 diretto da John Carpenter, con Kurt Russell nel ruolo del camionista Jack Burton, trascinato in una lotta tra due clan cinesi e in una straordinaria avventura nel cuore di Chinatown. Ma perché, descritti così, questi film non sembrano rendere giustizia ai capolavori che in realtà sono quando li si guarda?

vocale di cinque minuti. L'argomento? Dove si trovassero le padelle. Scrissi una risposta semplice:

«Sono dentro al forno».

Mi assalì un dubbio: ero l'unico a tenerle là dentro? E se avesse equivocato, pensando fossi io quello dentro al forno?

Di nuovo silenzio stampa.

Riprovai a scrivere. Nulla.

Aggiunsi pure un pollicione, il faccione sorridente, l'espressione imbarazzata, un gattino, la zampa dello stesso gattino, una melanzana e una pesca. Onde evitare di risultare volgare e rischiare che vi fosse un fraintendimento culturale, con potenziali allusioni sessuali, eliminai il gattino. Niente.

Tutto fu presto chiaro: Zamira non sapeva né leggere, né scrivere. In italiano, almeno. Non ebbi mai conferma di ciò, visto che l'arabo ero io a non saperlo leggere e scrivere, né chiesi mai. Sta di fatto che dovetti convertirmi all'uso dei vocali, cosa mai fatta in anni in cui avevo snobbato, criticato e persino un po' schifato chi non si degnava di scrivere, affidando a registrazioni sempre più lunghe i propri pensieri. O, ancora più spesso, soliloqui.

Una certa categoria di persone mi irritava ma, allo stesso tempo, un po' affascinava pure: chi mandava un vocale come se avesse il destinatario di fronte a sé e aspettasse da lui una risposta a ciascuna delle domande fatte, lasciando delle brevi pause. Ad esempio:

«Ciao Massimo, come stai? [pausa di cinque secondi]. Tutto ok, allora? [pausa di altri cinque secondi]. La famiglia che dice? [pausa di otto secondi, il discorso qui è più lungo]. Ci sei più andato a Milano? [altri otto secondi]. Senti...»

Zamira era anch'essa un'amante delle pause, ma unidirezionali.

L'ananas

Quando le chiedevo cosa ci fosse da acquistare per casa, arrivava inesorabilmente un vocale, compreso tra i quattro e gli otto minuti, contenente la lista della spesa: frutta, pane, pesce, sacchetti per la spazzatura. Il tutto nascosto in una serie di silenzi, intercalari, «eeeeh, come si chiama...», altri silenzi e altri articoli, per poi accorgersi seduta stante che c'erano, ma non li aveva visti.

Inutile mettere i vocali a 2x, inutile cercare di tornare indietro per afferrare qualcosa di sfuggito. Era un mix tra un test audiometrico, quelli durante i quali devi premere un pulsante quando senti un rumore, mentre indossi le cuffie, e un test di attenzione tale da generare allucinazioni uditive, come quando ascolti le canzoni dei Beatles al contrario.

Capitava poi che, non sapendo bene la pronuncia di qualcosa, ne biascicasse la parola. A quel punto, nel dubbio, compravo qualunque cosa le somigliasse. Diceva «pa%$£&$£&£...» e io compravo pasta, pane, patate e, sia mai che mia madre l'avesse convertita nel frattempo, pure la pancetta.

Un giorno mi chiese di comprare tovaglioli, carta (probabilmente assorbente, non avendo una stampante a casa di mia madre) e un ananas.

Tutto nella norma, ananas a parte. Riascoltai il messaggio, forse avevo capito male. No, diceva proprio carta e ananas. Riascoltai nuovamente: ananas. Col fatto di dover riprodurre il messaggio più e più volte per capire se avessi preso tutto, la parola «ananas» la ascoltai non meno di quindici volte, a varie velocità.

Ora, non mi sembrava fosse propriamente un frutto tipico del suo paese di origine. In realtà nemmeno del continente. A pensarci bene, nemmeno degli altri due continenti limitrofi. Ma a mia madre era sempre piaciuto mangiarlo d'estate, quindi nulla di strano che fosse una sua richiesta. Comprai l'ananas.

La settimana dopo, fece la stessa richiesta: tovaglioli, carta (o forse voleva dire tovaglioli di carta, per distinguerli da quelli in tessuto?) e un ananas. Lo stesso dopo qualche giorno. C'era un iper-consumo di tovaglioli, perché mia madre era spesso raffreddata e durante i pasti ne faceva incetta per portarseli in giro, con la paura di non averne mai abbastanza. E l'ananas? Buon per lei, era ottimo per digerire.

Il giorno libero di Zamira, arrivai a casa di mia madre e trovai l'ultimo ananas acquistato abbastanza malconcio. Erano passati sei giorni da quando l'avevo comprato ed era rimasto fuori dal frigo. Per giunta, stava vicino alle mele, il che ne aveva accelerato la maturazione.

Chissà, forse mia madre era stufa di ananas, e magari anche Zamira. Decisi di sbucciarlo per vedere se fosse ancora buono. Cercando un contenitore dove riporlo, aprii la dispensa e mi ritrovai davanti l'albero genealogico degli ananas.

Quello che avevo in mano era l'ananas di mezza età: con qualche acciacco ma apparentemente buono. Di fronte agli occhi avevo però suo padre ananas, ormai vecchietto, ma soprattutto anche il nonno ananas, palesemente alle soglie del secolo di età, a giudicare dallo stato di conservazione. Il dubbio venne spontaneo: perché mi chiedeva sempre gli ananas, se poi non li preparava?

Chiesi a mia madre se Zamira avesse mai preparato l'ananas.

«Chi è Zamira?», rispose lei.

Riascoltai il messaggio originale.

«Tovaglioli… carta, pure… ananas… un poco di lattuga…»

A 1x, 1,5x e 2x, era sempre ananas. Mi venne anche il sospetto atroce di non aver comprato il purè. Nella sua voce non c'era traccia di accento finale, ma ormai dubitavo di tutto.

In piena crisi d'identità, feci ascoltare il messaggio a mia moglie. Con la stessa premessa di uno che freme per far ascoltare una barzelletta a qualcuno, dicendogli che sarà la cosa più divertente mai sentita, per poi rendersi conto che non è che faccia poi ridere così tanto, feci partire il vocale. E allora capii, al primissimo ascolto. Escludendo i precedenti trenta, dico.

«Tovaglioli [di]…carta, pure[r]…a la nas…»

Insomma, mi aveva sempre e solo chiesto i fazzoletti per il naso. E io le avevo sempre portato un ananas.

A volte era lei a fare un po' di spesa, acquistando da fornitori delle sue parti e dal supermercato sotto casa di mia madre. A quel punto sapevo già cosa sarebbe successo da lì a poco.

Durante uno dei tragitti per prenderla o lasciarla a casa, sarebbe calato il silenzio e lei avrebbe calato la testa sulla borsetta, cominciando ad armeggiare con qualcosa. La prima volta avrei giurato stesse rollando una canna. In realtà, qualche secondo dopo, avrebbe estratto una serie di scontrini, passandomeli con nonchalance come se mi stesse dando una mancia. O una mazzetta.

Li guardai: erano pure arrotolati. Quindi non ero del tutto malpensante.

Le due bottiglie d'acqua (e altri misteriosi ingredienti)

Zamira si distinse dalle precedenti badanti anche per il suo impatto all'interno della casa. Passi Alexia, che aveva avuto al massimo il tempo per studiare dove organizzare la propria armeria, Wilma tendeva a concentrare la propria presenza in pochi elementi sparsi in casa. Tra i principali, ricordo la bottiglia di Coca Cola tenuta a terra, in veranda, sotto il sole, e il piatto contenente le prelibatezze dolci o salate che aveva preparato e che teneva sopra il frigorifero.

La sua camera era stata colonizzata dal cuscino per il dondolo e qualche altro elemento che l'aveva resa una tendopoli, come quella di Gheddafi quando andava in giro all'estero.

Tatiana... Beh, Tatiana l'aveva resa il suo covo, la sua bisca, la sua tana, il suo anfratto, la sua caverna, il suo cimitero degli animali, il suo laboratorio segreto, il suo bunker anti apocalisse (o apocalittico), il suo regno delle meraviglie, il suo caos disorganizzato, il suo universo parallelo, la sua fabbrica di sogni, il suo museo delle stranezze, la sua trincea di battaglia, il suo sancta sanctorum, il suo ufficio permanente per le emergenze, il suo teatro dell'assurdo, il suo angolo di paradiso (o inferno, a seconda dei giorni), il suo centro operativo per la conquista del mondo e qualunque altra forma verbale possa descrivere un luogo che, con le dovute accortezze, puoi rendere putrido. Inutile aggiungere altro, in merito.

E Zamira? In svariati mesi si concesse di avvicinare il comodino al letto e di mettervi un abat-jour sopra. Al di là di quanto messo negli armadi, che non vennero mai aperti dal sottoscritto e dei quali ignoro il contenuto, non c'era la minima traccia della propria presenza a casa.

Le liberai tutta la libreria per poter mettere le proprie cose, ma rimase vuota. Dopo quattro mesi spuntò una bottiglia di acqua minerale, piena per circa tre dita d'acqua. Non si spostò mai da lì. Dopo altri tre mesi arrivò una seconda bottiglia: stessa marca, leggermente più piena della precedente. Pure quella rimase immobile. Evidentemente, quando puliva, perché la casa era sempre pulita, rimetteva a posto anche le bottiglie che lei stessa aveva posato lì sopra.

Perché lo faceva? Forse per mantenere un equilibrio cosmico che solo lei comprendeva. Magari era una specie di rituale misterioso per tenere lontani gli spiriti maligni dell'acqua minerale. Oppure, molto semplicemente, Zamira aveva un talento innato per creare opere d'arte concettuale con bottiglie semipiene, che io avevo un egualmente innato talento a non capire.

La sua presenza si concentrava soprattutto in cucina.

Lì, ogni angolo poteva sorprenderti. Vicino al piano cottura spiccava una patata dolce infilata dentro un bicchiere d'acqua. Nel corso delle settimane, notai minimi cambiamenti. Un germoglio qua, un rametto là.

Ogni volta, cercavo di capire in quanto tempo potesse spuntare qualcosa ma, soprattutto, cosa potesse spuntare da una patata in coltura idroponica. La domenica ormai era diventato un appuntamento fisso. Stavo ormai affezionandomi alla patata dolce quando, due settimane dopo, ritrovai solo la patata.

Addio germogli, addio rametti. Perché eravamo passati da patata a potata? Non esclusi fosse stata mia madre: adorava potare le piante. Magari pensava di doverla mangiare ed eliminare i soliti germogli che spuntano nelle patate un po' più vecchie. O aveva buttato direttamente la patata, pensando fosse andata a male.

In quel caso, immagino le urla disperate di Zamira per aver rovinato il futuro albero di patate (?), le stesse che avrebbe cacciato se le avessero spostato le bottiglie d'acqua dalla sua camera, probabilmente.

Il destino della patata potata fu solo la punta dell'iceberg. I veri dilemmi emergevano in modo prepotente aprendo la credenza o i cassetti. Lì era possibile trovare contenitori e sacchetti pieni di ingredienti misteriosi.

Che la casa avesse cambiato profumo, passando a toni molto più speziati, era palese e comprensibile. L'uso di spezie, come il curry, di per sé va a creare odori che si attaccano a mobili e tende, venendo poi rilasciati in modo permanente. Nulla di strano.

Tuttavia, la credenza era zeppa di ingredienti non etichettati, sfusi, alcuni di colore indecifrabile. Dentro al frigo, lo stesso. Lì trovai una bottiglietta piccina piccina in plastica, contenente un non meglio precisato liquido. La confezione somigliava parecchio all'olio per lubrificare le lame del mio rasoio elettrico. La riposi, dubbioso. L'unico che riuscii a decifrare fu un liquido trasparente che scoprii essere acqua di fiori d'arancio. Con gli altri, il naso alzò bandiera bianca.

Sempre bianca era una strana polvere conservata dentro un micro sacchetto di plastica. Sperai fosse bicarbonato. O lievito. O amido di mais. O zucchero per il pandoro. O intonaco grattato via con le unghie. Nel dubbio, il naso si rifiutò di dare un proprio contributo.

Zamira Holmes

Se Zamira aveva inserito piccoli elementi di sé e della propria cultura a casa di mia madre, in compenso aveva una capacità degna di Sherlock Holmes di notare le minuzie che inserivo io, di tanto in tanto.

Prima ancora dell'incidente di mia madre, mi capitava di trovare a casa sua un rubinetto che perdeva, l'asse del WC che si muoveva troppo, della roba vecchia da buttare, le tende ormai lise che avremmo dovuto cambiare un paio d'anni prima, la lavatrice un po' vecchiotta, il forno a microonde che ronzava pure quando non era in funzione, una spina pronta a causare un cortocircuito o una probabile esplosione a casa, zanzare radioattive e quant'altro.

Cosa facevo? Cambiavo il rubinetto e l'asse del WC, buttavo a poco a poco cose vecchie, sostituivo le tende e il relativo sistema di scorrimento e via dicendo. Mi sembrava il minimo perché lei e mia madre potessero vivere con maggiore comodità o sicurezza. E finché si trattava della lavatrice nuova, passi. Come poteva non accorgersene?

«Ah, ieri ho comprato gli spinaci surgelati», dicevo io.

«Sì, lo so. Grazie», rispondeva Zamira, con cortesia.

Anche questo, nella norma. Magari se n'era accorta decidendo cosa cucinare per cena.

«Ah, ieri ho pure tolto delle scatole vecchie dalla stanza chiusa», il mio caro ex studio, ormai usato come magazzino. Onde evitare che mia madre frugasse lì, illudendosi di mettere a posto l'equivalente della Banca dei Maghi Gringott[18] dopo aver fatto scattare l'incantesimo di moltiplicazione.

«Sì, lo so», rispondeva ancora. Ok, magari per puro caso aveva aperto la porta per posare qualcosa, accorgendosi di qualche metro quadro di spazio vitale in più disponibile.

A quel punto, era d'uopo spingermi oltre.

«Ah, ieri ho approfittato che la mamma dormiva per pulire i filtri del condizionatore».

---

[18] Nel film *Harry Potter e i Doni della Morte - Parte 2*, gli oggetti nel caveau della Banca dei Maghi Gringott sono protetti da un incantesimo di moltiplicazione: quando qualcuno tocca un oggetto lì dentro, questi si moltiplica rapidamente, riempiendo la stanza di copie dell'oggetto originale e rendendo molto difficile il recupero dell'originale.

«Sì, lo so», rispondeva Zamira. Mi fermai lì. Aveva vinto lei.

Era evidente che, di ritorno dal giorno libero, controllasse minuziosamente tutta la casa, dagli elettrodomestici a quanto fossero aperte le valvole dell'impianto idraulico. O, magari, alla corretta disposizione dell'installazione artistica con le due bottiglie d'acqua nella libreria.

Il tappeto in camera

L'elemento più caratterizzante nella stanza di Zamira, a parte le due bottiglie, era il tappeto arrotolato e poggiato al muro. Era quello che usava per le preghiere, come insegna il Corano.

Imparai molto da lei, come l'esistenza di cinque preghiere giornaliere. Toccammo l'argomento quando, un pomeriggio alle 18, andai a trovare mia madre.

La trovai in corridoio, di fronte alla mia vecchia camera da letto. La luce artificiale proveniente dalla stanza faceva risaltare la sua espressione incuriosita.

«Vieni, vieni!», mi fece segno, senza parlare.

Da fine conoscitore e docente di comunicazione, sfoderai il mio sapere accademico e risposi da manuale: usando la mano a carciofino, come a indicare: «Che succede?».

Fu lei ad avvicinarsi, iniziando poi a bisbigliare.

«Credo abbia perso qualcosa».

«Chi?»

«Lei».

Da fine conoscitore e docente di comunicazione, nonché psicologo, intuii parlasse di Zamira. Finalmente anni e anni di studi e lavoro davano i frutti sperati. E poi sarebbe stato inutile chiedere a mia madre, era già tanto non la scambiasse per un'estranea e la tramortisse con un corpo contundente.

O almeno speravo non sarebbe successo mai, visto che il rischio, in fondo, c'era.

«Perché?», bisbigliai io.

«Perché è messa a quattro zampe e china la testa, come a guardare sotto il mobile».

Capita la situazione, nonostante la curiosa interpretazione di mia madre, la allontanai il più possibile da lì, evitando che alzasse la voce e si lasciasse andare a (ulteriori) battute poco appropriate.

Zamira si presentò qualche minuto dopo.

«Scusa, stavo pregando», mi disse, come se ci fosse qualcosa di male. Ci mancherebbe pure mi dovesse delle scuse. Anzi, diedi un'occhiata all'orologio: erano le 18.10. Dovendo fare cinque preghiere, presumibilmente aveva iniziato alle 18. Buono a sapersi per eventuali telefonate o visite future, per evitare di disturbarla.

Non a caso, il giorno dopo, ebbi la necessità di chiamarla più o meno allo stesso orario.

«Inizia alle 18, ci metterà dieci minuti…», pensai.

Per sicurezza, chiamai alle 18.15. Squilli su squilli. Mi richiamò pochi minuti dopo, scusandosi perché stava pregando. Mortificatissimo, non solo mi scusai, ma presi un nuovo appunto mentale: la prossima volta, meglio alle 18.20.

La volta dopo, fedele a tale insegnamento, chiamai alle 18.25. Squilli su squilli, nessuna risposta e nuova chiamata pochi minuti dopo. Stesso copione. Io ero sempre più mortificato, sembrava glielo facessi apposta.

Il giorno successivo, provai alle 18.00. Idem. Era palesemente uno di quei loop in *Ricomincio da capo*: era inutile a che orario chiamassi, era sempre il giorno della marmotta.

A quel punto pensai che non ci mettesse dieci minuti a pregare, ma una mezz'ora. Mi ritrovai ad ammirarla: dovevi avere una fede davvero forte per pregare cinque volte al giorno per mezz'ora ciascuna. Decisi di chiamarla prima della preghiera. Un piano perfetto. Erano le 17.50.

Squilli su squilli etc etc.

«Scusa la domanda, ma ogni preghiera quanto dura?», mi permisi di chiederle, alla prima occasione.

«Dieci minuti», rispose lei, distruggendo ogni mia certezza. Restava solo la possibilità che non guardasse l'orologio e che le tempistiche variabili fossero solo perché non si accorgeva fosse arrivato l'orario prestabilito.

Un pomeriggio Zamira era fuori e io ero a casa di mia madre. Lei schiacciava un pisolino e io stavo su una scala abbastanza pericolante, di quelle che cigolano a ogni movimento, per cambiare una lampadina nel bagno accanto alla camera di Zamira. La plafoniera era vecchiotta e incrostata di ruggine, col pannello frontale che accennava a venire via.

Ero lì, sudato, nervoso e aggrappato in equilibrio precario, quando nel totale silenzio sentii l'equivalente arabo di *Nants' Ingonyama*[19]. Stesso attacco improvviso, volume a palla. Fu come avere il muezzin, la voce che dagli altoparlanti ricorda ai fedeli la necessità di pregare, presente con un megafono nella stanza dopo essere sbucato fuori da una tenda, con effetto sorpresa.

Ed effettivamente anch'io mi misi a pregare, ma non nel senso sperato dal muezzin. Lo spavento del cellulare di Zamira, dimenticato in bagno e con la sveglia preimpostata per ricordare l'ora della preghiera, fu tale da farmi perdere l'equilibrio.

La scala precaria fece il resto e dovetti davvero aggrapparmi alla plafoniera. La buona notizia è che finalmente venne via. Non ricordo quale fosse la brutta notizia, però. Ho ricordi confusi del seguito di quella faccenda, visto che dall'incipit de *Il re leone* passammo all'inizio di *Lost*.

Per la cronaca, rientrato il trauma cranico, scoprii che gli orari delle preghiere sono variabili. Dunque, ogni volta che la chiamavo a orari variabili e lei pregava, ero semplicemente molto sfortunato.

Come un maratoneta colpito da un piccione

Le uscite con mia madre non erano così frequenti ma,

---

[19] Immagino già i «Cheee?!?» e io «Cooosa?!?», come di fronte a chissà quale riferimento filosofico, forse al taoismo o a qualche guru giapponese. *No, Nants' Ingonyama* è la prima cosa che si sente ne *Il Re Leone*, l'attacco della canzone iniziale, *Il cerchio della vita*. Da noi è meglio conosciuto come «Aaaaaaaaa 'swegnaaaaa....»

una volta acquisito un equilibrio con Zamira, cercammo di coinvolgerla in altre attività fuori casa, come la frequentazione di un centro di attività per persone con problematiche simili, trovato settimane prima.

Fu un parto, nel senso che ci vollero tre mesi prima di poterla far iniziare, tra malattie, badanti evanescenti e qualunque altro impedimento possibile.

Una mattina, finalmente, sembrò quella giusta.

L'idea era semplice: lasciare Zamira vicino casa sua, per farla riposare e sbrigare faccende personali. Fatto ciò, avrei accompagnato mia madre al centro. Al ritorno, avrei preso Zamira e le avrei portate entrambe a casa. Rapidamente, se possibile, visto che nel primo pomeriggio di quello specifico giorno avrei dovuto partecipare a un matrimonio, che si sarebbe svolto a due ore di auto da lì.

Un po' risicato nei tempi, ma di fatto era un piano a prova di bomba. Incredibilmente, ero riuscito persino a far lavare la macchina.

Un'impresa da niente, per molti; un evento epocale, per me. Non sopporto di avere l'auto sporca all'interno, ma la pigrizia e la noia di passare un'ora senza poter fare niente, mentre gente competente rimedia alla mia incuria e all'inferno di cracker, pane, biscotti e sudore di tre bambini piccoli nel sedile posteriore, vince su tutto.

Sebbene quel giorno non prevedessi di portare nessun'altra persona, a parte mia moglie, la portai ugualmente al lavaggio.

La macchina, non mia moglie.

Entrambe, alla fine, profumavano comunque di buono.

L'inizio del piano andò esattamente come programmato:

1. Andai a prendere mia madre e Zamira a casa

2. Accompagnai quest'ultima dove richiesto

3. Mia madre fece un discorso di addio a Zamira come nemmeno un soldato in partenza per la guerra, ringraziandola per la cortesia e augurandosi di rivederla, in questa o un'altra vita

4. Una volta che la badante scese dall'auto, iniziò a dire che non la sopportava. «Abbiamo caratteri troppo diversi, è una dittatrice, mi comanda sempre.»

5. Dopo due chilometri, chiesi nuovamente di Zamira: «È una santa, mi tratta bene, ride sempre.»

6. Seguirono i classici e apprezzati complimenti: «Che figlio splendido, io non me lo merito. Signore, grazie per questo figlio. Sei un figlio me-ra-vi-glio-so!»

7. Ovviamente arrivarono a ruota gli auguri di poter trovare una brava moglie, i miei aggiornamenti sugli ultimi quindici e passa anni, la rivelazione di un matrimonio e tre figli e la sua perplessità. Come darle torto?

8. Si arrivò inesorabilmente alla disamina sui balconi che tolgono spazio ai mobili

9. Infine, Fiorella Mannoia e Francesco Gabbani iniziarono a fare il proprio lavoro, fedeli compagni di viaggio, come fossero seduti sul sedile posteriore.

Niente di nuovo sotto il sole, insomma. Macchina pulita, organizzazione ineccepibile, bella giornata e mamma pronta a una nuova avventura che le avrebbe consentito di passare tanto tempo in compagnia. Cosa potevo desiderare di più?

Da navigatore, mancavano soltanto quattro minuti all'arrivo al centro. Puntualissimi.

«Hai una sigaretta?», chiese mia madre.

«No.»

«Coff coff.»

«Eh eh! Ecco, appunto...», scherzai, a seguito di un nuovo, banale colpetto di tosse.

«Coff coff.»

«Visto perché ti hanno detto che non puoi più fumare?», continuai.

«COFF COFF.»

«Ma che...?»

Mia madre si portò le mani alla bocca ma ciò non aiutò per nulla di fronte al vom... ehm, ah, giusto, al suo caramellare. Caramelle ovunque, ancora una volta.

Osservai inebetito il sedile, pulito solo poche ore prima dopo settimane in cui avrebbe potuto essere scambiato come sedia in una casa di un accumulatore seriale. Ora, a confronto, persino quello precedente era ridotto meglio. Osservai anche il cruscotto riempirsi di caramelle, per non parlare dei vestiti di mia madre. Ma la regola non era che piovesse soltanto, dopo aver lavato la macchina? Cosa mi ero perso?

Non trovai né un sacchetto, né un panno. Mi fermai e feci scendere pure lei, trovandole caramelle pure sulla schiena. Come caspita aveva fatto?

Mi permisi di perdere la mia tradizionale flemma per cinque secondi, come avrebbe fatto un maratoneta che, sicuro di vincere la medaglia d'oro, viene colpito a dieci metri dal traguardo da un piccione morto in volo, terminando così la sua gara.

Cercando nel portabagagli, unica parte dell'auto non lavata e, dunque, ancora regno dell'accumulatore seriale, trovai qualcosa per coprire il sedile di mia madre. La cosa l'avrebbe protetta, mentre il resto del sedile avrebbe assorbito gli aromi tanto quanto un pollo messo a marinare dentro la pellicola trasparente.

Chiamai il centro, comunicando che avremmo saltato l'appuntamento per «eventi avversi» capitati a due minuti dall'incontro. Ignoro cosa possano aver pensato fosse successo, ma sicuro nulla di paragonabile alle caramelle.

Chiamai pure Zamira, preannunciandole che, causa «eventi avversi», saremmo andati a prenderla ben prima del previsto. Non si trovava sul divano di casa, in panciolle, ma in fila al CAF. Dopo averne aspettati dodici, ne restavano altri dieci. In qualunque altro contesto l'avrei aspettata volentieri, ma anche lei si rese conto della situazione critica una volta risalita in macchina.

«Ho paura stia covando qualcosa», le dissi. «Ha caramellato come quando uno ha un'influenza seria...»

Zamira non sembrò molto convinta. «Stamattina però stava bene... ha mangiato tranquilla», mormorò.

«Cosa?», chiesi allora.

«Mmm, uno yogurt...»

«Eh, purtroppo quello può fare acidità...»

«... una merendina...»

«Sì, anche quella. Però...»

«Poi», mi interruppe, «anche qualche biscotto...»

«Ehm, quanti?»

«Un po'...»

«Quanti?»

«Credo sei o sette…»

«Quanti?!»

«Otto o nove.»

Rimasi in silenzio, mentre mia madre giurava di non aver mai mangiato nulla di tutto questo.

«Ah!», esclamò Zamira.

«…»

«… pure un bicchiere di succo di frutta», concluse lei, soddisfatta per aver ricordato un dettaglio importante.

Senti chi parla

Arrivò il momento di fare una rivalutazione dei farmaci. Il discorso gioco restava sempre in sottofondo, la questione sonno non ne parliamo e, in generale, avevamo cominciato a notare un ulteriore calo nella censura mentale da parte di mia madre, che ora diceva qualunque cosa le passasse per la testa. Ancora più di prima, dico.

Ci mettemmo in contatto con una professionista consigliataci da una conoscente. Sbirciai online: psichiatra, psicoterapeuta, neurologa e geriatra. Caspita. Sembrava l'equivalente di Barbie in carriera. Chissà se c'è pure in versione tassista, pasticciera e scout.

Durante la prima telefonata per prendere un appuntamento, le chiesi se potessi mandarle un messaggio audio in cui raccontavo gli aspetti salienti di mia madre, così da evitare di parlarne di persona davanti a lei. Sapevo bene quanto la cosa la disturbasse, quindi, se avessi potuto evitare di metterla in difficoltà, sarebbe stato meglio. Lei la reputò un'ottima idea e mi ringraziò pure per la premura.

Come ciliegina finale, inviai il vocale poche ore prima dell'appuntamento, così da non tediarla subito e per darle modo di sentirlo a ridosso dell'incontro, esattamente come ne avessimo parlato in quell'occasione. Chiusi il messaggio con la cortesia di farci sapere se potessimo venire qualche minuto prima, per ragioni organizzative. Lei anticipò l'appuntamento di mezz'ora, dandomi così conferma di aver ascoltato il messaggio. Perfetto.

Specificai otto volte a Zamira di non far mangiare nulla a mia madre, onde evitare nuovi fenomeni eruttivi, e ci recammo da lei.

Lo studio della neurologa/geriatra/patriota risultò tra i più classici: abbastanza spoglio, tutto bianco, con una scrivania, due sedie, un lettino e un apparecchio per misurare la pressione. Apprezzai subito l'assenza di scatole di farmaci in bella mostra, non era certo qualcosa a cui ero abituato. In casi come questi era tradizione che, qualunque fosse il verdetto del medico, la soluzione stesse nel farmaco che teneva più vicino a sé, casualmente portatogli da un'informatrice scientifica veggente, visto che corrispondeva proprio a ciò di cui il paziente aveva bisogno.

D'un tratto, si sentì un rumore davvero sinistro. Sembrava di trovarsi in un film di guerra o di azione, quando le lamiere di una nave tendono a piegarsi perché sottoposte a un imminente cedimento. Una specie di rantolo metallico di un velociraptor morente.

«Ma che...?»

Lei non sembrò battere ciglio, quindi ipotizzai fossero le tubature o comunque nulla di preoccupante.

«Dottoressa, quanto sono felice di averla incontrata!», esclamò allora mia madre, per rompere il ghiaccio. Ormai era un genio del male in termini sociali. Riflettendoci bene, tale frase, così pronunciata, era aperta a mille interpretazioni: poteva essere felice di averla incontrata oggi per la prima volta, ma, nel dubbio fosse già capitato in passato, il verbo scelto andava benissimo anche in tal caso.

Lei effettivamente appariva come una donna buona, simpatica in viso e anche nei modi.

«Signora, mi dica, che fa di bello nella vita?»

«Io? Sono un'insegnante.»

«Coff coff…», intervenni in modo soft. «Eri.»

«Ero?! Sono. Ero a scuola fino a stamattina.»

Come al solito, dirle che era in pensione da quindici anni non sarebbe servito a molto, così lasciai fare alla dottoressa/psichiatra/naturalista. Del resto, le avevo anticipato la difficoltà spazio-temporale di mia madre e lei prese subito la palla al balzo per sdrammatizzare e cambiare argomento. La cosa però sembrò turbare mia madre, che per sicurezza avviò la modalità Tutto e niente. Una straordinaria abilità retorica che sembrava rispondere in maniera super esaustiva a una domanda, anche se, a conti fatti, non rispondeva a nulla.

«Signora, ha delle amiche?»

«Beh, come tutti, chi più chi meno. Alcune amiche, alcune conoscenti.»

«E loro che fanno?»

«Beh, lo sa, c'è chi è impegnata e chi no. Alcune non hanno tempo per fare niente, altre ne hanno un sacco ma… insomma, sa come sono le persone. Ehi!», disse poi, guardandosi in giro. «Chi sta parlando?»

Tesi le orecchie: in effetti si sentiva un brusio di persone provenire dal piano terra. Glielo dissi e contemporaneamente si udì ancora una volta il rumore di lamiere contorte. Per il timing, sembrava la versione 2024 di Pietro che rinnega Gesù e fa cantare il gallo.

«E ora dove abita?»

«Che le devo dire, dopo tanti anni a girare, finalmente mi sono sistemata nella mia cittadina e finalmente mi riposo.»

«Ha degli hobby?»

«Beh, lo sa meglio di me, uno cerca di fare cose che possono piacere, senza però essere troppo stancanti. Cose tipiche di una donna come me, esattamente come qualunque altra persona farebbe.»

Ciò che può sembrare bizzarro, dal vivo assumeva dei contorni di pseudo-normalità sconcertanti. Mia madre avrebbe trovato una risposta supercazzola a qualunque domanda. E, se in quel momento la cosa non è che fosse così importante, la mente corse alla futura visita con la commissione medica per sancire l'invalidità e l'accompagnamento. Conoscendola, avrebbe tenuto un comportamento persino superiore a questo, col risultato di uscire da là senza che le venisse riconosciuto alcunché. O che pensassero fossi io oggetto di visita, accompagnato dall'amorevole mammina.

Cosa che non poteva capitare quel giorno. Grazie al

mio eloquente ed esaustivo messaggio preliminare, la dottoressa/psicologa/principessaazzurra avrebbe potuto evitare qualunque trappola o artificio mentale di mia madre, interpretando tutto in maniera corretta.

«Ora le farò qualche semplice domanda», riprese lei, come se mi avesse letto nel pensiero, per poi rivolgersi a me. «Ha mai fatto questo test?»

Era il Mini Mental. Le parole da ripetere. La moglie morta dello psicologo.

«Uhm, forse», risposi, in tono vago.

«In che stagione siamo?», le chiese, poi.

«Ehm…». Rapido sguardo in giro. «Inverno?»

Fu sfortunata. Era maggio, ma quello fu l'unico giorno di pioggia dopo mesi, quindi era facile cadere nell'inganno.

«Mi sa dire il mese?»

«Ehm… Dottoressa, sono felice di averla incontrata! Ha gli occhi di una persona buona!»

«Grazie. Quindi in che mese siamo?»

«Ehm…»

Si girò verso di me, lanciandomi un'occhiata molto eloquente, condensabile nel messaggio: «Disgraziato, suggerisci!». Io, come sempre, evitai. Prima o poi doveva pur mostrare i suoi limiti oggettivi.

«Ok. Ora le dirò tre parole e lei dovrà ripeterle: casa, pane, gatto.»

Ero pronto. Sapevo già cosa avrebbe detto: «CA-SA. PA-NE. GAT-TO.»

«Casa. Pane. Gatto», rispose, in tono naturale, senza scandire nulla.

Mi scappò un'esclamazione fin troppo rumorosa.

«Perfetto. Se le ricordi, tra un po' gliele chiederò di nuovo e me le dovrà dire.»

Sì, come no.

«Ok. Ora, mi dovrebbe dire che numero otteniamo togliendo 7 da 100.»

«Novantatré.»

«Ottimo. E togliendo ancora sette?»

Perse qualche secondo, cercò il mio aiuto, ma alla fine riuscì a dare la risposta corretta.

«Ok. Si ricorda le parole di prima?»

Un attimo di suspense.

«Casa. Pane. Gatto.»

Ne rimasi scioccato. D'accordo, era passato non più di mezzo minuto, ma, fino a qualche tempo prima, dopo nemmeno dieci secondi avrebbe chiesto di quali parole stessimo parlando. Ora, era innegabile che un prolungamento della memoria a breve termine fosse un'ottima notizia. I problemi seri, tuttavia, restavano. Intanto, con l'ippocampo KO, nulla sarebbe stato registrato a lungo termine, quindi avrebbe avuto benefici giusto nel qui e ora. Ma, soprattutto, la neurologa/geriatra/birdwatcher – senza il mio messaggio vocale preparatorio – arrivata a quel punto avrebbe sicuramente sviluppato l'idea che mia madre avesse poco e niente. O, meglio, che avesse tutt'altro. Fortuna che glielo avevo mandato.

«Un attimo, chi è che parla?», chiese nuovamente mia madre, guardandosi attorno.

Vidi la dottoressa/geriatra/sommelier prendere subito appunti, come quando Marge Simpson inizia la psicanalisi e, dopo venti secondi di discorso, la terapeuta scrive sul proprio taccuino *il marito*, come causa dei suoi mali. Fui costretto a intervenire. Era una novità, nel vocale non ne avevo parlato e chissà cosa avrebbe pensato di me la neurologa/psicoterapeuta/cheerleader.

«Má, ma queste voci...?»

«Voi non le sentite?!», rispose sorpresa.

«EHM...»

«Dottoressa, lei le sente? Ci sono altre persone?»

«Siamo in un condominio, può essere...», disse lei, come se avesse dovuto convincere uno a desistere dal buttarsi giù da un ponte, scegliendo come motivazione più convincente il fatto che l'acqua del fiume fosse fredda.

Lei cercò di cambiare argomento continuando con le prove, prettamente di carattere verbale e basate sulla richiesta di identificare oggetti, pronunciare sinonimi o ripetere frasi. Tutto filò per il meglio. Del resto, come già detto, la cultura dell'intervistato giocava un grande ruolo nella faccenda.

«Sentite anche voi queste voci?», riprese mia madre, per l'ennesima volta, anche se per lei era come se fosse la prima. Stavolta da fuori non mi sembrò di sentire brusii. In compenso, il velociraptor che stava piegando le lamiere da qualche parte dentro i muri si stava dando parecchio da fare, ma nemmeno con tantissima fantasia tale rumore avrebbe potuto essere scambiato per un dialogo umano.

«Signora, ma sente qualcuno che le parla?», chiese la neuropsichiatra/geriatra/masterchef, in tono bonariamente sospetto.

«Se sì, non rispondergli», aggiunsi io. «E non andare

verso la luce.»

«Andiamo, non mi dite che voi non le sentite, che sennò passo per pazza!», si difese lei.

«Guardi, è la prima volta che le capita», mi giustificai nel frattempo io con lei, come se l'avessimo beccata a rubare dalla borsa della segretaria dello studio.

«Vabbè, c'è un bagno?», chiese mia madre, con nonchalance. Non so se per reale esigenza fisiologica o per nascondere la refurtiva nel vano dello sciacquone.

Le venne indicata la porta di fronte alla stanza dove ci trovavamo e lei si allontanò. Feci un sorriso complice alla psichiatra/psicoterapeuta/pallavolista. Lei rispose al sorriso e commentò: «Comunque sua mamma a parte un problemino di memoria, tipico dell'età, non sembra avere altro. Il Mini-Mental è andato discretamente e...»

«Prego?»

Fu allora che, calcolato il poco tempo a disposizione, mi protesi verso lei, tenendo una postura degna di un poliziotto che interroga il testimone di un crimine (piegato sulla scrivania, mani aperte poggiate sul tavolo, tono deciso... avevo anche cercato una lampada per spargergliela in faccia ma, non trovandola, avevo a malincuore desistito), e cominciai a elencarle chi o cosa fosse davvero mia madre. Praticamente le dissi in diretta il contenuto del messaggio che lei non aveva palesemente ascoltato. Alla faccia dei sorrisetti complici.

«Bla bla bla la memoria bla bla... il gioco bla bla... le parole nell'aria bla bla... i complotti bla bla la protesi nel WC... sì, lo so che non c'entra niente ma gliela dovevo raccontare, questa... bla bla...»

«In che senso le parole…?»

Accelerai il ritmo, consapevole che sarebbe tornata da un momento all'altro. Nel frattempo, cercavo di capire come avesse fatto ad ascoltare la fine del messaggio, in cui le chiedevo di anticipare l'appuntamento, ignorando tutto il resto.

Mia madre spalancò la porta e fortunatamente non pensò volessi baciare la neurologa/geriatra/bombasexy, visto che ero proteso verso di lei. Sono certo non lo pensò, altrimenti ci avrebbe ricamato sopra otto o nove volte, nei cinque minuti successivi.

Volendo mostrare la realtà dei fatti, chiesi a mia madre se in quel momento vedesse delle parole in giro.

«Parole?! No… cioè, in realtà…»

Trattenni il respiro. Forse…

«… quello non è un poster che parla di malattie? Dici quelle parole?»«No, no… mmm… che ne pensi del gioco?»

«Che ti devo dire, mi piace giocare al tablet per tenere la mente attiva e…»

«Brava, signora, è un'ottima strategia», intervenne la dottoressa/psicoterapeuta/animatrice turistica, dandomi la conferma che non aveva capito davvero nulla della situazione.

«Grazie. Sa com'è, se ne sentono tante di gente che poi ha problemi cognitivi a una certa età…»

Dal canto mio, continuai a incalzarla per chiederle opinioni varie che avrebbero potuto mostrare delle fragilità importanti per una corretta diagnosi. L'unico risultato fu quello di farla alterare di brutto. Cominciò a dirmi che ero un figlio insensibile, che volevo farla apparire come matta e quanto di peggio potessi sentire. Non guardai la psichiatra/geriatra/meteorologa ma sono quasi sicuro annuisse. a ogni modo, fece una piccola modifica alla terapia farmacologica e ci congedò. Anche il velociraptor metallico dentro al muro sembrò salutarci. Un minuto dopo eravamo fuori dalla sua porta.

«Che figlio meraviglioso. Premuroso, amorevole… Quale mamma potrebbe desiderare di meglio?»

Riprovai le stesse sensazioni delle notti a casa mia. Quell'ambivalenza data da uno schiaffo sulla guancia destra e una carezza sulla sinistra, seguita in modo random da un colpo di mazza da baseball sul ginocchio o un abbraccio premuroso. Il tutto questa volta era amplificato dallo show di apparente normalità a cui avevo assistito. Ma, chissà, forse non sarebbe stata solo una parentesi. Magari qualcosa in lei si era sbloccata. Magari da quel momento in poi sarebbe stata più lucida.

Uscimmo dallo stabile. La guardai. Lei guardò me, diede un'occhiata in giro e sospirò. «Ah, che bello vivere a Roma. Ma, sbrighiamoci, che domani ho il compito in classe.»

In viaggio verso l'oasi

Un anno e mezzo dopo la richiesta, mia madre non era ancora stata convocata dalla commissione medica dell'INPS per ottenere il certificato di invalidità. Conoscendo già i tempi lunghi, avevo preso appuntamento con l'Oasi, un noto centro regionale, nella speranza di poter avere una diagnosi chiara e valida da presentare alla commissione.

Noto, perché lavorando per anni con bambini disabili, l'avevo sentito nominare centinaia di volte, descritto un po' come La Mecca della categoria; centro, perché era esattamente al centro della Regione. La Mecca, perché, nonostante mille difficoltà a raggiungerlo, dovevi andarci almeno una volta nella vita. Oasi, perché... ci arriverò a breve.

La decisione di svolgere lì l'iter diagnostico era legata al fatto che la commissione medica dell'INPS avrebbe accettato solo referti rilasciati da enti pubblici. Cosa buona e giusta, altrimenti nella già ridicola situazione attuale, con invalidità e accompagnamento concessi a falsi ciechi che facevano motocross grazie a una rete di medici corrotti, il far west dell'invalidità sarebbe stato davvero terra di nessuno.

Il centro ufficialmente non era un ospedale pubblico ma, da quello che avevo capito, era come se lo fosse. Del resto, gli specialisti degli ospedali pubblici si rifiutavano di fare tali valutazioni, oppure parlavano di disponibilità attorno al 2043, mentre erano super pronti a farlo privatamente in un paio di giorni al massimo. Ma non avrebbero potuto farlo sulla carta intestata dell'ospedale. Nulla di nuovo sotto il sole, insomma.

La prenotazione per l'Oasi avvenne a settembre. Immaginavo già l'attesa di un paio di settimane per...

«Prima disponibilità: primi di agosto dell'anno prossimo», disse una voce, al telefono.

«Stica.»

«Ops, scusi, scusi, avevo letto male», si corresse subito.

«Non si preoccupi, era chiaro fosse un err...»

«... è fine luglio, non inizio agosto.»

«Ah.»

«Comunque ci sentiamo una settimana prima per i dettagli.»

Arrivò luglio e, con esso, anche i dettagli. Cosa portare, tra documenti e vestiario, e le indicazioni per arrivare. L'Oasi si trovava a 110 km da casa mia ma, secondo il navigatore, sarebbero state necessarie tre ore. Secondo la signora al telefono, pure di più. La cosa mi preoccupò, ma non quanto avvenne dopo.

«Dunque, mi diceva che verrà ricoverata venerdì. L'uscita quando è prevista? Domenica?»

«No, no!», rispose la signora al telefono, quasi offesa. «Ci vogliono 5-6-7 giorni.»

«P-prego?»

«Dipende dal medico.»

Una settimana là?! Con chi? Temevo che Zamira avrebbe preferito fare un mix dei suoi ingredienti misteriosi nel frigorifero con i detersivi per pulire il bagno, bevendo il risultato, pur di evitare la cosa. Non potevo darle torto. E invece accettò di immolarsi alla causa. Lo shock fu tale che le raddoppiammo lo stipendio per quei giorni. A breve, le avrei cointestato il mio conto corrente, per fare prima.

«Ah, dovete essere qui alle otto del mattino per l'accettazione», aggiunse la signora al telefono.

«...»

«Ah, a digiuno, ovviamente», concluse lei.

Otto del mattino meno tre ore di viaggio = partenza alle cinque = risveglio di mia madre alle quattro = endovena di caffè per me per arrivare a destinazione sani e salvi.

Decisi allora di prenotare per una notte un alloggio vicino all'Oasi, partendo così il pomeriggio precedente. E così che io, mia madre, Zamira, Fiorella Mannoia come guest star musicale e spirituale, più un intero arsenale di salviette/sacchetti/stracci per fronteggiare eventuali caramellate, partimmo alla volta dell'Oasi.

♫ «Che sia benedetta... Per quanto assurda e complessa ci sembri la vita è perfetta...» ♫

«Vero», mormorò mia madre.

♫ «Per quanto sembri incoerente e testarda se cadi ti aspetta» ♫

«Verissimo. Ma è la Mannoia?»

«Sì.»

Dopo qualche minuto, cominciammo a sentire un mormorio provenire dal sedile posteriore.

«Tutto ok, lì dietro?», chiesi.

Nessuna risposta.

«Con chi parli?», chiese mia madre.

«Con lei.»

«Lei chi? C'è qualcuno dietro?»

«Chiediglielo tu.»

«Chi sei?»

Nessuna risposta.

«CHI SEI?!», urlò a quel punto, con lo stesso tono di un esorcista di fronte a una persona posseduta, nel tentativo di far pronunciare al demone il proprio nome.

«Io, Zamira», rispose lei.

«Amore mio!», concluse mia madre, sollevata. Con la visione periferica, vidi l'espressione di mia madre, che interpretai come «Ma che ci sta a fare qua?».

Passarono un paio di minuti e il brusio aumentò. Capii che Zamira stava ascoltando un messaggio vocale, così abbassai la musica. Per agevolarla, sottolineo, non per fare il curiosone, dato che il messaggio era in arabo. Il brusio terminò, ma prima di poter rialzare il volume, la sentii parlare, questa volta al telefono. Sintetizzando: la telefonata durò 38 minuti; fu svolta tutta in arabo; il volume della voce aumentò in modo costante e crescente, nonostante non avessi alzato il volume della musica. Alla fine, era quello di una ragazza che urla al barman di volere una caipiroska alla fragola, mentre la musica techno in discoteca viene sparata a 200 decibel e con le casse truccate per produrre bassi tali da provocare una scossa tellurica.

Mentirei se dicessi di non aver capito una parola. E non perché un'esposizione prolungata mi avesse fatto imparare l'arabo come chi una volta andava a Londra per imparare l'inglese. Semplicemente perché Zamira sembrava adottare alle proprie telefonate lo stesso stile di Camilleri nella saga di Montalbano: utilizzare una parola in siciliano ogni tot parole in italiano. Solo che lei fece lo stesso con l'arabo: «جمل غير مفهومة باللغة العربية munnizza mizzica.» وغيرها من العبارات غير المفهومة باللغة العربية

«Ma avete abbassato la musica per colpa mia?», chiese, alla fine della conversazione.

«لا, لا… ehm, no, no», risposi io. Con eccessiva fretta, devo ammettere.

Dopo la prima ora di viaggio, notai che cominciammo a salire sempre più lungo strade di montagna. La destinazione sarebbe stata oltre un chilometro sopra il livello del mare, lo sapevo già, ma non mi sarei stupito di trovare a breve uno sherpa a cui chiedere indicazioni. Anzi, a dirla tutta, avrei pagato per averne uno vicino quando il navigatore mi fece girare verso una mulattiera poco rassicurante. Un po' come il segnale con teschio e ossa incrociate che mi sembrò di aver visto con la coda dell'occhio.

Capimmo presto il perché: la strada era interrotta a causa di un piccolo ponte crollato. E non un ponte di epoca romana, bensì uno che, a giudicare dai piloni super moderni, avrà avuto al massimo una decina d'anni. Tornati indietro, il navigatore iniziò a suggerire strade a forma di intestino tenue. Il rettilineo più lungo non era superiore ai trenta metri, con curve a gomito continue. La mia attenzione era divisa tra l'evitare un volo alla *Thelma e Louise*, ammonire mia madre perché guardasse la strada e pregare che quello strano silenzio dal sedile posteriore fosse legato a un colpo di sonno di Zamira e non a un imminente attacco di caramelle da parte sua.

«NAAAAAAAAAAANTS' INGONYAMAAAAAA» (beh, l'equivalente arabo)

Ancora una volta, nel pieno silenzio, il canto del muezzin partito a tutto volume per ricordare la preghiera pomeridiana mi fece sobbalzare. E meno male che il limite lì era di 30 km/h, altrimenti sarei andato fuori strada.

Poco dopo, in prossimità di una curva, calò a 10 km/h. In altri termini, sarei andato più veloce camminando. Rallentai sulla fiducia e benedissi tale scelta vedendo che l'asfalto non c'era più. Fu come fare la Parigi-Dakar. Superato quel tratto, arrivarono altri segnali indicanti i 10 km/h. Dopo il primo, tra una metà e l'altra della strada c'era un dislivello di 20 cm. Dopo il secondo, un buco in mezzo alla strada, non transennato. Dopo il terzo, entrambe le cose contemporaneamente.

Furono 35 km di curve, in salita. Ecco il perché delle tre ore di viaggio. Capii anche il perché avessero chiamato il centro Oasi: era l'unico avamposto di civiltà dopo un avvilente deserto, inserito in un bel borgo. La definizione di bel borgo venne meno quando scoprii che le strade erano larghe 20 cm più di una comune automobile, con ripide salite a gomito. Fui costretto a parcheggiare in una di esse, con un'inclinazione di 45° e la sicurezza di ritrovare l'auto scivolata via nottetempo.

I succhi di frutta (per risparmiare qualcosa)

Prendemmo possesso delle stanze affittate, ammirando il panorama. Capii finalmente cosa potesse provare un eremita in Nepal. Dalla mia stanza potevo ammirare il centro che avrebbe accolto mia madre nei giorni a venire. Da fuori sembrava molto l'Overlook Hotel di *Shining*[20], ma preferii non arrivare subito a conclusioni.

---

[20] Jack Nicholson, film di Kubrick, il romanzo di Stephen King, l'accetta, Wendy… Insomma, lo devo pure spiegare?

L'host finì di mostrare le camere e la sala comune del B&B dove avremmo dormito.

«E qui ci sono i succhi di frutta. Ve ne spettano uno a testa. Vi sono alla pera, alla pesca e all'albicocca.»

«Ok, grazie», risposi, desideroso di andare a letto.

«Volete altri gusti?»

«No, grazie.»

«Sicuri?»

«Sì, grazie.»

«Credo ci sia pure ACE.»

«No, grazie.»

La cosa durò un altro paio di minuti, il tempo sufficiente perché mia madre si interessasse alla conversazione.

«Ma per la colazione?», chiese.

«Ci sono fette biscottate, marmellate, cornetti e succhi di frutta. A proposito, signora, vuole altri gusti?»

«No, grazie!», lo bloccai io. Sapevo come sarebbe andata a finire se mia madre avesse iniziato a parlare.

«Ok, ok. Dunque, io avrei finito. La prossima volta per favore contattatemi privatamente e non tramite [famoso sito di prenotazioni], così risparmiate qualcosina.»

«D'accordo.»

«Ma per la colazione?», mia madre tornò alla carica.

«Ci sono fette biscottate, marmellate, cornetti e succhi di frutta. A proposito, signora, vuole altri gusti?»

«No, per favore, no!»

«Ok, ok. Mi raccomando, la prossima volta per favore contattatemi privatamente e non tramite [famoso sito di prenotazioni], così risparmiate qualcosina.»

«Ma per la colazione?»

Mi ritrovai dentro un loop infinito di colazioni e di tentativi di bypassare le commissioni delle prenotazioni online. Vi furono altri tre scambi identici, al punto tale da sospettare che anche l'ippocampo dell'host non fosse in perfetta forma. Fortunatamente, al quarto scambio lui si allontanò. Forse aveva ceduto.

Nemmeno il tempo di capire dove fosse, lo vidi tornare con altri tre succhi di frutta, scusandosi perché alla fine l'ACE non c'era. Mannaggia, ora che mi aveva fatto venire voglia.

Mentre cercavo di farlo uscire da casa sua, l'host ci ricordò di telefonargli privatamente così da risparmiare. Ahimé, non arrivò a sentire la richiesta lanciata da mia madre dall'altra stanza. La cosa divertente è che, dovendo fare il prelievo per le analisi del sangue, mia madre la mattina dopo non avrebbe potuto fare colazione.

Andammo finalmente a dormire. La mattina dopo la discesa sarebbe stata simile a chi conquista l'Everest e poi si rende conto che deve tornare a valle. Nei miei sogni, l'ACE la fece da padrona, tra succhi di frutta e candeggina.

L'Overlook Hotel

Il mattino seguente rispettò le attese: dalle ripide salite a gomito si passò, per contrappasso, a discese a strapiombo, con pavimentazione in pietra che faceva slittare le ruote dell'auto. All'arrivo presso la struttura mi ritrovai tutto sudato per lo stress. La scritta *Centro di involuzione mentale* confermò di aver trovato il posto giusto, ma, una volta salite le scale, pensai che sarebbe stato meglio cambiargli nome in *Centro di salute mentale*.

Se, dalla mia camera, il confronto con l'Overlook Hotel di *Shining* poteva essere giustificato dall'imponenza e dallo sviluppo orizzontale della struttura, l'accettazione sembrava la ricostruzione della scenografia del film. Kubrick, notoriamente un perfezionista, si sarebbe commosso per la fedeltà nella riproduzione di arredi, colori e, soprattutto, atmosfera.

Quest'ultima strideva con la gentilezza del personale, il che rendeva ancora più inquietante la faccenda. Anche le gemelle che volevano giocare con il piccolo Daniel, a pensarci bene, apparivano cortesi. Mica avevano ucciso il bambino, l'avevano persino invitato a stare con loro.

Le pareti erano rivestite in legno dai toni scuri, in grado di assorbire la luce esterna come fossero buchi neri, in profondo contrasto con il pavimento in vero (?) marmo bianco. Pure il tetto era in legno, ancora più scuro delle pareti, dello stesso colore delle panche per attendere il proprio turno.

Queste si dividevano in due categorie. Le prime erano interamente in legno, con la seduta a semisfera, con dei solchi che le facevano somigliare in modo inquietante a quegli attrezzi da cucina per dividere a fette sottili un pomodoro o un uovo sodo. Seduto lì, prima ancora che ti si spaccasse il coccige, dovevi solo aspettarti l'arrivo di fili di acciaio così tesi da affettarti.

La seconda categoria era persino più horror: poltroncine con lo schienale dall'inclinazione innaturale, completamente rivestite da un tessuto pesante come il velluto, sputafuoco come il velluto, pulito quanto può essere un velluto vecchio di qualche decennio e dello stesso colore del velluto tipico del mantello di uno stregone. In compenso erano in condizioni insospettabilmente buone per l'età.

L'illuminazione era assicurata da cilindri in vetro pendenti e da applique con simil gargoyle alle pareti. Lo stesso mostro doveva aver prestato la sua mano per realizzare la base del tavolino che avevamo di fronte durante l'attesa. Quest'ultimo aveva la base in vero/finto guscio di tartaruga levigato, sopra il quale spiccavano dei finti/finti tulipani, così vecchi che uno aveva sfidato le leggi della plastica e si era piegato proprio come un fiore afflosciato. Completava il quadro delle finte piante un alberello di acero - nota pianta locale - con le foglie dai toni tipici dell'autunno.

Svolte le procedure di registrazione, salutai mia madre e Zamira e, sperando non vedessero trasudare sangue dalle pareti o che nessuno sfondasse con un'ascia la porta, dicendo di essere a casa, presi l'auto e mi avventurai per il viaggio di ritorno.

L'anamnesi dell'amnesia

Ero nel bel mezzo dei 35 km di curve quando arrivò una telefonata. Il prefisso era quello locale. Mia madre aveva forse preso in ostaggio qualcuno?

«Salve, sono il dottor...»

Seguirono una serie di scariche elettrostatiche, legate al fatto che la zona non fosse propriamente ben servita a livello telefonico/radio/qualunquealtroservizio, ma ero sicuro avesse detto «Ananas». Di nuovo! Nel dubbio, evitai di chiamarlo Dottor Ananas e restai sul generico.

«Ho qui sua madre. Potrei farle qualche domanda?»

«A mia madre?», chiesi, dubbioso. Voleva mica il permesso?

«No, a lei», rispose lui.

Non faceva una piega, pensandoci bene. Gli diedi la mia benedizione.

«Ok, grazie», disse il medico. «Sintetizzando: sua madre che ci fa qui?»

Una domanda dall'alto valore filosofico, aperta a una moltitudine di risposte legate alla visione esistenziale dell'universo che ciascuno di noi possiede. Nel dubbio, risposi che ci serviva una valutazione completa che potessimo presentare alla commissione per l'attestazione dell'invalidità.

Il Dottor Ananas sembrò scambiare la cosa per una minaccia o, almeno, a giudicare dal cambio di tono, pensò che avremmo corrotto qualcuno con quella relazione.

«Ok, ok, quindi noi facciamo la relazione, ma poi quello che ci fate è roba vostra.»

Roba nostra? Avrei voluto rispondere «Yo, bro, hai capito di brutto. Tu spakki!», ma un nuovo campo morto fece cadere la conversazione.

Il tempo di finire le curve, mi arrivò un messaggio di Zamira. Trovai dove sostare un attimo e riprodussi il vocale. Una voce in lontananza stava facendo uno spelling in rapida successione.

«P…A…G…»

Cercai di concentrarmi.

«...M...P...I...»

Ma che parola era?

«...O...B...A...»

Sembrava la sequenza dei numeri in Lost, come velocità di riproduzione e carica ansiogena.

Quando arrivarono «...Z...H...G...» capii che avevo perso tempo a cercare di capire lo schema sottostante. Non era lo spelling di una parola, ma evidentemente un test di attenzione a cui veniva sottoposta mia madre. Zamira aveva pensato di rendermi partecipe della cosa.

Dieci chilometri dopo, il telefono squillò di nuovo. Stesso prefisso di prima. Ora sì che mia madre doveva aver preso in ostaggio la dottoressa, forse perché finalmente aveva trovato un'altra persona in grado di vedere le lettere attorno a sé.

«Salve, sono la dottoressa Papaya.»

Giustamente, dopo il Dott. Ananas... Si identificò come specializzanda e mi chiese se potesse farmi qualche domanda su mia madre. Provai a spiegarle la situazione, ma mi fece capire che i discorsi freudiani non facevano per lei e che sarebbe stato meglio rispondere alle domande che le apparivano sul terminale. Sì, disse proprio «terminale», un termine tecnico in uso tra chi masticava di informatica negli anni '80 e che, usato oggi in un ospedale, non è che sembri proprio la scelta linguistica più corretta.

Le prime domande furono quelle classiche di un'anamnesi. Nome, cognome, dove abitasse... Passò poi a chiedere se fosse una soluzione indipendente o un condominio, quanti metri quadri fossero (?), se vi fossero barriere architettoniche. Se mi avesse chiesto l'APE e se fosse corrispondente alle informazioni catastali, avrei cominciato a sospettare fosse un'agente immobiliare sotto mentite spoglie.

Per darsi una parvenza medica, iniziò con la trafila per approfondire operazioni pregresse, eventuali familiarità con malattie cardiovascolari e da quanto tempo soffrisse di colesterolo alto.

«Credo da una trentina d'anni. Ma pure io ci soffro, quindi credo sia una cosa congenita», risposi.

«Ha mai fatto analisi genetiche?»

«Mia madre? No.»

«Parlavo di lei.»

E che c'entravo io, adesso? Dissi che anche mio padre ne soffriva, quindi mi sembrava esagerato fare delle analisi genetiche. La dottoressa non sembrò convinta della faccenda, così dichiarai che il problema stava nel mangiare panetti di burro in modo compulsivo. La risposta sembrò soddisfarla e passò avanti, inanellando una domanda dopo l'altra sui precedenti medici di mia madre.

Feci ricorso alle mie memorie da bambino e ragazzo, riuscendo più o meno a rispondere a tutto. Fino a un certo punto, almeno.

«Sua madre è nata a termine?»

«Ehm…credo di sì…»

«E quanto pesava?»

Questa la sapevo. Più e più volte aveva raccontato del fatto che alla nascita fosse extralarge, con un peso attorno ai 7 kg. Essendo nata subito dopo la Seconda guerra mondiale, immagino che mia nonna non fosse affatto sovrappeso, quindi le scene del suo parto nella mia mente sono sempre state molto simili al momento in cui il parassita esce fuori dal corpo dell'ospite in Alien.

«7 kg?! Mah... Comunque... A che età sua madre ha avuto il menarca?»

«Prego?»

«La prima mestruazione», specificò lei.

«Oh, scusi, avevo capito monarca», risposi. Come se il mio problema fosse cosa fosse il menarca e non sapere quando mia madre l'avesse avuto.

«Guardi, non ne ho idea. Non era un argomento molto trattato a casa, essendo tutti maschi.»

Lei ci rimase male e me lo fece notare iniziando a parlare con un collega.

«Scusi», riprese dopo qualche secondo. «Dicevamo: la prima mestruazione a che età l'ha avuta?»

«Io o mia madre?». Dai secondi di silenzio successivi, sembrò non aver afferrato la battuta.

«Sua madre.»

«Non lo so.»

«Ah. Ok... Diciamo... Passiamo avanti. Quando è entrata in menopausa?»

«Boh... Primi anni 2000, forse.»

«E com'è stata?»

La mente corse al famoso discorso fattomi ai tempi da mio padre. Mi disse che la mamma stava cambiando, che sarebbe arrivato un periodo particolare e che non avrei dovuto preoccuparmi. Ai tempi ricordo di aver immaginato mia mamma trasformarsi in una specie di essere crudele, irrequieto e assetato di sangue, preoccupandomi non poco.

«Capisco. Mi dica, i suoi nonni erano parenti?»

Una domanda come «l'acqua è bagnata», insomma.

«Beh... sì.»

«Cosa? Cugini?», chiese lei, senza scomporsi.

«No, nonni miei. E genitori di mia madre.»

«No, dico, cugini tra loro?»

«E perché dovrebbero essere stati cugini tra loro?», chiesi io, con estrema innocenza.

«Capita. Pure fratello e sorella, a volte.»

Robe bibliche a dir poco, tipo in un film apocalittico quando è il momento di ripopolare la Terra, insomma. Mi sembrava troppo informata in merito, avrei dovuto rimbalzarle la domanda e prendere i popcorn.

Le domande finali furono fatte a getto, come in un interrogatorio per far cadere in contraddizione un sospettato. Avrebbe potuto chiedermi il codice PIN del bancomat e, nella foga, probabilmente glielo avrei dettato. Purtroppo, venne interrotta da mia madre che, stufa di stare lì a sentire invece di rispondere lei, si spazientì e contribuì a far chiudere la telefonata.

In estrema sintesi, restò lì per una settimana. Ma, più che a mia madre, la mente corse a Zamira. Lì non c'era nulla da fare, ma proprio nulla. In più, arrivate di venerdì, sabato e domenica si fermarono tutti, quindi furono due giorni di totale immobilismo, roba da uscire fuori di testa, tipo Jack Nicholson per davvero.

Parlando con un volontario del Telefono Amico, un servizio di ascolto telefonico per chi è in crisi e medita il suicidio, buttai lì scherzando - ma nemmeno troppo - di tenere in seria considerazione l'eventuale telefonata da una donna con accento non italiano che citava un'anziana, un ospedale e tre ore di curve per arrivarci.

La diagnosi fu «disturbo neurocognitivo maggiore»... di grado moderato. Perché, come più volte ribadito, il livello di cultura di una persona tira su a sufficienza alcuni valori di test, al punto da rendere meno grave un quadro clinico. Sulla carta, dico.

A livello fisiologico, le fu riscontrata un'atrofia corticale e subcorticale, nonché una cerebropatia multi-infartuale. Insomma, una demenza causata da problemi nell'afflusso di sangue al cervello, solitamente a causa di una serie di ictus minori. E lì non c'è laurea o cultura che tenga.

La visita INPS

Una fredda mattina d'autunno, il citofono squillò. Intuii fosse il postino, nonostante avesse bussato una sola volta. Aprii il portone senza rispondere. Sapevo già che avrei trovato la mia casella vuota, se fossi andato a controllare. Erano due anni che disturbava senza motivo. La cosa più inquietante? Non recapitava mai nulla a nessuno.

Doveva avere un passato da disturbatore notturno, uno di quelli che premono i pulsanti a caso e poi scappano. Oppure, sotto sotto, il suo era un perverso modo di farmi delle avances. Del resto, nell'epoca pre-WhatsApp, c'erano gli squilli a indicare: «Ti penso». Possibile che le citofonate avessero preso il posto degli squilli?

Citofonò di nuovo. Sospetto. Magari era diventato un testimone di Geova.

«Siamo cattolici, non vogliamo nient…»

«C'è una lettera per lei.»

Di carta, bianca, rettangolare. Era davvero una busta.

Oggetto: Convocazione per invito a visita medica per accertamenti requisiti sanitari.

Secondo shock: il mittente era l'INPS.

Il cuore accelerò. Magari avevano accettato la mia richiesta di pensione anticipata trent'anni prima del previsto. Sto scherzando, ovviamente. Come chi mi vuole far credere che andrò in pensione.

La scena fu simile al finale di *Ritorno al Futuro 2*: Marty McFly riceve una lettera dal passato e, sotto la pioggia incessante, con le mani che tremano, la apre sotto gli occhi increduli dell'impiegato delle poste. Nel mio caso, la pioggia era sudore che grondava dalla fronte.

«Con riferimento alla sua domanda di Invalidità Civile, è stata fissata la visita medica per giorno bla bla alle ore 17.30 presso bla bla.» Il bla bla indicava un luogo indefinito in un paesino vicino. Un ufficio, forse? Almeno si erano degnati di specificare la via. Ma ci sarebbe stato tempo per pensarci. Ora era necessario concentrarsi sui documenti da portare:

«L'originale e una copia di tutta la documentazione medica? Ce l'ho!»

«Un documento di identità in corso di validità? Ce l'ho!»

«Una stampa del certificato telematico firmato dal medico? Non ce l'ho!»

In realtà ignoravo di cosa si trattasse, così mandai un'email al medico di famiglia per chiedere, mettendoci una pietra sopra, in attesa di una sua risposta.

Il giorno dopo, il postino bussò ancora, sventolando una busta. Due giorni di fila. Le avances stavano diventando sempre più insistenti.

«Di nuovo l'INPS», disse lui, dopo aver scrutato mittente, spessore della busta ed eventuale presenza di carte plastificate allegate, nel suo solito rispetto della privacy. «Vuole proprio andare in pensione, eh?»

Primo pensiero: «Oddio, hanno annullato la visita! Dramma! Due anni di attesa!»

Secondo pensiero: «E se mi avessero davvero concesso la pensione?»

Terzo pensiero: «Oddio, e se l'avessero revocata a mia madre?»

Aprii la busta:

Oggetto: Convocazione per invito a visita medica per accertamenti requisiti sanitari.

Uno strano déjà-vu. Vigeva forse il motto repetita iuvant? Volevano essere certi che non dimenticassi l'appuntamento, dopo soli due anni di attesa?

«Con riferimento alla sua domanda di Invalidità Civile, è stata fissata la visita medica per giorno bla bla alle ore 17.24 presso bla bla.»

Ah, che bello. Avevano anticipato di sei minuti la visita. Che precisione! Che attenzione verso il paziente! E io che dubitavo dell'efficienza della sanità pubblica italiana. Mi sentii in colpa e meditai di indossare un cilicio per espiare i miei peccati.

(Spoiler: quel giorno, entrammo due ore dopo l'orario previsto. Fine spoiler.)

Passarono un paio di settimane e dimenticai di aver scritto al medico, per il semplice fatto che lui non rispose mai. Una decina di giorni prima della visita, decisi di raccogliere tutto il necessario, come se dovessi affrontare un rito solenne.

Tirai fuori la documentazione medica dalla carpetta dove conservavo referti, ricette e qualunque cosa riguardasse l'ischemia che aveva colpito mia madre due anni prima.

C'era tutto, inclusi i risultati del check-up fatto di

recente. Favoloso, il più era fatto. Restava solo da allegare la carta d'identità e la tessera sanitaria. Quelle erano sempre lì e… cioè, avrebbero dovuto essere lì… cioè, forse erano in mezzo a qualche foglio… cioè…

Panico: i documenti erano scomparsi.

Feci mente locale, un brivido mi risalì la schiena. Non li prendevo mai, se non in caso di visite mediche. E l'ultima era stata proprio quella del check-up, che aveva richiesto un ricovero.

La mente corse al momento in cui li avevo consegnati, prima all'accettazione dell'ospedale e poi a Zamira, perché li tenesse con sé e potesse mostrarli se necessario, visto che sarebbe rimasta con mia madre durante la degenza.

Chiamai subito Zamira. Ero certo li avesse lei.

«Sì, sono nel cassetto, qua a casa», confermò.

Alleluia, alleluia. Corsi a prenderli.

«Meno male che sapevi dov'erano, ero terrorizzato all'idea di doverli rifare…!»

Aggiunsi un sorrisone, un pollicione e un tono con una leggera punta di falsetto, complice la botta di sollievo e di fiducia nelle persone, nel fato e nella vita tutta.

«Nel cassetto non ci sono. Non me li ha mai dati.»

«…come no?»

«Non ci sono.»

Il panico e l'angoscia successivi toccarono livelli record e spazzarono via qualunque domanda avrei potuto, e probabilmente dovuto, farle. Una su tutte: come avevo potuto sentirmi sicuro fino a pochi minuti prima?

In dieci giorni avrei dovuto rifare tutti i documenti.

Dieci giorni. Prenotare l'ultima volta un appuntamento

al Comune aveva richiesto sei mesi e fui costretto ad andare a 40 km da casa, in un paesino sperduto, per trovare posto entro tre settimane.

In più, andava fatta la denuncia di smarrimento. Non c'era tempo da perdere. Presi mia madre e andammo alla Questura più vicina.

Restò in silenzio fino a quando non lesse l'insegna.

«Perché siamo in questura?»

«Per denunciare la scomparsa dei documenti.»

«Sicuro?»

Credo sospettasse volessero arrestarmi. Nella foga, dimenticai che anche lì c'era una sala d'aspetto. Me ne ricordai solo vedendola piena al nostro arrivo. Conoscevo già il copione.

Mia madre salutò tutti come fosse il ritrovo dei compagni di liceo, ma i presenti non mostrarono lo stesso entusiasmo. Bene che vada, in Questura ci vai perché hai perso qualcosa (male), ti hanno rubato qualcosa (peggio) o sei stato tu a rubare (disastro).

«Ma che sono ste facce da funerale?», chiese. L'atmosfera non migliorò.

Le diedi un cruciverba e mi avvicinai al poliziotto di guardia per chiedere come sporgere denuncia. O almeno ci provai. Il vetro antiproiettile era spesso e rendeva impossibile il dialogo diretto. Mi fece segno di usare l'interfono.

Anno di costruzione dell'interfono: 1972.

Anno in cui l'interfono smise presumibilmente di funzionare a dovere: 1981.

Premetti il pulsante: «Scusi, dovrei denunciare lo

smarrimento della carta d'identità di mia madre.»

A giudicare dal suo sguardo, il poliziotto capì qualcosa come: «Sì, denuncio possedimento cartina maria». Probabilmente pensò volessi costituirmi. O che stessi chiedendo a lui il resto del materiale per rollare una canna.

Provai a scandire meglio la frase. Stavolta, forse, capì: «Sushi, non mento sull'età di un minatore».

Tentai allora con i gesti. Anni di pratica nella lingua dei segni avrebbero dovuto darmi un vantaggio. Peccato che il poliziotto ne ignorasse l'esistenza. Al primo segno («Scusi», con la mano a pugno sbattuta con garbo sul mento) equivocò parecchio.

Scrissi un bigliettino, dichiarandomi incapace di intendere e di volere, ma chiedendogli come procedere con la denuncia.

Mi chiese di compilare un modulo, così da guadagnare tempo. Poi ci avrebbero fatti entrare per perderlo di nuovo, ritrovandoci davanti al solito appuntato che batte sulla tastiera con un dito solo, ricostruendo un giallo degno di Camilleri sul perché uno abbia smarrito i documenti, invece di scrivere semplicemente: «Dichiara di averli persi».

Mi misi in disparte a compilare, ma dovetti chiedere la penna a mia madre. Privata dell'unica distrazione, tornò a concentrarsi sui presenti.

Tra loro spiccavano due signore. Il look e la fisionomia avrebbero fatto la fortuna di Lombroso, ma si sa, a volte i pregiudizi fuorviano.

«Ti ho detto che mio figlio non può venire a firmare! Sta male!», urlò al poliziotto, dietro al vetro antiproiettile.

Sul momento dedussi che non fosse la prima volta che si recava in Questura, dal semplice fatto che aveva ignorato l'interfono.

«Signora, suo figlio ha l'obbligo di firma, deve venire!»

La signora e la sua accompagnatrice iniziarono a bestemmiare e urlare: «Dieci anni che faccio sta vita! Da quarant'anni veniamo qua, se contiamo pure mio marito!»

Lombroso mio, sei stato ampiamente sottovalutato.

Mia madre non poté esimersi: «Signora, suo figlio deve venire.»

Calò il gelo. Lei infierì: «Se lo dice l'agente, deve rispettare l'ordine.»

Glaciazione. «Sennò perde punti», concluse.

Io rimasi di sasso, terrorizzato dalla reazione della signora. «Ma che punti e punti, sti bastardi pure la patente già gli hanno tolto!», urlò, senza nemmeno guardarla.

La sua parente, o forse amica, per ribadire il concetto, cominciò a tossirmi vicino, senza curarsi di mettere una mano davanti alla bocca o, semplicemente, voltarsi. Fu una sorta di benedizione pagana, con la mia intima speranza che quella tosse grassa fosse dovuta alle sigarette di contrabbando e non a qualche misteriosa forma virale che intendeva condividere con me.

Finii di compilare il modulo, che chiedeva solo i dati anagrafici e due crocette su «Carta d'identità» e «Tessera sanitaria».

Guardai il poliziotto, cercando un legame telepatico per implorarlo di farci entrare. Lui sembrò capirmi, ritirò il foglio, lo timbrò e me lo riconsegnò.

«Con questo può andare al Comune.»

Tutto qua?! Mi convinsi avesse detto quello e non «Suffisso per amare il liquame». Nel dubbio, presi per mano mia madre e ce ne andammo in fretta.

Lei non perse l'occasione di salutare tutti, uno per uno, dando appuntamento alla prossima riunione annuale. In cambio ricevette un paio di colpi di tosse gracchianti e un'occhiata omicida da parte della madre del simpatico giovanotto con obbligo di firma.

Ancora stupito per la rapidità della denuncia, mi sembrò un sogno riuscire a trovare un appuntamento al Comune solo pochi giorni dopo, e un miracolo rifare i documenti in tempo.

Raggiungemmo livelli da unicorno che impacchetta cioccolata arcobaleno on demand quando persino il medico di famiglia diede segni di vita: rispose che il certificato telematico lo avevo già.

Come la vittima di un prestigiatore alla quale viene rivelato che la carta mancante è nelle sue mutande – e lì c'è per davvero – recuperai il certificato nella carpetta di mia madre. Aveva solo dimenticato di firmarlo. Andai dal medico e, cinque minuti dopo, ero già fuori.

Mancavano due giorni alla visita. Avevo tutto pronto.

Ne approfittai per chiedere in giro come si svolgesse la visita. Vuoi o non vuoi, tra esperienze dirette e indirette, trovai molte persone pronte a dispensare consigli. Tutti diversi, spesso contrastanti.

Il mio dubbio non era sull'organizzazione, ma su un punto preciso. I medici si sarebbero affidati ai documenti e poi a domande mirate. Cosa avrei dovuto fare se mia madre avesse risposto con una panzana bella e buona?

Era diventata talmente brava a mentire da sembrare credibile, come una ChatGPT con problemi di memoria che maschera tutto con risposte ben costruite. Non era solo un'ipotesi: era praticamente certo.

«Eh, tu devi stare zitto», mi disse un collega.

«Quindi se lei dice che ha cinque figli invece di due, io devo stare zitto?»

«Eh, sì. Sono loro a capirlo.»

«Come?»

«Sono medici, lo capiscono.»

Dovevano avere doti paranormali, mi dissi. O forse usavano una macchina della verità? Se l'avessero collegata a mia madre, sarebbe esplosa. La macchina, intendo.

«No, devi dire che è tutto falso», disse un'altra persona. Magari fai no no con la testa.»

Già meglio.

«Guarda che nemmeno ti fanno entrare», avvertì un terzo.

«Che?!»

Uno scenario del genere sarebbe stato apocalittico. I medici sarebbero usciti in sala d'attesa a cercarmi, chiedendosi perché fosse entrata mia madre – sanissima – e non io, che evidentemente negavo i miei deficit.

«Non farla dormire!», era il consiglio più gettonato. «Così magari sragiona e loro la vedono peggio.»

«Guarda che già lo è. Anzi, sono praticamente certo che farà una specie di lezione universitaria, salendo sul tavolo come ne *L'attimo fuggente*.»

Lo pensavo davvero.

«E se le deste qualcosa? Con mio nonno ha

funzionato!»

Anche questa opzione era da escludere. Primo: eticamente sbagliata. Secondo: i medici erano descritti come esseri superiori, telepati, capaci di intuire quanti figli avesse mia madre senza il mio aiuto, come gli Osservatori in *Fringe*. Se lei si fosse presentata parlando e muovendosi a rallentatore, l'effetto sarebbe stato fin troppo evidente. Artefatto.

Alla fine decisi di affidarmi al caso. Vivevo ormai in uno stato di fatalismo permanente.

Tra racconti di medici parapsicologi, indovini, cartomanti e strafottenti, arrivammo alla mattina della vigilia della visita.

Provavo un senso di sollievo, quasi felicità: eravamo vicini a un appuntamento atteso da anni, e mia madre stava bene. Non aveva nemmeno il raffreddore. Via il dente, via il dolore, mi ripetevo. Almeno un grande pensiero sarebbe uscito di scena.

Mentre ero al lavoro, squillò il cellulare. Era Zamira.

Mi si gelò il sangue ancora prima di rispondere. Zamira non chiamava mai. Mai.

Scoprivo il sabato che mia madre tossiva da giorni e, quando le chiedevo da quando, mi rispondeva: «Lunedì o martedì.»

Finiva la pasta? Se non glielo chiedevo ogni tanto, rischiavo che iniziasse a bollire listarelle di legno ricavate dall'anta della cucina. Non sarebbero state troppo diverse dalle linguine.

Per chiamarmi, la casa doveva essere stata svaligiata. O data alle fiamme. O entrambe le cose. Risposi.

«Ciao, mamma non vuole mettere il ghiaccio.» Sul fondo, si sentiva mia madre lamentarsi.

«Aspetta, aspetta. Perché dovrebbe mettere il ghiaccio?»

«Ah, giusto, è caduta.»

Il sangue, già gelato, prese la forma e la densità di un iceberg e si piazzò nel mio stomaco.

«Come caduta? Quando?»

«Mmm… un'ora fa.»

«Un'ora?! Te possin… ehm, dov'è caduta?»

«In cucina.»

«E che stava facendo?»

Mi raccontò, a modo suo, che mia madre si era alzata dalla poltrona e poi era finita faccia a terra, tra la seduta e un mobile della cucina.

Questo è ciò che capii, anche se lo spazio dove diceva di averla trovata era largo circa 25 cm. Nella testa cominciarono a vorticare immagini da crash test, con gli omini che volano e atterrano in posizioni improbabili. Cercavo di visualizzare una dinamica plausibile per l'incidente.

Misi da parte quel dettaglio e continuai l'interrogatorio.

«S'è rotta qualcosa?»

«No, ha sbattuto solo l'occhio.»

«Le braccia?»

«Non credo.»

«Le gambe?»

«Non credo.»

«Magari controlli?»

«Ora controllo.»

Esasperato, decisi di non perdere tempo. «Guarda, un'ora e sono là. Passamela che la convinco io a mettere il ghiaccio.»

«Amore!», rispose mia madre, preso il telefono. «Come stai?»

«Mà», tagliai corto. «Devi metterti il ghiaccio. Io tra poco arrivo.»

«E perché dovrei mettermi il ghiaccio?»

«Ah, giusto. Perché sei caduta.»

Oddio, mi stavo zamirizzando.

«Sì, vabbè, me lo ricorderei se fossi caduta.»

Mi feci passare di nuovo Zamira.

«Mettile il ghiaccio sulla parte che ha sbattuto per dieci minuti. Poi toglilo e rimettilo dopo dieci minuti. Tienilo per altri dieci minuti. Poi toglilo per dieci minuti e...»

Dal silenzio cupo e profondo dall'altro capo della linea, mi immaginai Zamira circondata da un vorticare di numeri, radici quadrate e teoremi vari, esattamente come nei famosi meme.

«Sì, insomma, tienile il ghiaccio più che puoi e riempila di crema per gli ematomi!»

Di nuovo il silenzio cupo e profondo.

«Sì, insomma, quella sopra il cassetto, colorata di bianco e rosso!»

Sperando non si confondesse con quella per le emorroidi, che comunque ha un suo perché pure per gli ematomi, ma che Zamira le avrebbe probabilmente spalmato sul pane, cercai di fare il prima possibile e arrivai a casa sua prima del previsto.

Dalla caduta erano passate meno di un paio d'ore. Con

ghiaccio e pomata, potevamo benissimo arginare il prob...

«ODDIO.»

Mia madre doveva aver inghiottito una pallina da ping pong che, per qualche strano fenomeno, era risalita fino all'arcata sopraccigliare, andandosi a posizionare sotto la cute, appena sopra l'occhio.

Ah, giusto: la pallina doveva essere nera, visto che non pensavo che la cute potesse assumere quel colore dopo nemmeno due ore. Almeno non c'era sangue. Fuori. Dentro ce n'era tanto quanto in un macabro gavettone.

«Ma, ma, ma... Com'è successo?»

Zamira mi ripeté più o meno la stessa versione, che però non reggeva. Se mi avesse raccontato che un passante le aveva dato un colpo di mazza da baseball in faccia, per poi scappare, sarebbe stata una ricostruzione più plausibile per spiegare il danno.

Questo sembrava limitato solo alla parte superiore del sopracciglio. Fortunatamente, né la faccia, né la palpebra inferiore, né soprattutto l'occhio sembravano aver riportato danni. Non c'erano tagli.

Non era roba da pronto soccorso, insomma. Avremmo passato dodici ore in codice bianco, con mia madre intenta a dispensare perle di saggezza a gente con ossa rotte, parenti in coma e portatori di patologie infettive con tempi di incubazione di dodici ore. I rischi erano superiori ai benefici e le avrebbero comunque prescritto la terapia del ghiaccio.

Avevo portato con me una busta di gel freddo, adatto alle contusioni, e un'altra crema ad hoc. Le riempii la faccia, visto che il discorso pomata non era stato recepito al telefono, e intimai a Zamira di applicare l'impacco a intervalli di dieci minuti, usando uno schema matematico più semplice: «10 sì, 10 no, 10 sì, 10 no».

Fu allora che, risolta l'immediata emergenza, mi venne in mente un sottile, sottilissimo pensiero: con che faccia (letteralmente) avremmo potuto presentarci alla visita con la commissione medica, il giorno successivo?

Tornando a casa, cercai di pensare positivo. Avendo figli, sapevo bene quanto un bernoccolone della prima ora potesse scomparire il giorno dopo, tra ghiaccio e una semplice passata di pomata all'arnica. Già in serata, conclusi, le cose sarebbero andate meglio.

La chiamai più volte, quel giorno, e all'ora di cena feci una videochiamata. Non l'avessi mai fatto. Mia madre sembrava appena uscita da un match con Mike Tyson. Il tutto dopo avergli rigato la macchina, ucciso il cane e avvelenato tutte le piante di casa. Cominciai a sospettare che Zamira non avesse afferrato il concetto di ghiaccio ogni dieci minuti o che avesse capito di farglielo prendere per bocca.

Perché se già era così, figuriamoci che fattezze avrebbe avuto se non l'avesse messo. Somigliava moltissimo a Sloth de *I Goonies*.

Pensiero positivo, pensiero positivo, pensiero positivo. La notte porta consiglio e, talvolta, anche diminuzione del gonfiore.

Essendo la visita prevista per il pomeriggio, la mattina seguente mia madre si recò al centro di attività diurne, come di consueto.

Non la vidi ma, prima che arrivasse, mandai un messaggio alla titolare, preannunciando che la mamma era caduta e che aveva l'occhio ridotto – cito – «molto molto molto male». Mi chiamò dieci minuti dopo, forse per tranquillizzarmi. Santa donna.

«Ma siete pazzi a mandarla a visita, oggi! Chiamano i servizi sociali!»

No, forse non era per tranquillizzarmi. Mi descrisse un quadro apocalittico, comprensibile da svariati punti di vista, soprattutto alla luce delle spiegazioni date da mia madre quando qualcuno (leggi: una trentina di persone, a rotazione) le chiedeva cosa fosse successo per ridursi così.

«Mi hanno spinta!», fu la prima.

La mente iniziò a produrre il kolossal *Le mie prigioni*, avente me come protagonista. La titolare mi disse di averglielo chiesto di nuovo dopo una mezz'ora.

«Era notte, e mentre dormivo, qualcuno mi ha svegliato e buttato giù dal letto. Era buio e non so chi sia stato!»

Dopo un'altra mezz'ora: «Caduta? Quale caduta?»

Un'altra volta: «Eh, sono segni a causa di un incidente in una grotta, quando avevo quattordici anni... c'è di peggio nella vita.»

Venni assalito da dubbi assurdi, ma poi mi pervase uno strano senso di calma, forse lo stesso che ha una mucca che passeggia lungo il percorso obbligato dentro al mattatoio.

Possibile che uno potesse avere remore, pur avendo la coscienza pulita, temendo che altri pensassero male di una situazione così assurda?

Proprio facendo forza su tale ragionamento, decisi di

confermare la visita.

In più, ero terrorizzato all'idea di quanto lungo sarebbe stato il rinvio e sulle condizioni precarie di mia madre, che magari avrebbero portato a un terzo round ancora più in là.

Per sì e per no, mi vestii di tutto punto, risultando un mix tra un uomo d'affari di Wall Street, Al Capone nel fiore della carriera criminale e uno sposo particolarmente appariscente. Mi mancava giusto l'orologio da taschino per essere certo di prendere il treno delle 11.23 alla stazione di Piccadilly Circus nella Londra del 1889. L'idea era quella di distogliere l'attenzione dalla faccia tumefatta, mostrandomi iper professionale.

Andai a prendere mia madre. Dopo un paio di secondi, realizzai che, per distogliere l'attenzione da lei, avrei dovuto vestirmi con un pollo, rigorosamente crudo, infilato in testa, la pelle di una mucca appena scuoiata addosso e qualche tipo di protesi gonfiabile illuminata a LED per rendermi un moderno Priapo.

Se il giorno prima era ridotta male, ora capivo perché al centro avessero fatto scattare l'allarme. La pallina da ping-pong sottocutanea doveva essersi riprodotta nottetempo, visto che ne era apparsa una anche nella palpebra inferiore. Entrambe avevano chiuso l'occhio sinistro, dando a mia madre l'aspetto di Rocky Balboa alla fine del match con Ivan Drago.

Ma non nella celebre scena in cui, malmesso, grida «Adrianaaaa!», bensì subito dopo, quando, nella versione mai andata in onda, negli spogliatoi gli cade un lampadario in faccia. Subito dopo, lui si rialza e un asino, finito chissà come negli spogliatoi, gli assesta una zoccolata in faccia, accusandolo di avergli rigato la macchina e ucciso tutte le piante.

Era una strana costante delle vendette, me ne rendo conto, ma efficace a rendere l'idea delle condizioni di mia madre in quel momento.

Al mio abbigliamento già formale aggiunsi anche il cilindro e il bastone con un grosso brillante incastonato come pomello, valutando anche se portare con noi un leopardo da passeggio, con un guinzaglio tempestato di Swarovski.

Partimmo in direzione appuntamento con buon anticipo. Ricordando le parole storiche di mio padre, quando uno ha un impegno deve mettere in conto qualunque cosa: maltempo improvviso, traffico paralizzante, problemi con l'auto.

L'auto stava benone. In compenso cominciò a diluviare e trovammo un tappeto di macchine davanti. Interrogato, il navigatore mi fece apparire sullo schermo la scritta «No bueno, Señor», con tanto di animazione di ditino che faceva no no.

Non ricordo nemmeno la conversazione con mia madre, ero troppo impegnato a masticare il volante e contare i secondi. Sicuramente, arrivando cinque minuti in ritardo, avrebbero rimandato a tempo indeterminato la visita, accusandoci e deridendoci per aver sottovalutato l'impegno.

Parcheggiai con tre minuti di anticipo, a nemmeno cinquanta metri dalla destinazione. I malpensanti mi accuseranno di aver fatto infrazioni una dopo l'altra, ma continuo a preferire la mia versione ufficiale dei fatti: aver approfittato di un buco nero interdimensionale o, per i fan Marvel, un portale in stile Dr. Strange.

La sede della visita, una guardia medica di un paesino vicino, era appena dietro l'angolo. Già immaginavo le lamentele di mia madre: «Non posso camminare, non voglio camminare, sono stanca, io resto qua, vai avanti tu, salvati tu che puoi, è stato bello, ricordami così, chiama i soccorsi» e così via. Ma cinquanta metri erano fattibili. Aveva persino smesso di piovere. Gli dei di qualunque religione ci sorridevano.

Capii ben presto che era un sorriso divertito di fronte a uno spettacolo da gustare, masticando popcorn. Il navigatore, nella sua innocenza, aveva indicato la reale distanza, sì. Non aveva specificato però l'inclinazione.

Girato l'angolo, ci ritrovammo una salita con una pendenza di 45°, come un garage sotterraneo. Solo che nei garage, lungo il muro, c'è pure una comoda scaletta per i pedoni. Qui non c'era.

Si prospettava una scalata che, per mia madre, era l'equivalente dell'Everest per uno scalatore. E dove si trovava la guardia medica? A tre quarti della salita, senza che vi fosse nemmeno un posto dove fermarsi davanti alla porta. In pratica, una volta arrivati lì, se mi fosse mai caduta una moneta fuori dalla tasca, avrei potuto ritrovarla a valle, dove avrebbe acquistato sufficiente velocità da uccidere qualcuno.

In più, quanto sopra avrebbe reso impossibile anche fare il giro con l'auto e far scendere mia madre davanti all'ingresso. Sarebbe stata lei a ritrovarsi a valle, scivolando prima di entrare.

È tutto? No. Guardandola dal fondo, la strada era dissestata e bagnata dalla pioggia. Infine, mancava un minuto all'orario della visita.

Mi passarono in mente tutte le opzioni possibili, ivi incluso sequestrare la commissione medica, per svolgere all'esterno la valutazione, ma avrei comunque dovuto lasciare lei da sola.

Così, come chi sviluppa una forza sovrumana, tale da sollevare un'auto che è salita sul piede del proprio figlio, decisi di prendere in braccio mia madre, in una sorta di revival della scena finale de *Ufficiale e gentiluomo*. I miei capelli brizzolati alla Richard Gere acquistavano così un senso.

Otto secondi e un tentativo dopo, mi risollevai da terra con un dolore lancinante al bacino e decisi di trasformarmi dal novello *Ufficiale e gentiluomo* al moderno Sisifo. Proprio come nel mito greco, con mia madre che aveva il peso specifico del mitologico masso, mi misi a spingerla lungo la salita, annaspando per l'asfalto bagnato. La cosa sembrò funzionare. Mi augurai solo che non si ripetesse il mito fino in fondo, con Sisifo costretto a portare su il masso, vederlo rotolare a valle, andarlo a riprendere e spingerlo di nuovo su. Così, per l'eternità.

Arrivati sopra, col sottoscritto a terra e con la lingua fuori, lei mi ringraziò colma d'amore con due sole parole: «Sono stanca».

Buttai subito un occhio dentro la stanza. Fece plaf. Speravo che a quell'ora del tardo pomeriggio non ci fosse tanta gente, anche perché era appena scoccata l'ora del nostro appuntamento.

Dieci paia di occhi si girarono verso noi, esattamente come se fosse appena entrato il Presidente della Repubblica. Nudo.

«Scusate, chi è l'ultimo?», domandai con reverenza, pur essendo consapevole fosse il nostro turno. Mia madre, ancora col fiatone, restò in silenzio ed evitò di salutare i suoi ex compagni della bocciofila del 1978. «No, no, passate prima voi! Oddio, com'è ridotta!», disse una signora, guardando mia madre. «Il dottore è lì dentro!»

Capendo avesse frainteso e che fossimo lì per la guardia medica, spiegai il discorso della commissione e lei mi guardò come se, con la casa in fiamme, io stessi pensando a dove avessi messo la lista della spesa.

Perplessa, mi indicò la stanza dell'accettazione. Lasciai mia madre seduta, raccomandandole di non fare o dire nulla, e corsi lì.

«Scusi, siamo in ritardo di due minuti, la prego di accettare le mie rimostranze! So che vi ho fatto sprecare secondi preziosi della vostra vita e mi riprometto di farmi ripagare in qualche mod...»

La segretaria non si scompose e fece un sorriso. «Ah, non si preoccupi. Ecco, qui c'è il numero 73.»

«Lo devo dare ora al medico?»

«No, è per il turno. Sono arrivati al... mmm... 65.»

«Stica.»

Avevo rischiato inutilmente di far saltare come birilli gli idranti per strada, come nei film americani, per arrivare in tempo.

Tornai di corsa alla sala d'aspetto perché mia madre

doveva aver dimenticato di non fare o dire nulla. La ritrovai accerchiata dai presenti. Un po' come Gesù al tempio, proclamava la sua parola.

«Era notte, io dormivo. Non so chi, perché era buio, mi ha spinto!»

«Da dove, signora?», chiese un uomo, in modo concitato.

«Dal letto!»

«Cioè l'ha buttata giù dal letto?!»

«No, io ero in piedi.»

«Ma non stava dormendo?»

«Perché, a lei non capita di dormire in piedi?», rispose mia madre, come se la cosa fosse ovvia.

Ne approfittai per farmi strada tra il pubblico e sedermi accanto a lei. L'attenzione si spostò subito su di me. «Ma è caduta?»

«Già.»

«E non c'era nessuno, con lei?», disse una voce, profonda e calda, dietro di me.

Mi girai e lo vidi. Anni e anni ad averlo sognato. Anni e anni ad aver cercato di accettare l'idea che non esistesse: Babbo Natale.

O, meglio, Babbo Natale in versione homeless: la barba era passata da un candido color bianco al grigio sporco, i vestiti erano logori e la renna Rudolf purtroppo doveva essere morta, perché non si vedeva. «Sì, c'era la badante…»

E fu allora che Babbo Natale, con la sua voce cavernosa ma, allo stesso tempo, dolce e calorosa, mise una buona parola di conforto: «Bastarda…»

Babbo volle raccontato per filo e per segno tutto il racconto di Zamira. Io stesso, via via che ne parlavo, scovavo altri buchi di trama, che a confronto *Alex l'Ariete* con Alberto Tomba era un film di Christopher Nolan. Ad ogni mia frase, Babbo disse la sua con un lapidario commento, in un crescendo di volgarità e oscenità.

Di contro, anche mia madre volle commentare, senza però capire parlassimo di lei.

Fece una disquisizione sulle badanti, adducendo dati ISTAT e studi di sociologia del lavoro, mentre Babbo – particolarmente interessato all'argomento – era passato direttamente alle bestemmie.

Mia madre trovò il modo giusto per interromperle. «Devo andare in bagno!»

Panico. Mi guardai in giro, dove caspita avremmo trovato un bag...

«Guardi, è là», disse uno.

Incredibile, l'avevamo accanto. Ecco cos'era quella puzza. E io che, ingrato, pensavo fosse Babbo.

Ne mancavano cinque prima del nostro turno, così la accompagnai, tranquillo. Lei si infilò nel bagno delle donne, dove notai una porta antipanico socchiusa invece di quella classica con chiavistello.

La barra rossa a pressione era posizionata nel lato interno, mentre all'esterno era presente una classica maniglia che, se la memoria non mi ingannava, non era certo aprisse la porta.

Questo spiegava perché fosse socchiusa.

Nel dubbio, la accostai soltanto e rimasi lì a vigilare. Mia madre fece tutto da sola, non cadde e tornammo in sala d'aspetto.

«Non la dovete mai lasciare con la badante», ricominciò Babbo, girandosi.

Feci un segno interlocutorio, giusto per cambiare discorso, ma lui iniziò una specie di lectio magistralis sulle sue esperienze. Terminatala, fu il suo turno per entrare di fronte alla commissione medica. Si congedò con la moglie e sparì oltre la porta del destino.

Mi rilassai giusto quel paio di secondi prima che una signora entrasse dall'ingresso, guardasse mia madre, urlasse «Oddio!» e uscisse, credo facendosi il segno della croce.

«Certo che di gente strana ce n'è, vero?», disse mia madre. Come darle torto.

Un minuto dopo essere entrato, Babbo tornò in sala d'aspetto. Li aveva forse minacciati di alitare per la stanza se non avessero concesso l'invalidità alla moglie? Non sembrava in preda all'ira per quanto avvenuto con la commissione, ma si avvicinò a noi con passo spedito e sguardo arcigno.

Temetti volesse picchiarmi per essere stato un cattivo bambino. E invece…

«Signora, la posso baciare?»

Babbo Natale diede un bacio su entrambe le guance di mia madre, mentre una moschina gironzolava su di lui, in una versione moderna del vischio natalizio americano. Poi si congedò, come alla fine dei film western, verso l'orizzonte.

Non prima, però, di essersi girato un'altra volta, pronunciando le perfette parole di commiato:

«Bastarda...»

Nel corso dell'ora successiva, si alternarono tutti i colloquiati prima di noi. La durata media di una visita era di venti minuti.

Era ormai sera quando entrò la persona dopo la quale sarebbe stato il nostro turno.

«Devo andare in bagno!»

Ancora. La accompagnai, le aprii ancora la porta antipanico e lei si infilò dentro. Questa volta, però, una volta entrata, si poggiò sulla porta, chiudendola alle sue spalle.

«Mà, stai attenta, meglio non chiudere la porta! Lasciamola accostata, ci sono io.»

Abbassai la maniglia. Clac. Maniglia bloccata.

Cominciai a sudare freddo. Toc toc.

«Mà, apri!»

«Un attimo, sto finendo!»

Nonostante provassi a fare forza, la maniglia non si abbassava. Cercai di calmarmi: pochi secondi e, premendo la barra rossa, avrebbe aperto lei.

Se non fosse caduta nel tragitto dal wc alla porta.

Se non mi avesse chiesto aiuto per rivestirsi, bloccandosi nell'attesa.

Se non avesse cominciato a sbraitare perché non trovava la maniglia per aprire la porta.

«Numero 73!»

Una voce aveva appena chiamato il nostro turno.

«Mà... Mà... MA'...»

Toc toc toc toc toc toc toc toc toc toc toc toc toc toc toc toc toc toc toc.

«Che c'è?»

«Ci hanno chiamato! Sbrigati!»

«Chi ci ha chiamato?»

«Poi te lo spiego, ti prego, esci!» Altro che sangue gelato. Avevo il Titanic dentro.

«Ok, ok, ho finito.» Whooosh. Mai il suono dello sciacquone tirato fu così poetico.

Mi sporsi verso la sala d'aspetto, vedendo un medico che rassicurava quello del turno precedente che sarebbe rientrato subito dopo di noi, il tempo di recuperare un documento. Ecco perché era uscito subito.

Feci segno al medico che in trenta secondi saremmo stati da lui, così da evitare di far passare quello successivo e perdere un'altra mezz'ora.

Toc toc toc toc toc toc toc toc toc toc toc toc toc toc toc toc toc toc toc toc toc toc toc toc toc toc toc toc.

«Mà... a che punto sei?»

«Sto uscendo, sto uscendo...»

«...»

«...ma...»

«...'ma' cosa...?»

Tre secondi di silenzio.

«...dov'è la maniglia?»

Lo sapevo, lo sapevo, lo sapevo!

«Vedi una barra rossa?»

«Tipo ribes?»

«Barra, non bacca!»

«Ah... sì, qua davanti. Devo premere?»

«Sì! Sì!»

Clac.

«Non succede niente…»

Si era bloccata la porta.

«C'è il 73?» Di nuovo il medico. Chissà cosa aveva capito del mio gesticolare.

«Mà… spingi!»

«Cosa? La porta?»

«La barra!»

Clac! Clac! Clac!

Dall'altro lato, io provavo a premere la maniglia, senza successo. Misi da parte la conservazione del bene pubblico e cominciai a tirare fortissimo, con lo stesso spirito di una madre che solleva un'automobile che si è appena fermata sul piede del figlio.

CRACK!

Non so cosa si ruppe, ma la porta si aprì. Cigolante e bloccandosi a metà percorso. Ovviamente era già così prima che toccassi nulla, lo dico a scanso di equivoci. Presi mia madre per la manica e tornai in modalità Sisifo. In piano, questa volta, ma con equivalenti difficoltà.

L'avvicinarsi alla porta della sala del destino fu vissuto dal sottoscritto in pieno stile «Vai verso la luce!». È inevitabile che tu ci vada, ma non hai idea di cosa ci sarà dietro.

Tre metri. Due metri. Un metro. Entrammo.

«Buongiorno a tutti!»

L'entusiasmo di mia madre, identico a quello mostrato in questura, unito alle condizioni della sua faccia, furono il preambolo ideale della valutazione.

La commissione era composta da sei membri. I due sulla destra sembravano impegnati a gestire l'aspetto amministrativo, mentre i due sulla sinistra chiesero tutto il carteggio clinico.

Sul fondo, un altro sembrava un impiegato aeroportuale, addetto al controllo bagagli con i raggi X. Ci venne incontro l'ultimo, unico a stare in piedi. La sua faccia era l'emoji dell'angoscia.

«Signora, ma… ma… è caduta?!»

Era giunto il momento. Mi passò davanti qualunque risposta possibile, da quella che avrebbe fatto irrompere una squadra speciale per arrestarmi, sfondando la finestra dopo essersi calata dal tetto, a quella che avrebbe fatto fare irruzione al gruppo cinofilo, dando l'ordine a Fido666 di azzannarmi.

«Non sono caduta…!»

«…»

«…ho sbattuto!»

Gli sguardi dei presenti si spostarono su di me. «Ehm… purtroppo è caduta in bagno. Ha perso l'equilibrio alzandosi dal wc ed è andata in avanti.» Per la cronaca, era proprio la dinamica sulla quale avrei scommesso la casa, visto il racconto lacunoso di Zamira e una ricostruzione personale figlia di migliaia di puntate di *CSI*.

Non venne chiesto altro. O la cosa avveniva più spesso del previsto, risultando per loro la normalità, oppure l'addetto ai bagagli stava già premendo il pulsante nascosto sotto la scrivania per far arrivare Fido666.

Mia madre si accomodò su una sedia vicino alla porta e io mi collocai strategicamente dietro di lei. Volevo evitare di influenzare le risposte ai quesiti che le avrebbero posto, restando fuori dal suo campo visivo. Avrei potuto correggere le sue risposte, senza però dare l'idea di anticiparle.

Ora che potevo vedere il setting della commissione, mi immaginai scene – Babbo Natale incluso – con il familiare messo accanto al paziente, se non addirittura davanti, che rispondeva al posto suo.

O che gli tappava qualunque orifizio quando, dopo anni di silenzio, il paziente apriva bocca e cominciava a declamare il quinto canto del *Paradiso* di Dante, con la voce di Bruno Pizzul.

«Signora, mi dica, è venuta con suo figlio?»

«Sì!», rispose mia madre, «È l'amore mio, un figlio d'oro!»

«Eh, si vede. Quanti figli ha?»

«Uno!»

Da dietro, alzai due dita, facendo «no no» con la testa. Il medico alzò gli occhi e vide la mia correzione. Il sistema di fact checking silenzioso funzionava.

«Mi dica, è in pensione?»

Silenzio da parte sua. Io feci «Sì sì» con la testa, anche se mi sembrava pleonastico. Poi si sbloccò, elaborando la prima risposta iperdiplomatica. Non convinta, perché non ricordava di esserlo, ma convincente.

«Beh, dopo tanti anni di lavoro è giusto che una si riposi, no?»

«Certo, certo. E che lavoro faceva prima?»

«L'insegnante.» Altra conferma da parte mia.

«Si ricorda che giorno è oggi?»

Cinque secondi di silenzio.

«EHM…»

«Almeno il mese…?»

«Guardi, la botta è stata forte, sono un po' confusa.»

La botta?! Non potevo crederci, stava usando l'incidente come alibi per l'amnesia. Però quello se lo ricordava. Forse il dolore latente alla faccia era una specie di promemoria continuo dell'evento, quindi lei si basava su questa scia per non perdere il filo. Diabolico!

«Certo, certo…», commentò il medico, annuendo. «E invece dove abita?»

Lei non fece passare nemmeno un secondo. «Mah, lo sa, dopo tanti anni a girare, finalmente mi sono stabilita nella mia, ehm, cittadina di origine dove, ehm, è giusto che io passi del tempo dopo essere stata, uhm, tanto tempo fuori.»

Ero il figlio di una maga delle supercazzole.

«E quindi dove abita?»

Non potevo vederla in volto, ma immaginai gli occh… ehm, l'unico occhio aperto svolazzare per tutta la stanza alla ricerca di un riferimento: un calendario sponsorizzato da un'azienda locale, una maglia della squadra della città, un graffito… Nulla, non c'era.

«Beh…»

«…»

«…qui.»

Un piano raffinato, non c'è che dire, peccato che fossimo in un paese periferico e la cosa risultasse anche dalle carte.

«Qui… dove?»

«Ehm… vicino alla stazione?» Con la mano a

carciofino, feci notare l'errore. «Scusate, la botta è stata forte», ripeté.

«Capisco», disse il medico. «Quindi quanti figli ha?» Di nuovo.

«Due!»

Stavolta la risposta arrivò corretta e pure con un vigore d'altri tempi. Io feci ok con le dita.

«E come si chiamano?»

Rispose bene e io annuii di nuovo. Due di fila, che fosse la scintilla per iniziare a declamare *A Silvia* a memoria? «E lui chi è dei due?», chiese il medico, indicandomi.

Mia madre scosse la testa a sinistra e destra, perplessa. Comprensibile, aveva sicuramente dimenticato la mia presenza.

Mi avvicinai dal lato sinistro, facendomi vedere.

«Cu cu!»

«AAAAAAAAAH!»

Urlò come una ragazza pon pon, saltando letteralmente in aria e spaventando chiunque là attorno. Uno dei medici rovesciò il caffè su alcuni fogli che aveva davanti, iniziando a ululare alla luna.

Spuntando all'improvviso, proprio dal lato dell'occhio tumefatto e chiuso, le avevo causato ciò che le nuove generazioni chiamano *jump scare* (e che in questo caso è ciò che accadde in senso letterale, un salto generato da uno spavento improvviso), mentre le vecchie generazioni lo avrebbero bollato con un più classico «cagarsi sotto».

«Scusa, non volevo!»

«Ma quando sei arrivato?», balbettò lei, in evidente difficoltà respiratoria.

Uno dei medici, che fino ad ora non avevano proferito parola, guardò il collega e disse che poteva bastare. Nel frattempo, mi avvicinai agli altri due che si occupavano delle scartoffie perché non riuscivano a trovare un documento, insinuando dubbi, sospetti, intrighi, macchinazioni e cospirazioni.

Il famigerato foglio spuntò fuori tre secondi dopo.

Uno dei due mi guardò, notando il mio abbigliamento, e mi chiese che lavoro facessi.

«Sono uno psicologo clinico», risposi, con uno strano e non voluto accento londinese. «Con specializzazione in psicodiagnosi», conclusi, trattenendomi dal guardare l'orologio da taschino. Il treno da Times Square poteva aspettare.

Il medico si mostrò interessato e mi chiese come mi chiamassi. Glielo dissi.

E fu allora che mammina, risultata straordinaria nella sua sincera naturalezza, mai fuori dagli schemi e senza nemmeno dire una parolaccia, decise di mettere la firma su quell'incontro.

«Sentirete presto parlare di lui!», proclamò in tono fiero. «Mio figlio è furbo!»

La afferrai per mano prima che potesse dire qualunque altra cosa e ci spostammo velocemente verso l'uscita. Ne approfittai per chiedere quando avremmo avuto novità, anche solo per cambiare discorso.

«Entro sessanta giorni arriverà una comunicazione a casa.»

Uscimmo da lì, con la pioggia ancora battente. Una persona pia e ingenua potrebbe credere che, al contrario dell'affannosa salita all'andata, la discesa fu una passeggiata.

Tutt'altro. Se prima il rischio era quello di non arrivare su, in quel momento il problema era evitare di far fare a mia madre la fine della carrozzina che cade dalle scale ne *La corazzata Potëmkin*, recuperandola poi all'incrocio, venti metri più giù.

Mi misi in posizione *bodyguard*, davanti a lei, con le braccia larghe, nemmeno dovessi contenere la folla, e la discesa fu persino più stressante della salita.

Ma intanto era fatta. No, non mia madre, nonostante le movenze rallentate e l'euforia suggerissero il contrario.

Dopo le gite in montagna per farle fare una diagnosi completa, il documento perduto, la misteriosa caduta e qualunque altra cosa nel mezzo che sembrava più l'opera di fantasia di uno scrittore sadico piuttosto che la fantastica avventura della vita, avevamo superato lo scoglio della visita.

Non si fece sentire nessuno per quasi due mesi. Un giorno, mentre tenevo una lezione a un corso di formazione, mi arrivò un messaggio:

«INPS Comunica: emissione verbale di accertamento…» bla bla.

Il cuore cominciò a battere forte, interruppi il discorso in modo così repentino che gli studenti pensarono a un attacco di dissenteria, e li mandai in pausa, così da poter leggere il responso. Anzi, per finire di leggere il messaggio.

«Bla bla bla. Guarda il video, clicca qua». Seguiva link. «Clicca qua?!». Un video, poi…

Da esperto in truffe, sembrava proprio una roba di

phishing per carpire le credenziali di accesso della povera vittima.

Però, era strano, quante possibilità c'erano che i truffatori mandassero la comunicazione sui verbali INPS? Già era rischioso mandare quelli di una determinata banca, sperando di azzeccare quella del malcapitato di turno, ma in quanti avrebbero avuto a che fare con la commissione medica, di recente?

Arrivò un secondo SMS, questa volta con la comunicazione di emissione del verbale per il riconoscimento del sussidio di accompagnamento. Non poteva più essere un caso. Cliccai sul link, che era comune in entrambi i messaggi. E mi si spalancò un mondo.

Scoprii che «il video» era un'animazione di cinque minuti mandata proprio dall'INPS. Una specie di cartone animato, doppiato in italiano, sottotitolato ma, soprattutto, personalizzato.

La voce salutava mia madre, chiamandola per nome, per poi continuare: «Hai fatto una visita per l'invalidità? In questo video scoprirai il responso della commissione medica e bla bla.»

Ero allibito.

«Quindi, dai, vediamo insieme il risultato!»

Ora, per carità, carino, ma

1. dubito che il diretto interessato lo apprezzerebbe,
2. dubito che, se mai apprezzasse l'idea, la capirebbe, trattandosi di vari minuti di spiegazione
3. quanto sarà costata tutta 'sta roba?

A scanso di equivoci sul fatto di essere io prevenuto,

mesi dopo una vicina di casa ricevette una comunicazione legata alla mancata presentazione della dichiarazione dei redditi e al possibile impatto di ciò sulla propria pensione. Nel foglio era presente un codice QR per visualizzare un video. Lei non aveva idea di come fare, così la aiutai.

Scenario: signorina che parla a un'anziana signora: «Ciao! Sai che l'INPS ha a cuore te e i tuoi diritti di pensionata?»

Spunta un borsellino aperto, dentro il quale finisce una pioggia di euro. L'anziana è visibilmente contenta. «Questo video ti mostrerà come continuare a godere delle tue prestazioni collegate al reddito…»

La signora già si mette in posa riflessiva da cui traspare, nonostante sia un cartone animato, l'espressione «Non c'ho capito niente».

«…e, se hai diritto, ad ulteriori prestazioni.»

L'anziana si rianima.

«Segui il video attentamente, contiene tutte le informazioni utili!»

I successivi cinque minuti furono un compendio di ragioneria, applicata all'autenticazione tramite SPID al portale dell'INPS dove verificare la propria dichiarazione precompilata bla bla bla.

Posto che l'utente medio nemmeno avrebbe saputo come visualizzare il video, mi chiesi quanto il gioco valesse la candela.

Ma torniamo al caso di mia madre. Il video, come detto, era molto inclusivo e, tra voce, sottotitoli e documenti mostrati sullo schermo, era fruibile da chiunque.

Non potendolo ascoltare in quel momento, tolsi l'audio e iniziai a mangiarmi le unghie, in assenza di popcorn.

«INPS ha rilasciato il verbale sanitario per il riconoscimento dell'invalidità civile. Ti è già stato inviato tramite raccomandata…»

«Ma quando mai?», mormorai, attirando le attenzioni degli studenti rimasti in aula durante la pausa. Per sviare l'attenzione, mi portai le mani all'altezza dell'intestino e mormorai «Ahi ahi ahi».

«…ma sarà sempre disponibile nella cassetta postale su MyINPS, a cui accedi tramite SPID, CIE… o direttamente dal tasto alla fine di questo video.»

Ok, ok, ma andiamo al dunque!

«Ora guardiamo insieme le informazioni chiave nel modello di verbale.»

Dai. Dai. Dai.

«Ecco il tuo giudizio. Si trova nella seconda pagina.»

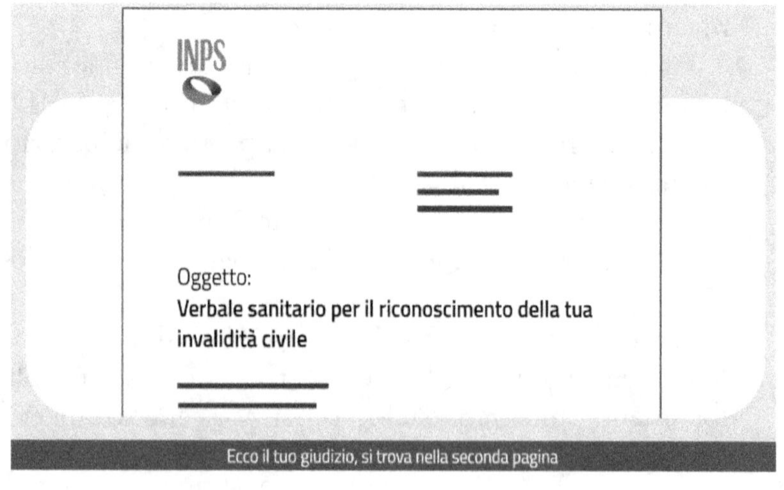

Poco dopo, apparve quanto segue:

Gentile

Le inviamo il Verbale sanitario per il riconoscimento
dell'invalidità civile.

L'accertamento sanitario si è concluso
**senza il riconoscimento di una prestazione
economica.**
INDENNITÀ DI ACCOMPAGNAMENTO

Nel tuo caso, l'accertamento sanitario si è concluso con il riconoscimento

Caddi nello sconforto e, devo dirlo, un po' nella rabbia. Mia madre era completamente non autosufficiente, com'era possibile non le avessero accordato l'indennità di accompagnamento?

Tra l'altro, ormai i risparmi erano ridotti all'osso, quindi come avremmo fatto? E come poteva cavarsela chi non aveva nemmeno uno straccio di pensione lavorativa?

Gli studenti, nel frattempo, a giudicare dal mio sguardo, immagino temettero avessi appena scoperto che casa mia, quando non ero presente, si trasformasse in una bisca clandestina, con blackjack e squillo di lusso – anzi, senza la bisca clandestina (quasi cit.) – e che l'avessi scoperto in quel momento, guardando la trasmissione in diretta delle telecamere.

Cominciai a mandare messaggi a destra e manca per

annunciare la novità.

Stavo per chiudere il PC, tornando al lavoro, quando l'occhio mi cadde (facendo di nuovo plaf) sul sottotitolo della suddetta schermata.

> Nel tuo caso, l'accertamento sanitario si è concluso con il riconoscimento
>
> della invalidità civile. E ti spetta anche una prestazione economica.

Come? Come? Come?

Rilessi, in preda a uno stato febbrile: «Nel tuo caso, l'accertamento sanitario si è concluso con il riconoscimento dell'invalidità civile e ti spetta anche una prestazione economica.»

A chi dare ragione? La schermata personalizzata, con tanto di nome, dava un'indicazione. Il sottotitolo, presumibilmente più generico, un'altra. C'era da impazzire.

Non potendo ascoltare l'audio, mi ricordai che il verbale, a parte la raccomandata, era disponibile nella cassetta postale digitale dell'INPS.

Smossi mari e monti per farmi mandare le credenziali da mia moglie e riuscii a fare l'accesso. La mano mi tremava mentre saltellavo da una pagina all'altra alla ricerca della comunicazione. Poi la trovai.

«Invio verbale sanitario per il riconoscimento dell'invalidità civile»

Era lei. Cliccai.

«Errore 404 – File non trovato.»

No, no, non era possibile! Era dentro la cassetta

postale! Me l'aveva detto la signorina cartone animato! Guardai la data di invio: 1/1/1900. E caddi con la faccia sulla tastiera, producendo un sonorissimo «Sbonk!»

«Ragazzi, è finita la pausa!», urlò uno degli studenti.

«O è morto il professore», rispose un'altra.

Oggi

Con l'arrivo di Zamira, io e mio fratello abbiamo iniziato a fare i turni a casa quando lei non lavora, non potendo lasciare mia madre da sola.

Il risveglio avviene in modo molto soft. Busso dolcemente alla porta e mi faccio vedere. Mia madre, risvegliatasi di botto, sfodera il suo sorriso più grande e allarga le braccia.

«Che bello! Ti stavo sognando proprio ora!» è diventata la sua battuta iniziale brevettata. «Mi viene da piangere, mi si allarga il cuore!»

«No, no, te l'ho detto, non ti fare allargare niente! Invece, buongiorno! Dai, ti ho preparato la colazione.»

«Che figlio meraviglioso! Signore, grazie per questo figlio. È bello, buono, bravo, intelligente... non gli manca niente. Solo i soldi, ma per quello non posso aiutare. Aiutalo tu!» E lì pianti su pianti, di pura commozione.

La aiuto ad alzarsi e ad andare in cucina, dove è pronta la colazione. O, meglio, la mia versione della stessa.

Prima di andare via, Zamira le lascia uno yogurt, un plumcake e dieci biscotti. Un pasto da atleta obeso, insomma. Considerando che mia madre consuma nell'arco della giornata le stesse calorie di un orologio a cucù, attivo una dozzina di volte al giorno giusto per uscire, dire la sua battuta e rientrare, finirebbe tutto a ciccia e brufoli, così devo rimaneggiare le porzioni.

«Pure la colazione!», esclama sempre. «Non me lo merito! E poi... che ci fai sveglio, a quest'ora?»

«Mà, sono le nove e mezza.»

«Di sera?»

«Faresti colazione alle nove e mezzo di sera?»

«Di mattina?!», si stupisce sempre.

«Già.»

«Ah, ecco perché sei bello arzillo.»

A quel punto rivolge, come da routine, lo sguardo a un Cristo appeso alla parete e inizia la litania mattutina.

«Ti adoro, mio Dio, e ti amo con tutto il cuore. Ti ringrazio di avermi creato, fatta cristiana e conservata in questa notte. Perdonami il male commesso e... ehm... uhm... mannaggia, me la scordo sempre, questa.»

«Dai, c'è tempo dopo per le preghiere. Ora mangia, che poi c'è la messa.», le dico sempre la domenica.

Già, la prima delle tre mattutine. In inverno, preferisco non farla uscire per andare a messa, così segue quelle da casa. Tre, tutte consecutive, su altrettanti canali. Finisce di guardarne una, prende il telecomando e, iniziando lo zapping, si imbatte inevitabilmente su quella che stava iniziando. Non ricordando di averla appena vista, riprende da capo. Se, per caso, c'è un breve stacco tra l'una e l'altra, riattacca col fai-da-te.

«Ti adoro, mio Dio, e ti amo con tutto il cuore. Ti ringrazio di avermi creato, fatta cristiana e conservata in questa notte. Perdonami il male commesso e... ehm... uhm... mannaggia, me la scordo sempre, questa.»

A mezzogiorno, tocca alla benedizione del Papa. Questi, puntualissimo, si affaccia su San Pietro e inizia l'Angelus. Altrettanto puntuale, mia madre inizia a pregare, per poi fare sempre la stessa domanda.

«Ma il Papa, a parte questo, cosa fa?»

All'inizio cercai di immaginare la giornata tipica del Papa: «Beh, le udienze giornaliere. Poi qualche viaggio. Poi, boh, non so.»

«No, dico a parte fare il Papa.»

«...»

«Cioè, fa anche altri ruoli nel gioco?»

La prima volta riflettei sul fatto che il Papa non è che cambi ogni anno, quindi, ricordando quello di venti anni prima, non era affatto strano che, vedendone uno nuovo, lo scambiasse per un attore.

«Ehm, no, è il vero Papa.»

«Ah. E quello di prima allora era morto?»

«Ehm, no... non subito almeno.»

«In che senso?»

«In realtà, prima si è dimesso.»

«Ma chi, il Papa? Non può dimettersi.»

«E invece sì...»

A quel punto si incupisce, forse per il sospetto che non gliela racconti giusta, e torna a pregare.

«Perdonami il male commesso e... uhm, mannaggia...»

Nei periodi di bel tempo, andiamo a messa di presenza. Ciò comporta prepararsi e vestirsi a dovere. Primo passo: andare in bagno. O, meglio: trovare il bagno.

Il caro ippocampo rende impossibile orientarsi anche nello stesso spazio dove aveva vissuto quotidianamente per più di quarant'anni, così ogni volta mi chiede dove sia, al punto che le mie risposte nel corso del tempo sono diventate dei classici: «In fondo a destra, come tutti i bagni» o «Indizio: se c'è un letto, non è il bagno.»

Mentre lei provvede a lavarsi, io vado in camera da letto a prepararle i vestiti, lasciandoli pronti sopra le coperte.

«Non trovo i vestiti!», urla inevitabilmente lei, dopo aver lavato viso e denti.

«Non sono in bagno…», rispondo io dall'altra stanza.

«E dove sono?»

«In camera da letto.»

«E dov'è la camera da letto?»

«Accanto al bagno.»

Seguono non meno di cinque minuti di silenzio totale. E sarebbero dieci o venti se non intervenissi.

«Tutto ok?»

Cinque secondi di silenzio. «No.»

Uno potrebbe pensare che in quei cinque minuti non faccia nulla, vista l'assenza di un benché minimo rumore. In realtà, la sua abilità da gatto è tale da riuscire a vestirsi senza muovere una foglia, per poi restare confusa di fronte a un bottone da chiudere o a quali siano i vestiti da mettere. Capita di trovarla vestita dalla vita in su e indicare i pantaloni accanto a lei per completare l'opera. A quel punto esco, per garantirle un po' di privacy.

Cinque minuti dopo, non vedendola spuntare, chiamo nuovamente: «Mà, tutto a posto?»

Cinque secondi di silenzio, ormai tradizionali.

«No.»

Tornando in camera, due volte su tre la ritrovo in pigiama. Giustamente, avendo dimenticato di essersi appena vestita e dovendosi cambiare, cos'altro può fare se non mettere qualcosa di diametralmente opposto a ciò che indossa, trovato peraltro accanto a sé?

Ama andare a messa, anche se ha le idee un po' confuse. All'ingresso, ad esempio, è presente il gel igienizzante. Credo l'abbia scambiato per un'acquasantiera 2.0, visto che ogni volta che le bagno la mano, lei lo usa per farsi il segno della croce. Come darle torto, visto quello che abbiamo passato?

Inoltre, ricorda il rito di quindici anni fa e vorrebbe fare lo scambio della pace dando la mano e non con un inchino, buona tradizione igienica lasciata dalla pandemia. Infine, non capisce perché il prete sia un signore indiano dalla pelle scura.

«Buongiorno, miei cari», saluta lui vedendoci arrivare.

«Devo dargli qualcosa?», sussurra mia madre, cercando spiccioli in tasca.

«Mà, per favore, è il sacerdote!»

Frequentando la messa domenicale per i bambini che seguono il catechismo, come nel caso dei miei figli, lo stesso sacerdote ha la simpatica abitudine di fare le omelie piene zeppe di domande e frasi lasciate volutamente in sospeso per stimolare i giovincelli a rispondere.

O almeno l'idea è che lo facciano solo i bambini e non donne non più propriamente nel fiore degli anni, che scambiano quei momenti per una versione mattutina di un quiz televisivo, tentando di rispondere a un volume esageratamente alto.

«Ed è così che, secondo il Vangelo, Gesù salì sul…»
«Tetto!»
«Mà, silenzio!»

«…monte», continua il sacerdote, impassibile.

«Visto? Mi hai fatto sbagliare!», dice allora mia madre, tornando a concentrarsi.

«E il figlio prodigo, dopo un lungo viaggio, decise di…»
«Lavarsi!»

«Mà, per favore!», le bisbiglio. Omelia, ormai, fa rima con agonia.

In auto, ho cominciato a introdurre la musica di Brunori Sas per scardinare un po' il duopolio Mannoia-Gabbani. Sembra funzionare. Anche i Nanowar of Steel, con il loro metal demenziale, riescono a scuoterla.

Di balconi non parla più, mentre la fissa per i palazzi è aumentata a dismisura. Li guarda con ammirazione, mi chiede di continuo se siano popolari, in qualunque accezione del termine, e ne parla con stupore, un po' come farei io se mi teletrasportassero su Urano e lì scoprissi una popolazione che abita dentro case a forme di WC. Avrebbe senso, a pensarci bene.

Quando c'è bel tempo e ci mettiamo sul dondolo in balcone, parte inarrestabile una disquisizione sull'urbanistica della periferia, da lei esaltata.

C'è un'unica parentesi al riguardo: «Lo vedi l'indiano?», chiede, ogni tanto. Nessuna delle dodici risposte possibili a tale domanda, molte delle quali facilmente equivocabili come xenofobe e/o legate all'assunzione di droghe varie, è corretta.

«Sì, mamma.»

L'indiano in questione è la sagoma di un monte che si vede da casa. Effettivamente sembra un indiano che dorme nella posa di un faraone. Dopo che te lo fanno notare una volta, non riesci più a vedere altro. Tuttavia, per vederlo da solo la prima volta, mi sa che sotto sotto le sostanze psicotrope qualcosa c'entrano.

A proposito di pasticche, benedetto sia l'inventore di quegli organizer settimanali, dove puoi distribuire le pillole, così da sapere se hai già preso quelle della domenica mattina o meno. Lo usiamo da tempo e io sono diventato cintura nera di distribuzione dei dieci farmaci diversi che prende, rifornendolo settimanalmente cosicché Zamira non possa sbagliare.

Ma se non ricordi che giorno sia, tutto diventa più difficile e sarebbe semplice prendere le medicine di nuovo, nel dubbio. Poi, pochi secondi dopo, ritrovarsi con lo stesso dilemma, risolvendolo allo stesso modo. E poi ancora. E poi ancora. Non ha un'autonomia personale e non prende l'iniziativa perché ha paura di sbagliare.

Pensandoci bene, perché facciamo una scelta piuttosto che un'altra? A volte perché sappiamo a cosa andremo incontro. Altre perché, avendo già provato le alternative, è l'unica possibilità rimasta.

Ma se non ricordiamo di aver fatto qualcosa e ogni nostra azione sembra fine a sé stessa, cos'è giusto fare? E che succede se si fa la scelta sbagliata?

Per mia madre ormai è così: mangia lo yogurt perché uno glielo pone davanti, ma se le si dice di prenderne uno da sola, resta lì ferma a cercare di intuire quale sia il gusto corretto da scegliere.

«Dimmi che devo fare?», ripete sempre.

«Aiutami ad apparecchiare, dai.»

A quel punto, fornendole un elemento per volta,

apparecchia. Tre minuti dopo: «Dimmi che devo fare.»

«Riposati, non preoccuparti, hai già apparecchiato, stiamo aspettando che la pasta si cuocia.»

Una logica conseguenza per chiunque, tranne che per lei che non ricorda di aver appena apparecchiato. Men che meno di mangiare.

Tante volte capita di cenare insieme, la domenica, sparecchiare e sistemare la cucina. Il tempo di scendere per andare a buttare la spazzatura e risalire, ritrovo la tavola apparecchiata e lei che mangia gli avanzi del cibo, trovati nel frigorifero.

«Mà! Abbiamo appena finito di mangiare!»

«Ma che dici, me lo ricorderei!»

Idem per quanto riguarda lavarsi, o addirittura dormire. È un eterno presente in cui è facile credere di essere inutile o manipolati.

Molti vorrebbero liberarsi del proprio passato, perché ne sono schiavi o semplicemente nostalgici. Rivaluterebbero questo desiderio, se si rendessero conto che c'è chi un passato non ce l'ha più e non sa che fare col proprio presente.

«Amore mio», mi dice tutto ad un tratto.

«Dimmi, mamma», rispondo in tono amorevole.

«Dimmi che devo fare.»

«Pensa a quanto ti vogliamo bene, alla famiglia che hai, ai tuoi figli, alle tue nuore e ai tuoi nipotini.»

«Questo lo so. Ma che devo fare?»

Quando dice così, ricordando la convivenza a casa mia,

sento scricchiolare il mio A.T. Field[21] o, per i meno nerd, quella sottile barriera che costituisce la mia integrità psicofisica. A distanza di anni, sono pressoché certo che non tornerà mai quella di prima. I bruschi cambiamenti di rotta nella vita quotidiana, anche se di livello nemmeno lontanamente paragonabile a quello della caduta dall'auto di mia madre, mi inquietano come se sentissi un rumore sospetto alla porta di casa, alle tre di notte.

Mi sono reso conto di aver allontanato amici a cui voglio bene, diventando sfuggente. Sono tutti quotidianamente nei miei pensieri, e convivo con il senso di colpa di non riuscire a fare un numero e chiamarli, senza motivo, come facevo prima. Credo sia lo scotto da pagare per aver tagliato i ponti verso l'esterno nei mesi in cui mia madre è rimasta a casa mia, quando mi sentivo così solo da dover giustificare a me stesso la cosa, isolandomi. Se mia madre avesse avuto un impegno quotidiano per uscire di casa, lasciando a me e alla famiglia, delle ore per noi stessi, tutto questo non sarebbe successo.

È per questo, e per preservare Zamira, che oggi frequenta quel centro per malati di Alzheimer, già citato prima. Non soffre ufficialmente di tale patologia, ma ne condivide buona parte delle caratteristiche. È un luogo dove poter fare delle attività per molti banali ma davvero importanti, anche a livello sociale. Quindi figuriamoci se badiamo ai formalismi.

---

[21] Nel manga/anime *Neon Genesis Evangelion*, è una barriera fisica, difensiva e invisibile, posseduta anche dagli esseri umani, che li separa gli uni dagli altri e conferisce loro la propria forma fisica.

Mi ricorda molto i centri di attività extrascolastici dove ho lavorato all'inizio della mia carriera. Gestivo laboratori di arte e cucina con ragazzi con varie disabilità. Li vedevo apprezzare scampoli di serenità, accrescere la propria autostima svolgendo attività quotidiane (come cucinare, cosa che a casa gli era probabilmente preclusa) e sentirsi parte di un collettivo dove, qualunque fosse la loro condizione clinica, erano i benvenuti.

Ogni volta che vado a prendere mia madre, leggo negli occhi degli operatori gli stessi pensieri che passavano per la mia testa tutte le volte che i genitori dei partecipanti alle nostre attività tornavano a prenderli. Allo stesso tempo, sperimento i sentimenti dei parenti stessi che, grazie a centri come questi, possono recuperare parte della propria quotidianità, fosse solo per qualche ora al giorno.

Seguiamo le peripezie di mia madre sui social network. Ai miei tempi non c'erano ancora, mentre oggi gli operatori del centro che lei frequenta pubblicano foto e video delle attività del giorno. Così, tra un piccolo recupero della sua manualità artistica facendo decoupage e della ginnastica dolce per sgranchirsi un po', passa le mattine in un gruppo di cui ignora l'esistenza una volta sedutasi sul mezzo che la riporta a casa, ma che è l'equivalente di una scuola primaria per adulti, seppur nel ruolo di alunna. Un'amara ironia, dopo quasi quarant'anni di carriera come insegnante di scuola elementare.

A dirla tutta, in alcuni video ha dimostrato di essere la guascona della classe. Apprezzamenti ai lati B delle operatrici, pacche sui lati B delle operatrici e, in generale, una certa fissa per i lati B delle operatrici. Nelle foto la si trova spesso a braccetto con un anziano compagno di classe. Temo lo tratti come toy boy.

L'apice di questa testimonianza social, probabilmente inarrivabile, a meno che non cominci ad appendersi al lampadario urlando «Sono Tarzaaaan!», fu in occasione del suo compleanno.

Esattamente come a scuola, il centro ha l'usanza di celebrarlo in modo speciale. Quando toccò a lei, il momento si svolse come da prassi. Mise in testa un bel cappello celebrativo, molto simile a quello del Cappellaio Matto di *Alice nel paese delle meraviglie* e attese per spegnere le candeline, mentre l'intero gruppo cantava:

«Tanti auguri a te /
Tanti auguri a te /
Tanti auguri cara amica /
Tanti auguri a...»

«...TEH!», concluse mia madre, associando all'esclamazione un gesto dell'ombrello da antologia, benedicendo così l'intero auditorio. Il tutto fu abilmente ripreso a imperitura memoria social. Gli sguardi allibiti degli altri utenti, basiti da tale inventiva da parte sua, resteranno tra i miei più cari ricordi.

Un momento, si dice *caro* quando poi te lo sogni la notte?

Alla sbarra

«Cappanera! Di nuovo lei!»

La vena sulla fronte del Giudice cominciò a pulsare esattamente come in occasione del nostro primo incontro[22]. Ero certo che non avrebbe dimenticato facilmente quell'episodio, ma speravo di trovarlo ammorbidito, dopo un paio d'anni. Mi sbagliavo.

«Io lo sapevo», tuonò di nuovo, battendo la mano contro l'imponente scrivania in legno. «I criminali sono recidivi e tornano sempre sul luogo del delitto!»

«Ma mi avete convocato voi…», risposi io, in modo candido. Il risultato fu vedere la vena sulla fronte del Giudice pulsare ancora più rapidamente. «A proposito, stavolta il motivo qual è? Ho raccolto una cartaccia da terra e l'ho buttata nella spazzatura in orario non consentito?»

«Oh!», gongolò lui, «Molto peggio! Anche se verificheremo anche quello. Oggi finalmente vedremo di che pasta è fatto per davvero! Le consiglio di mettersi comodo e godersi lo spettacolo, bwa bwa bwa», concluse, ridendo come Jabba The Hutt. Ne approfittò per pulirsi le sopracciglia con la lingua.

Nel frattempo la sala si stava riempiendo, e riconobbi

---

[22] Non hai ancora letto *Volevo solo trovare lavoro agli altri: vita, morte e miracoli di un navigator*?! Ma che ti ho fatto di male?

vari volti noti. Non vi fu il tempo di salutare nessuno, perché il Giudice prese subito la parola.

«Siamo qui riuniti, oggi...»

«Per celebrare le nozze di chi?», urlò qualcuno tra i presenti.

«Silenzio, non cominciamo subito a buttarla in caciara! Sgrunf, dicevo... Siamo qui oggi per il processo a quest'uomo. Se già in passato aveva biecamente truffato lo Stato e i suoi fedeli contribuenti con nefandezze che solo un navigator poteva anche sognare, oggi costui ha persino peggiorato la sua condotta. Come? Non solo non ha badato adeguatamente alla propria madre, sangue del suo sangue, ma ha persino osato instillare il dubbio che regolari, preparate e affermate lavoratrici abbiano tradito le sue aspettative come assistenti domiciliari. Come anche che realtà imprenditoriali serie, come molte RSA, non svolgano adeguatamente il proprio lavoro! Rendiamoci subito conto della gravità della cosa», continuò, dando al proprio tono di voce quella sfumatura di ovvietà che non guasta mai. «Per me possiamo pure chiuderla qui, buttandolo in cella e gettando via la chiave...»

La folla iniziò a mormorare. C'era chi mi additava, bisbigliando al proprio vicino qualcosa. Altri mi guardarono di sfuggita, per poi mettersi il dorso della mano sulla fronte e svenire. Ci fu persino chi si fece il segno della croce. Io restai in silenzio.

«Tuttavia», riprese il Giudice, con tono rassegnato e contrariato, «la legge mi impone di avere delle prove al riguardo. Ne abbiamo una quantità tale che non ci vorrà molto. Quindi, senza ulteriori indugi, chiamo subito a testimoniare il primario di neurologia che per primo si occupò della madre dell'imputato.»

Il primario si alzò dal proprio posto, andando a occupare lo spazio per la deposizione.

DING DONG!

«Cos'è stato?», domandò il Giudice, alzando un sopracciglio. Il medico, nel frattempo, si era appena seduto, così dovette concentrarsi su di lui.

«Dottore illustrissimo. O preferisce eminenza? Comunque sia, ci parli di Cappanera.»

«Che le devo dire?», iniziò il primario. «Ricordo ancora quando lo vidi per la prima volta. Era provato per quanto successo alla madre, ma iniziò subito a fare supposizioni su cosa potesse avere.»

«Ah-a! Senza essere un medico!»

«Infatti gli chiesi se lo fosse, visto che quanto diceva era molto pertinente alla situazione.»

«Ah… Quindi lui vi disse, millantando, che era un medico?»

«No, disse che era uno psicologo. Però le assicuro che aveva idee niente mal...»

«La interrompo subito», tagliò corto il Giudice. «E voi vi siete ovviamente risentiti quando lui cercava di fare il vostro lavoro?»

«No. Anzi, ci fece notare pure cose che non avevamo considerato, come l'alta soglia del dolore di sua madre. Durante il ricovero, cadde tre volte dalla barella e ogni volta sembrava non avere dolori. Pensavamo fosse un miracolo...»

«Tre volte?! Non fu una sola?!», chiesi, sorpreso.

«Silenzio!», urlò il Giudice, rendendosi conto della fase delicata della deposizione. «E quindi cosa avete fatto?»

«Beh, l'abbiamo legata al letto e...»

«Credo sia meglio torni al suo posto, grazie!», si affrettò a dire il Giudice, facendo segno perché il primario si alzasse il prima possibile. I presenti continuarono a mormorare.

«Signori, signore», cercò di sedare lui l'apparente malumore, «Sappiamo tutti che la sanità pubblica ormai non funziona più e che tutti dovremmo fare un'assicurazione sanitaria per beneficiare di Sanità con la S maiuscola, lasciando gli ospedali agli indigenti. Per questo motivo, chiamo ora a deporre un luminare di neurologia, un dottore di fama mondiale. Altro che primario da quattro soldi. Prego, prego, si accomodi.»

Il neurologo fece il suo ingresso nell'aula, con il fido segretario che gli spalancò la porta, a mo' di scudiero.

DING DONG!

«Ancora!?», borbottò il Giudice, guardandosi intorno. «Cercate di capire da dove provenga questo suono! Bah, si sieda, prego.»

Il neurologo fece qualche passo, squadrò la stanza e non la reputò degna della sua presenza. «Dico, io dovrei parlare QUI? Dovete fare di meglio per avere la mia collaborazione», disse con fare spocchioso. Il Giudice, invece che contraddirlo, fece portare in fretta e furia dei mobili d'epoca da un'altra aula, delegando due impiegati a tenere dietro il professionista uno sfondo mobile con la riproduzione di una sala del Louvre, uno, mentre il secondo avrebbe valorizzato il viso dell'uomo con la riproduzione della cornice della Gioconda. Un poggiapiedi in pelle di marmotta e qualche vecchio faldone dato alle fiamme per simulare il camino ed ecco che l'aula si era trasformata in men che non si dica in una sorta di clone dello studio originale del neurologo, da me visitato qualche mese prima.

Non del tutto soddisfatto all'apparenza, l'uomo si accomodò sul trono appositamente portato da casa, misteriosamente apparso al centro della sala.

«Dottore, ci illumini lei. Cosa ha da dirci su quest'uomo?», chiese il Giudice, indicando me.

«Perché? Quale sarebbe il problema?», rispose lui, pulendo gli occhiali con una pezzuola.

Il Giudice cominciò a raccontargli della prima causa, ai tempi dei navigator, e di come me la fossi cavata grazie a cavilli meschini, a una parlantina ipnotica e a probabili mazzette sottobanco. Continuò affermando che il sistema giudiziario italiano era marcio fino al midollo proprio a causa di gente come me, che non aveva il fegato di accettare con serenità qualunque colpa imputatagli.

Il neurologo si aggiustò gli occhiali e chiese al Giudice cosa avessero provato a fare fino ad allora. Questi, nei venti minuti successivi, raccontò di udienze fiume, testimoni aggressivi, trappole mentali e quant'altro la legge prevedesse, ma nulla sembrava tangermi. Poi attese in religioso silenzio la risposta del professionista.

«Beh…», iniziò lui. «Possiamo vederci tra sei mesi per valutare la situazione.»

«Eh?». Il Giudice non seppe cosa dire. «Ma... ma...»

Il neurologo, nel frattempo, si era alzato e stava

dirigendosi verso l'uscita, quando lui sentì tossire dietro le sue spalle.

«Coff coff...»

Giratosi, vide il segretario del neurologo con un barattolo tintinnante in mano e gli occhi che rimbalzavano tra quest'ultimo e il Giudice. Dato che questi non accennava a elargire la mancia, seguirono anche degli eloquenti cenni con la testa verso il barattolo.

«Mi dispiace, ho solo una banconota da 500 euro», disse lui, alla fine. Un vecchio trucco, lo conoscevo bene, era praticamente infallib…

«Nessun problema, ho il resto!», cinguettò lei. E in effetti riuscì a darglielo. 495 euro, in monete da 10 centesimi.

Ritrovatosi con un sacco pieno di denaro, nemmeno fosse un pirata, il Giudice provò a ricomporsi.

«Arrr, ciurma dei miei stival... ehm, dicevo. Ringraziamo la dottoressa, una deposizione preziosa ma non sufficiente a far emergere le colpe dell'imputato. È per questo che chiamo ora a testimoniare la direttrice di una delle più rinomate RSA del circondario.»

DIN DON!

«Insomma, che diavolo è questo rumore?», sbottò.

La donna si accomodò al banco e la cosa lo costrinse a non approfondire la faccenda, ancora una volta.

«Ho saputo che l'imputato è venuto a visionare la vostra struttura. Dalla brochure vedo che è una palazzina indipendente a due piani, super moderna, dove si svolgono una serie di attività stimolanti e, mi permetta, addirittura mozzafiato.»

«Ah, allora non è la nostra», rispose lei. Poi, capito di aver esagerato, si corresse: «Beh, sì, non è la nostra, ma solo i venerdì. Sa com'è, è il giorno delle visite, non possiamo fare attività. Lui venne proprio un venerdì.»

«Immaginavo. Leggo qui che ha osato criticare la vostra RSA, sputando veleno su una struttura all'avanguardia che fa sentire a casa i propri assistiti, è vero?»

«Assolutamente», confermò la direttrice. «Nella nostra struttura, che noi definiamo *Resort des Personnes Âgées Qui Adorent Danser 'Brigitte Bardot, Bardot' Dans Le Petit Train*, i nostri ospiti vengono prima di tutto. Li svegliamo, gli facciamo fare colazione, pranzo, cena...»

«E tante altre cose, nel frattempo, certo... come il parrucchiere, l'estetista...», aggiunse il Giudice.

«Beh, sì, anche se quelle sono extra», specificò lei.

«Ci mancherebbe. Però tra un pasto e l'altro ci sarà tanto da fare.»

«Certo, abbiamo un televisore nella sala comune.»

«Interessante. E poi?»

«Dipende. La vedo interessato. Che budget ha?», rispose la direttrice, tirando fuori una brochure. Fece per continuare, mostrando il tariffario per la sua testimonianza e per un eventuale soggiorno in regime di mezza pensione, quando tra i presenti cominciò a esserci un notevole trambusto.

DING DONG!

DING DONG!

DING DONG!

DING DONG!

«Insomma! Bast...», urlò il Giudice, prima di vedersi

mozzare il fiato in gola. D'improvviso, dal gruppo si era staccata una strana figura, apparentemente un incrocio tra una tigre dai denti a sciabola, che credevo fossero estinte, e un Mangiamorte di potteriana memoria.

Fece per scagliarsi contro la direttrice, con occhi iniettati di sangue e vene varicose in evidenza, quando virò verso il Giudice, che si parò il volto con le mani, illudendosi di proteggersi da tale furia.

«AMILCARE!», disse l'ex vicina di casa di mia suocera, abbracciando il Giudice con una specie di presa da judo. O semplicemente la posa di un koala attaccato a un albero. «AMORE MIO!»

«Ma... ma... PALMIRA! Che ci fai qui?», balbettò lui. «Ti davo dispersa negli Appalachi, quando gettai il tuo zaino nel burrone e feci perdere le mie tracc... cioè, dicevo, dai tempi della nostra gita negli Appalachi!»

La moglie del Giudice iniziò a baciarlo tutto, tappandogli la bocca con la cinta della sua vestaglia. A guardarla bene, sembrava quasi volerlo strozzare. «Ti prego, riportami a casa! Per favore, sono cambiata! Non ti rimprovererò più perché usi il gatto come spugna per lavare l'auto!»

La direttrice, lì vicino, abituata a tale scena, provò ad allontanarla, ma la donna si avvinghiò ancora al Giudice. Arrivarono due energumeni della RSA che, dietro cospicua mancia, riuscirono a liberarlo, trascinando la signora Palmira fuori dall'aula.

«Amilcare, chiamami!», fece in tempo a dire, prima di sparire dietro le pesanti porte della stanza. Nel frattempo, la direttrice era tornata a sedersi. Aveva infatti capito che non sarebbe stata pagata per la sua testimonianza.

«Chiamiamo a testimoniare... coooff... la signora Olga», riprese la parola il Giudice, cianotico, tenendosi la gola martoriata.

Olga si alzò lentamente dal proprio posto e guardò l'uomo che le sedeva accanto. Lui le passò un tulipano blu e lei, tenendolo come fosse un crocefisso, si avviò verso il posto indicatole dal Giudice. Il pensiero che le badanti avrebbero rivelato qualcosa di compromettente sembrava averlo ringalluzzito, nonostante al collo avesse ormai una specie di tatuaggio.

«Signora Olga, conosce Cappanera?»

Olga guardò il suo accompagnatore. Questi alzò una margherita bianca e lei rispose: «Sì».

«Perfetto, perfetto. E, ci dica, può confermare la cattiveria nei confronti di sua madre?»

«Madre?»

«Sì, sua madre.»

«Mia madre?»

«No, sua madre.»

«Chi? Mia madre?»

Il Giudice sbottò: «La madre di Cappanera!»

«Ah, vecchina, dice. No, tutto ok.»

«Nessun insulto?»

«No.»

«Nessuno nessuno?»

«No.»

«Insomma, ci sarà pure qualcosa che mi potrà dire su di lui! L'ha forse trascinata in qualche situazione sconveniente?»

«Io trascinante.»

«Cioè, lei ha trascinato lui?»

«No, io trascinante. Botta di vita. Bum bum!»

«Quindi non ha altro di utile da dire?» Olga restò in silenzio e cercò di nuovo il contatto visivo col suo accompagnatore.

«Scusi, ma perché guarda sempre quel signore?», domandò il Giudice. «È mica suo marito?»

«No.»

«...e quindi è...?»

«Lui è...»

«...»

«Lui è mio...»

«...»

«...ehm, uhm, compagno.»

«Basta così!», si stufò lui. «Meglio passare a un altro testimone. Vediamo un po'... la badante successiva.»

Olga fu colta da un brivido improvviso. Forse il fatto di sentirsi preferita a qualcun'altra le diede il coraggio necessario per prendere la parola. Lo fece sottovoce, come se avesse nuovamente paura di essere intercettata.

«Giudice...»

«Uh?»

«Solo una cosa...»

Se Olga era stata smossa da un brivido, a quelle parole il Giudice fu sobbalzato da una scossa elettrica. Forse Olga aveva ricordato qualcosa di compromettente.

«Dica, DICA.»

«Prossima badante è rumena o polacca?»

Il Giudice la scacciò con un gesto della mano,

insofferente di fronte all'andamento del processo. Guardò l'agenda e convocò la badante successiva: Alexia.

Nessun movimento in aula. Tutti si guardarono tra loro e il Giudice stesso scrutò la folla per capire dove fosse.

Improvvisamente, le porte dell'aula si spalancarono e comparve Alexia, imprigionata in una camicia di forza e con un'inquietante maschera a coprirle il volto. Era legata a un carrello trasportatore e una persona dietro di lei la spingeva verso il Giudice.

«Perché mai un corriere dovrebbe trasportare una badante?», borbottò lui.

«Guardi che è un infermiere di un istituto psichiatrico», feci notare io.

Questi arrivò di fronte al Giudice. Alexia lo guardò dritto negli occhi ed emise un suono simile a un sibilo seguito da uno schiocco di lingua, come se stesse assaporando qualcosa. Qualcosa di molto simile a Hannibal Lecter ne Il silenzio degli innocenti.

«Via! Via! Rifiuto il pacco!», urlò il Giudice, spronando l'infermiere perché la portasse via. «Ce ne fosse una normale...», sussurrò poi, asciugandosi il sudore sulla fronte. Nuova occhiata all'agenda.

«Chiamo a testimoniare la signora Tatiana. Sembra una persona così a modo, sono sicuro ci illuminerà a dovere sulla condotta quasi criminale oggetto di questo processo.»

DIN DON!

Le porte si aprirono e Tatiana fece la sua comparsa. La parrucca odierna le dava lo stesso look di Uma Thurman in Pulp Fiction. O Tokyo ne La casa di carta. O forse il

Signor Potato, chissà. Indossava un boa di piume leopardate, una canotta color ciano fluorescente e pantaloni di pelle che lasciavano ben poco all'immaginazione. Lo zainetto pieno di allegria completava, come da tradizione, il suo ricercato outfit. Posò lo zainetto sotto la sedia, che nell'impatto fece uno strano rumore, e si accomodò al suo posto.

«Signora Tatiana...»

«Signurina, prego! Io ti sembro sposata?»

«No, ma io...»

«Io ti sembro ormai vecia nona e che si è lasata anda?»

«Beh, vecchia magari no ma... insomma, lei è qui per rispondere, non per fare domande!», sbottò il Giudice. «Mi parli dell'imputato.»

«O paura di lui, a usao parole molto male!»

«Ah-a!», gongolò il Giudice. «Finalmente qualcosa di interessante! Dica, dica.»

«Allora... lui mi ha dito che no ha saputo apri una porta...»

«Una porta! Incredibile! E ha dato la colpa a lei?»

«Siii! A usao parole molto negative, se ci penso plango, buuuu!», concluse lei, coprendosi il volto tra le mani. Allargò giusto due dita, in corrispondenza di un occhio, per verificare che il Giudice la stesse guardando.

«Ignobile, davvero! E perché non riusciva ad aprirla?»

«Lui dice che io avevo uchuso con ferro da dintro...»

«...»

«...ma io no sapeo che ferro da dintro uchudeva la porta da fori!»

«Beh, se il ferro che dice lei è il chiavistello, quello serve per i ladri...»

«Ma io no ladra!», sbottò lei. «Io uchuso la porta! Io no sapevo che a nona scappava la pipì e fatta a dosso!»

Da Tatiana a Tafazzi il passo risultò molto breve, così il Giudice cercò qualche spunto per cambiare argomento.

«A parte il discorso della porta, come è stata trattata a casa loro?»

«Mah, io lavoravo tropo tropo, sempre sempre, e no mi riposavo mai.»

«Incredibile, siamo a livello di schiavismo!»

«E poi...», continuò lei.

«E poi...?», incalzò il Giudice.

«Signur Giudice, cos'è quela cosa?», continuò Tatiana, indicando un punto imprecisato dall'altro lato della sala. Tutti istintivamente si girarono per capire di cosa parlasse.

Glu glu glu...Stomp!

«Signora Tatiana, di che sta parlando?», chiese il Giudice, tornando a fissarla. «Io non vedo niente.»

«Nula, o creduto che ho veduto un puffo nudo», disse lei, asciugandosi la bocca.

«Capisco. Dicevamo, lavorava troppo. Era costretta anche a mansioni diverse da quelle previste dal contratto? Ad esempio, cucire palloni, disossare vitelli, ristrutturare il balcone...?»

«No, io il balcone lo spalavo speso e lui usao parole molto male per esto! Io lavuro esta tropo che sudavo esta tropo e me lavo esta tropo!»

«Vogliamo parlare della piscina?», domandai io, a quel punto.

«Cappanera, stia zitt... Piscina?! Quale piscina?», chiese

sorpreso il Giudice, dopo un iniziale risentimento.

«Io volea comprare piscia, lui no volea comprare! Io poi comprata.»

«Cioè ha comprato di tasca sua una piscina? E dove l'ha messa?»

«In terrazza.»

«Ah, capisco. Voleva così bene alla sua assistita da darle quel relax che nemmeno suo figlio voleva garantirle!»

«Assistita?»

«La... nonna», specificai io.

«Ah! No, a nona non ce venuta mai, c'era spazo solo per me, eh eh.»

Il Giudice decise stranamente di voler andare a fondo alla faccenda.

«E perché solo lei?»

Tatiana, capendo l'antifona, provò a mescolare le carte. «Ei, cos'è quelo?», disse di nuovo, indicando un altro punto della stanza. Ancora una volta, tutti si girarono.

Glu glu glu…Stomp!

«Insomma! Cos'è che vede di continuo? Ancora il puffo nudo?»

«No no, ah ah... Io... ah ah...»

«Cosa le prende, adesso?», indagò lui.

«Niente ho pensato che nella piscia... oh oh oh...» Tatiana si mise a ridere a crepapelle.

«Si sente bene, signorina?»

«Io? Motto bene! Perché?»

Il Giudice sembrò non sapere cosa dire. «La vedo diversa da... e ora che sta facendo? Metta giù quel cellulare!»

Tatiana aveva tirato fuori lo smartphone e, inquadrandosi dall'alto verso il basso, stava mettendo in atto i suoi classici ammiccamenti social: occhiali su e giù, bacetti, movimento del capo per muovere il ciuffo e l'immancabile lip-sync in lingua ignota e sincronismo altrettanto ignoto.

«Uuuu, che becchettone. Facciamo TikkiTokko insieme? A propo, tanti video a casa di nona.»

«In che senso?»

«Tanti video cun me... privati», continuò Tatiana.

Il Giudice si ringalluzzì tutto nell'arco di un paio di secondi. «Ci siamo! Questa sì che è una prova schiacciante! Ma, mi dica, sono video privati... privati?»

«Sì...»

«E, mi dica, mi dica, c'è mica lei in abiti... succinti?»

«Sì, sì!»

«E, scusi se indago, ma lei a volte è pure», abbassò tutto insieme la voce, «...nuda?»

«SI! SI! Tropo nuda!» Tatiana sembrava ricordare con piacere la cosa.

«E LI HA GIRATI L'IMPUTATO?», strillò allora il Giudice, alzandosi in piedi.

La folla si ammutolì. C'era chi rimase con un'albicocca troppo matura e gocciolante a metà strada tra il sacchetto e la bocca. C'era chi alzò un tulipano blu e lo tenne lì, fermo, in attesa di una risposta. C'era chi stava mandando una lista della spesa sotto forma di messaggio vocale su WhatsApp e rimase lì a sussurrare «ananaaaa...»

«Ma chi? Lui?», rispose Tatiana, indicando me e sventolando il suo telefono. «Ma tu pazo, fatti io per

Onlyfanzo. Noni vedono me con pollo arrosto e attizzano tutt... a propo, tu somiglia a Martelletto60, mio storico fanzo!»

«Sparisca dalla mia vista!», le intimò il Giudice, iniziando a strofinarsi i capelli per il nervoso. «Mi rifiuto di credere sia così difficile trovare persone qualificate per assistere agli anziani. Il problema deve essere nella natura oscura di Cappanera.» Ci rifletté ancora qualche secondo, poi rialzò la testa. «È per questo che chiamo a testimoniare il Dottore Qualcosa.»

DIN DON!

«Ancora non avete trovato sto campanello?», mugolò, poggiando la testa sul banco.

Nel frattempo, il testimone si accomodò al suo posto e il Giudice, sbuffando per il nervoso, iniziò a porgli domande mirate.

«Dottore Qualcosa, mi dica... qualcosa, appunto. Che ha fatto Cappanera? Cosa le ha detto? Mi trovi qualcosa di negativo, la prego.»

Il Dottore Qualcosa sistemò il papillon della propria camicia, quest'ultima almeno di una taglia più grande di lui, e iniziò la propria deposizione.

«Signor Giudice, non so che dirle. Parliamo di uno dei miei più grandi e affezionati clienti. Pensi che fece finta di rifiutare la prima offerta che gli feci quando lavoravo presso un'agenzia per badanti perché, dal tono della mia voce, aveva intuito che avrei cambiato presto agenzia... e così prese accordi con quella dove io sarei andato a lavorare mesi dopo! E' un genio visionario!»

«E per quanto riguarda le badanti mandate indietro

nemmeno fossero il reso di un vestito per un matrimonio, dopo averlo indossato ovviamente?»

Il Dottore Qualcosa fece spallucce. «Signor Giudice, io sono abituato a ben altro. Lui, quando c'è stato bisogno, mi ha solo fatto l'elenco di quello che era successo. Ma il merito del grande piano è tutto mio.»

«Grande piano?», ripeté il Giudice.

«Sì, sì, come crede sia riuscito a convincere la Signorina Tatiana a tornare da noi?» Fece un sorrisetto e ne approfittò per spremersi un brufolo. Qualcosino era tornato.

«Non è stato Cappanera ad abbandonarla in puro stile cane in autostrada, in una torrida mattina di agosto?»

«Macché! Il Commendatore Cappanera è stato un signore, io al posto suo l'avrei narcotizzata col cloroformio e messa sul primo treno merci...»

«...»

«...magari dopo aver messo pure le sue impronte su un'arma da fuoco che avrei fatto usare per una rapina in un supermercato...»

Il Giudice rimase inebetito. Dal canto suo, Tatiana annuì, convinta. Anche lei avrebbe fatto lo stesso, a parti invertite.

«...non prima», tenne a specificare Qualcosino, «di aver sondato il terreno per quanto riguarda il mercato nero degli organ...»

«Basta! Non divaghi!»

«Ha ragione, Signor Giudice. Dicevo, dissi al Commendatore di riferire alla signorina Tatiana di un nuovo incarico per lei e della necessità di tornare alla base.»

«E lui?»

«Fece quello che gli chiesi. Da lì in poi non credo nemmeno lui sappia cosa è successo.»

«Ossia?»

«Mah, niente di che. Lei arrivò alla stazione senza trovare nessuno. Allora le dissi di prendere un altro pullman già pagato. La portò in un'altra stazione e lì le dissi di prendere un terzo pullman. Alla quarta tappa, le dissi di fare l'autostop fino ad arrivare al punto della prova immunità. Fatta quella, fu il turno dell'ultimo pullman e quello partì verso… beh, il noto Paese che tutti sappiamo.»

«Quale?», chiese il Giudice, dubbioso.

«Signor Giudice, andiamo…»

«Non ne ho idea.»

«Su, su…»

«Non lo so. Mi dia un indizio, almeno. UE o non UE?»

«Che differenza c'è?», domandò Qualcosino.

«Uno piange, l'altro no», risposi io.

«La pianti!», mi ammonì il Giudice.

«Appunto, parlavo proprio di quello», rincarai io.

«Comunque sia, l'avete praticamente rimpatriata?»

«No, rimpatriata è una parola grossa», chiarì Qualcosino. «Per fare quello avremmo dovuto pagare la dogana ma, onestamente, pagare 150 euro…»

«Poi pagato io con soldi di Onlyfanzo», intervenne Tatiana. E vissero tutti felici e contenti.

«Un altro buco nell'acqua…», mormorò il Giudice, mandando a quel paese (non si sa se UE o non UE)

Qualcosino. Fu allora che sembrò avere un'illuminazione. Prese il cellulare, cercò nella rubrica e si abbassò per fare una telefonata. Il pubblico fu molto incuriosito da tale atteggiamento, ma mai quanto quando lui rinvenne, si alzò in piedi e annunciò il nuovo testimone.

«Chiamo a testimoniare il Dottor Massimo Soldo, Amministratore Delegato della compagnia assicurativa SalusProfit Inc.!»

Massimo Soldo, detto M$ dai pochi che osavano chiamarlo amico, fece il suo ingresso in aula avvolto da un'aura di potere e superiorità. Un fascio di luce dorata si concentrò su di lui, e un coro celestiale di violini invisibili accompagnò i suoi passi. Si sedette sul banco dei testimoni con la disinvoltura di chi ha appena scalato la vetta di un grattacielo, trovando ad attenderlo una sedia di velluto rosso, apparsa come per magia al suo arrivo.

«Ossequi, onorevole Giudice! È stato molto fortunato a trovarmi libero.»

«Ossequi a lei, Dottor Soldo!», rispose il Giudice, visibilmente impressionato. «Sono stato fortunato piuttosto al fatto che si trovasse già qui in tribunale.»

«Ma no», replicò M$. «Io sono sempre qui. È stato fortunato a trovarmi non impegnato in un'udienza.»

«Caspita, fa anche l'avvocato?»

«Ma no. Come imputato!», rispose sorridendo M$.

Il Giudice capì l'antifona e passò subito al sodo: «Mi dica, è vero che la vostra compagnia è all'avanguardia nel fornire soluzioni sanitarie per i nostri cittadini in questo difficile contesto?»

M$ si aggiustò la cravatta, un dettaglio minuscolo ma

che rifletteva la perfezione che il suo marchio incarnava. «Assolutamente sì!», esordì con voce ferma. «La nostra missione è colmare quelle inevitabili lacune che, ahimè, si sono create nel sistema sanitario pubblico. Noi di SalusProfit Inc. offriamo polizze su misura, adatte a tutte le tasche, per chiunque desideri la certezza di essere curato… decentemente.»

«Siete proprio dei benefattori!», esclamò il Giudice, con un sorriso ammirato. «Si capisce dal nome stesso. E poi, che tocco da maestro quell'uso del mio amato latino per Salus!»

«E Profit?», intervenni io.

M$ fece spallucce. «Indica ovviamente quanto è profittevole per ciascun cittadino affidarsi a mani esperte per la propria salute.»

Il Giudice fu infastidito dalla mia richiesta ma ne approfittò per togliersi una curiosità. «E quel 'Inc.'…?» chiese.

«Indica come sono le persone quando la compagnia trova tutti i motivi per non pagare quando succede qualcosa», intervenni di nuovo.

«La finisca! Dottor Soldo, continui. Eravamo rimasti a quanto sia semplice ed economico affidarsi ai vostri servizi.»

M$ fece un cenno di ringraziamento, ma poi abbassò la voce quasi a un sussurro. «Ehm, ovviamente… con *adatte a tutte le tasche* intendo dire a quelle ben fornite. Noi offriamo un servizio di altissima qualità, non certo per chi si accontenta delle briciole del pubblico…»

«Cosa ha detto, scusi?», chiese qualcuno dal pubblico.

«Oh, nulla, nulla. Comunque sia, il Giudice l'ha già detto prima, chiunque ci tenga alla propria salute dovrebbe pensare a una buona assicurazione privata. Specie oggi che stiamo anche lanciando le nuove badanti robotiche, pronte a prendersi cura dei nostri cari ventiquattr'ore su ventiquattro!»

«Badanti robotiche?!», domandò il Giudice, visibilmente incuriosito. «E come funzionano?»

M$ si gonfiò il petto come un pavone. «Sono un prodotto di altissima tecnologia, Giudice! Dotate di intelligenza artificiale all'avanguardia, queste badanti possono monitorare costantemente il benessere dei nostri cari, somministrare farmaci, fare compagnia e persino intrattenere conversazioni!»

«Ma che meraviglia!», esclamò il Giudice. «E a che prezzo offrite questa innovazione incredibile?»

M$ sorrise con malizia. «Eh, sa, la qualità ha il suo prezzo… Un costo ragionevole, direi, per chi può permetterselo. Certo, non tutti hanno la fortuna di essere coperti dalla nostra assicurazione diamond ultra super premium, ma chi ce l'ha potrà dormire sonni tranquilli sapendo che la sua cara mamma è in mani… elettroniche.»

«Quindi, se ho ben capito, solo chi ha un certo reddito può permettersi questi servizi?», intervenni io, sorseggiando il mio caffè con finta noncuranza.

«Ma è ovvio!», rispose M$, alzando il mento. «Noi ci rivolgiamo a chi vuole solo il meglio per i propri cari. Il sistema sanitario pubblico è sempre lì per chi… beh, per chi si accontenta. Del resto, sappiamo tutti che la sanità pubblica sta affrontando un periodo di crisi, e non certo per caso...»

«Mi scusi, ma sta dicendo che la sanità pubblica è... volutamente trascurata?», domandai, inclinando la testa con un sorrisetto.

M$ si morse il labbro. «No, no, intendo dire che... ehm, è la naturale evoluzione delle cose. Il servizio sanitario nazionale non può garantire tutto a tutti, ecco perché è importante che ci siano compagnie come la nostra pronte a intervenire con soluzioni alternative.»

«Soluzioni come quella delle badanti robotiche?», continuai, alzando un sopracciglio.

«Esattamente!», disse M$, visibilmente sollevato di aver cambiato argomento. «Le badanti robotiche sono il futuro! Dispositivi Made in Italy, ultra sicuri, ergonomici, antropomorfi, inossidabili e... mmm...»

«...e peripatetici», suggerii.

«Esatto, anche quello. Qualunque cosa significhi. Purtroppo, non tutti potranno permettersele, ma per chi può...»

+pling+

Un messaggio interruppe il suo slancio. M$ prese il cellulare e, dopo un'occhiata rapida, tentò di nasconderlo sotto il banco. Troppo tardi.

«Va tutto bene?», chiese il Giudice. «Un altro ordine di badanti robotiche?»

M$ deglutì, visibilmente a disagio. «Ehm, sì, qualcosa del genere...», bofonchiò, nel tentativo di cancellare il messaggio. Era talmente teso che il telefono gli scivolò tra le mani, rimbalzando fin sotto i miei piedi. Lo raccolsi e l'occhio mi cadde sul messaggio incriminato.

«Mi scusi, posso leggere ad alta voce?», domandai con un'innocenza che non ingannava nessuno, prima di farlo senza aspettare la sua risposta. «Dice: Capo, è tutto pronto per la nuova campagna. Solo un problema: i rimborsi da parte della sanità pubblica saranno così alti che qualcuno prima o poi farà delle domande. Che facciamo? P.S. Badanti robotiche arrivate. Dobbiamo solo capire come togliere l'adesivo 'Made in Taiwan'. Se mettiamo sopra il nostro, quello continua a vedersi in trasparenza.»

Il silenzio calò sull'aula. M$ arrossì come un adolescente beccato a copiare. Poi cercò di riprendersi. «Ehm... era uno scherzo tra colleghi. Noi di SalusProfit Inc. prendiamo molto sul serio il nostro lavoro. Le badanti robotiche sono, ovviamente, made in Italy... o quasi... Insomma, è tutto regolare!»

«Ah sì?», insistetti io. «E il problema con le richieste di rimborso?»

M$ inspirò profondamente, tentando un sorriso forzato. «Oh, si tratta solo di qualche... ehm, incomprensione. Sa, ogni tanto ci sono problemi burocratici, ma nulla di preoccupante. Noi siamo qui per aiutare!»

+pling+

Avevo ancora tra le mani il cellulare di M$ e stavolta bastò un'occhiata all'anteprima. Era un messaggio vocale. Involontariamente (...) toccai play. La voce di un uomo, quasi sovrastata da rumori di sottofondo, risuonò per tutta la stanza.

«Capo, abbiamo un problema con il modello XG555: sta usando le pillole di un'anziana come proiettili per colpirla. È rintanata dietro una poltrona e ha alzato il pannolone bianco, ma quello non si ferma! Hanno provato a cambiare i parametri, ma ora chiama 'mamma' il frigorifero e minaccia di ricorrere ai clisteri chiunque provi ad avvicinarsi! [si sentono rumori sempre più forti] …no…NO! Non mi stavo avvicinando a tua mamma! Nooooo!»

Il messaggio si interruppe bruscamente e nella stanza cadde il gelo. La situazione si scaldò rapidamente non tanto perché M$ ne approfittò per sgattaiolare fuori, quanto perché tutti temettero che qualcun altro lì vicino scambiasse il freddo per la mamma frigorifero e minacciasse di adottare criteri punitivi poco piacevoli.

Guardai l'orologio: si era ormai fatta una certa e il Giudice era lì, sul punto di avere un misto tra un attacco di panico e una crisi isterica. Non credendo avesse più testimoni, chiesi la parola. Me la concesse, probabilmente per sfinimento.

«Signor Giudice, io mi rendo conto che è difficile credere a quello che ha saputo. Dalla difficile ricerca di una badante al mondo delle RSA, passando per tutto il resto. Ma fosse solo questo. Rendiamoci conto», ripresi in modo carismatico, con lo stesso tono di Al Pacino nella scena madre di *Profumo di donna - Scent of a Woman*, «che in Italia avere una badante è un privilegio da pochi. Sulla difficoltà di trovare una persona che lo faccia non dico per vocazione, ma almeno con decenza, direi che mi sono espresso abbastanza.

Ma vogliamo parlare del fatto che una badante costa quanto avere un dipendente in azienda? Con la differenza che l'anziano non guadagna e non mira agli utili. La pensione, sempre che ne prenda una, è solo parte delle spese mensili generali, ma mica le va a coprire tutte. È come se uno avesse un dipendente per poi andare in perdita. Che fine farebbe l'azienda, dopo un po'?

Mi fa ridere leggere del Bonus Badante, con un risparmio sui contributi da versare per la badante regolarmente assunta... Per un attimo sogni che ci sia finalmente un aiuto per le famiglie, ma poi scopri che, per usufruirne, devi avere almeno 80 anni...ok, passi questo. Devi anche avere il sussidio di accompagnamento, che ormai assegnano solo a chi è ridotto in condizioni pietose, non basta non essere autosufficiente. E già qua la faccenda risulta difficile... Ma, come ciliegina sulla torta, devi avere un ISEE inferiore ai 6000 euro.

Trovatemi una persona che guadagna meno di 500 euro al mese, non ha una casa propria ma non vede l'ora di mettere in regola una badante per la quale, dopo i primi due anni, dovrà pagare 1500 euro di contributi all'anno... sempre che abbia i soldi per pagarle lo stipendio. È praticamente impossibile trovare una badante che prenda tanto quanto la pensione dell'anziano. E chi non prende nemmeno la pensione, come dovrebbe andare avanti? Pagano i figli? E se i figli non ci sono o, ancora più plausibilmente, non possono permetterselo? Una RSA di discreta qualità costa migliaia di euro al mese.»

«Extra esclusi!», si affrettò a dire qualcuna tra il pubblico.

Continuai: «Dove si trovano questi soldi? Si fa un mutuo? Sapevate che adesso le banche offrono la possibilità di avere un finanziamento con un'ipoteca sulla casa e che gli eredi, alla morte della persona, possono scegliere se ripagare il debito di tasca loro o vendere la casa e pagarlo col ricavato? È un'iniziativa recente, fatta apposta perché sarà sempre più inevitabile.»

Il Giudice rimase muto per tutto il tempo. Fece per rispondere, ma ormai ero un fiume in piena.

«Servono alternative, reali e praticabili. Si potrebbe creare un regime agevolato per badanti con partita IVA, che consenta di offrire assistenza domiciliare senza dover sostenere i costi di assunzione diretta. Potrebbe includere tariffe concordate e una deducibilità totale o parziale per chi le paga. Non penso nemmeno a un sistema di voucher finanziati dallo Stato o dalle Regioni, non ci crederei nemmeno se li vedessi.

Perché un sistema che non tiene conto della realtà economica di chi ha bisogno non è un sistema. È una trappola per anziani e famiglie, che li costringe a scegliere tra vivere dignitosamente o andare in rovina.

Sapeva che in Italia più di una persona su dieci ha oltre 75 anni e che la tendenza ad aumentare è galoppante? Ci sono 7 milioni di persone non autosufficienti che non sanno vestirsi da sole, cucinare, muoversi o andare in bagno. È inutile tapparsi gli occhi e sperare che un giorno andrà tutto bene perché l'unico modo per far andare tutto bene è che scompaiano tutte. Non lo andrà affatto.

Il sistema è al collasso già adesso, figuriamoci tra dieci o vent'anni. Non c'è alcun tipo di organizzazione da parte dello Stato, si è lasciati in balia del caso o della fortuna.

Quindi, o c'è malafede, oppure nessun partito vuole

rimettere in sesto un sistema per la paura che sarà un successivo governo, magari di altra fazione, a prendersene i meriti a medio e lungo termine. Un po' come l'istruzione.

Oggi vengono organizzati corsi di formazione come operatori socio-assistenziali o assistenti familiari, che poi vengono assunti da cooperative e sottopagati. Ma che, soprattutto, sono inutili perché soltanto una piccolissima percentuale di anziani ha bisogno di aiuto due o tre ore al giorno. Manca l'assistenza H24, anche frazionata, in un ambiente protetto e familiare per l'anziano, altrimenti ci sarà sempre chi dovrà smettere di lavorare per badare a un genitore. E quella persona potrebbe avere una famiglia a cui badare e da sfamare. Ci rendiamo tutti conto che non è sostenibile, o sbaglio?

Uno potrà pure obiettare che il lavoro di badante convivente sia qualcosa di alienante. È verissimo. Trasferirsi a casa di qualcun altro, avere spazi che non sono realmente tuoi, avere tempo libero tra un'attività e l'altra che non puoi passare dove vuoi e fare ciò che vuoi. Te lo godi giusto se hai un hobby, una piscina e alcolici freddi che ti galleggiano accanto. Grazie che non è facile trovare chi svolge questo lavoro o chi regge per più di sei mesi. Arriverà il momento in cui verranno offerte assicurazioni sanitarie che prevederanno anche un'assistenza qualificata. Quindi uno pagherà due volte. Ma quanti saranno a poterselo permettere?

E non parliamo di quello che abbiamo sentito poco fa: le badanti robot! Negli USA c'è chi ha già commercializzato qualcosa del genere. Versioni pompate e stracostose dei comuni assistenti vocali moderni, spacciate per simulare interazioni con persone reali, ricordare di bere o mangiare e cantare ninna nanne. Non fanno altro, ma non credo passerà molto prima di avere chi ti aiuta a sollevarti dal letto e ti accompagna in bagno. Che ne pensa, saranno o non saranno appannaggio solo dei super ricchi?

Mi viene persino da pensare che tutto quello che succede oggi, che è successo alla mia famiglia, sia un monito per spingere chi sarà anziano domani a pensare subito a cosa fare per non finire come milioni di persone che si ritrovano senza supporto, senza una voce amica, senza un volto familiare. Non è solo un problema economico, è un fallimento umano. E mentre l'orologio sociale ticchetta, inesorabile, non possiamo che chiederci: che ne sarà di noi, quando sarà il nostro turno? E chi ci garantirà che non finiremo anche noi dimenticati in un angolo, lasciati a guardare il soffitto, contando i giorni che restano? Oppure bisogna sperare di non arrivarci nemmeno, urlando *Meglio bruciare subito che spegnersi lentamente*, come in *Highlander*?»

Presi fiato. Avevo tirato fuori buona parte delle frustrazioni accumulate nel corso dei mesi. Ero stremato ma più leggero. Per tutto il tempo avevo tenuto lo sguardo basso, cercando di riordinare le idee, ma avevo chiaramente percepito il magnetismo del mio discorso. Alzando la testa non avrei visto gente che mangiava albicocche mature o faceva selfie, bensì persone motivate, commosse, probabilmente traumatizzate da un discorso così carismatico. Duro, crudo, ma carismatico e necessario. Rialzai lo sguardo.

Il Giudice era al telefono. A giudicare dalle risposte al suo interlocutore, M$ aveva chiamato per recuperare il proprio cellulare, promettendo in cambio una badante gonfiabile robot una volta ideata, progettata, realizzata, testata e commercializzata, auspicabilmente entro il 2089.

Le varie badanti conversavano tra loro. Ignoravo in quale lingua, ma ebbi l'impressione parlassero del congelatore di casa di mia madre. Ognuna di esse, del resto, aveva contribuito a creare quella specie di opera collettiva, congelando qualunque cosa potesse essere conservata. Dai gesti che faceva, dopo essere entrata nella storia congelando un'insalata, Wilma stava suggerendo l'utilità di congelare anche un'anguria, così da averla pronta pure a dicembre. Doveva aver frainteso il concetto di gelo di melone siciliano.

La porta dell'aula si aprì lentamente e vidi M$ entrare di soppiatto, camminando carponi per non farsi vedere. Arrivò fino al telefono, lo prese alzando lentamente un braccio come farebbe un gatto che ruba un pezzo di carne dalla tavola di casa, e tornò sui suoi passi, tenendolo in bocca, stretto tra i denti. Involontariamente gli partì la riproduzione di un messaggio vocale ricevuto durante la sua assenza.

«Capo, urgh... clisteri, clisteri ovunque... il modello XG556, quando entra in modalità pulisci protesi, le strappa dalla bocca dell'anziano, separa i denti e ci gioca a dadi. Poi getta tutto nel WC e tira l'acqua! E... no, noooo, non ho bisogno che mi pulisci la protesi, ho trent'anni, sono tutti denti mieeeee... crrrrrr...»

Il resto dei presenti si faceva semplicemente i fatti

propri. Era come se quei discorsi non interessassero a nessuno. Del resto, quante possibilità c'erano che anche loro invecchiassero? O che potessero avere qualche problema vascolare? O che potessero perdere la memoria? Zero, a detta loro. Nessuno ci pensa mai ed è per questo che accetta in modo passivo l'assenza di sostegni. Sarà un problema per qualcun altro, se mai dovesse succedere.

Il Giudice sembrava riflettere sul da farsi. A giudicare dallo sguardo, stava valutando pure di rimandare la seduta, magari per poter raccogliere più prove a mio sfavore. Decisi di dargli un assist.

«Ah, Signor Giudice...», iniziai, alzando timidamente una mano.

«Ora che c'è? Non lo vede che stiamo parlando?»

«Posso suggerirle una cosa?»

«Sgruf... dica.»

«Non sarebbe meglio far testimoniare anche mia madre?»

L'espressione del Giudice cambiò in una frazione di secondo. Nel suo viso passarono rapidamente una serie di pensieri e sensazioni contrastanti, dall'emozione per un'occasione d'oro portata su un piatto d'argento da un cameriere che aveva vinto la medaglia di bronzo, all'incredulità per non averci pensato prima da solo. Cercò di non darlo a vedere, mentre svolazzava per tutta l'aula con le movenze di un colibrì ubriaco.

«Ma certo!», esclamò lui, asciugandosi la bocca ancora sporca di nettare. «Crede davvero non ci stessi pensando da solo o che l'avessi dimenticato? Stiamo scherzando? Sua madre è la testimone chiave, la punta di diamante di un impianto accusatorio blindato! Fatela entrare!»

Le porte si spalancarono e mia madre fece capolino. Aveva la stessa espressione di quando cercava il bagno a casa sua, cercando di capire se fosse o meno la stanza giusta.

La salutai da lontano. Lei rispose con un sorriso, mettendo le mani al petto e sospirando con amore. Entrò nell'aula e si avvicinò al banco.

«Signora», iniziò il Giudice. «Mi spiace coinvolgerla in un momento così doloroso. Nessun genitore dovrebbe essere testimone delle malefatte di un figl...»

«Oooh», esordì mia madre. «Guarda chi c'è!»

«Signora, la preg...»

«Che piacere rivederla!», disse ancora lei, prendendolo per le spalle e baciandolo sulle guance. Il Giudice rimase basito e la vide sedersi sulla sedia accanto a lui.

«Signora, le...»

«Io le devo dire una cosa: ho sempre avuto timore di lei.»

«Ma che...» Il Giudice sbiancò, temendo chissà quale accusa infamante. «Signora, non ci siamo mai vis...»

«Soprattutto quando stendevo i panni», continuò mia madre. «Ogni volta che scolava qualcosa, lei si lamentava sempre.»

Il pubblico mormorò. Questo colpo di scena sul fatto che il Giudice potesse vivere nello stesso stabile di mia madre alimentò le chiacchiere. E poco importa che lei lo avesse scambiato per un ex vicino di casa. Dopo la questione Palmira, nulla poteva più essere dato per scontato.

«Signora, se posso finalmente parlare… vorrei da parte sua un'opinione su suo figlio. Mi raccomando, sia sincera.»

«Mio figlio?», si stupì mia madre. «È bello, buono, bravo e intelligente, non gli manca niente. Tranne i soldi, per quelli io non…»

«E i proventi milionari dei suoi libri?», insinuò lui, interrompendola.

«Quali libri?»

«Ah-a! Vede che le nasconde qualcosa? Suo figlio pubblica libri su libri. Tutti di dubbio gusto, sia chiaro.»

«Pubblica libri! Tesoro, è vero? Sono orgogliosa di te!»

«Grazie, mamma», le risposi, scatenando così l'ira del Giudice.

«Forse cambierà opinione sapendo che suo figlio parla di lei, nel suo ultimo libro!»

«Amore!», si commosse mia madre. «Sono lusingata! Sono nel tuo libro! Sono emozionata!»

«E se le dicessi che parla pure delle sue badanti?», insinuò lui.

«Che badanti?»

«Le sue badanti», rispose il Giudice, con un sorrisetto.

«La badante ce l'avrà lei!». Mia madre si infervorò non poco, sentendosi offesa.

«Non ricorda Alexia?»

«No.»

«Wilma?»

«No.»

«Tatiana?»

«Chi è Tatiana?»

«Palmira?», suggerii io.

«Dove? Dove?», strillò il Giudice, guardandosi intorno, in preda al panico. Capendo di essere stato preso in giro, si ricompose e mi lanciò un'occhiataccia. Immediatamente prima che potesse inveire qualcos'altro, la sua attenzione venne richiamata da mia madre.

«Pss… posso chiederle una cosa?», gli sussurrò lei.

Questi, come sempre, si mise in modalità di ascolto totale, sperando che potesse emergere qualcosa di compromettente.

«Dica, dica.»

«Ma tutte queste persone qui…»

«…sì…?»

«Loro lo sanno di… tutto questo?», concluse, roteando gli indici in aria, come se indicasse l'ambiente che li circondava.

Il Giudice sembrò non capire. «In che senso? Certo che lo sanno.»

«Ah, quindi sono tutte comparse?», rispose mia madre, con un volume di voce così forte che, in aula, tutti la sentirono.

I presenti in sala continuarono a mormorare. «Comparse?!», disse uno. «È un film?!», disse qualcun altro. «Unde?!», mormorò qualcuna. Il Giudice si sentì sempre più sotto pressione e provò a chiarire.

«Cosa… cosa intende per 'comparse'?»

«Cioè, che sanno del gioco e di tutto il resto…»

Il trambusto in aula aumentò notevolmente.

«Gioco?! Che gioco?», disse uno. «Io no gioco. Gratta i vinci trovati grattati i no vinti in caseto», disse un'altra. «Unde?», ripeté una terza persona.

«Silenzio!», urlò mia madre, tirando fuori il suo vecchio piglio da maestra. «Altrimenti mi fate perdere punti!»

Il Giudice rimase senza parole. Lei, vedendolo così, provò a rincuorarlo. A modo suo, almeno.

«Non si preoccupi. Magari dopo il Giudice le faranno fare qualche altro ruolo, tipo il medico, o magari il dentista. O, chissà, potrebbe avere un gioco tutto suo!»

«Che tipo di gioco...?», domandò lui, con voce tremante.

«Ma non lo so, dipende chi lo fa. Io mica l'ho capito. So solo che c'è gente che decide cosa fare, quando farla, chi è chi... insomma, il gioco, ci siamo capiti. E i punti. Perché senza quelli non si va avanti e non si vince il gioco.»

In aula calò il silenzio.

«Ah, se devo dirla tutta, credo che il capo sia lui...», bisbigliò mia madre, indicandomi, con una certa nonchalance.

Il Giudice si impietrì e si mise a guardare il vuoto. Quel sospetto sembrava aver incrinato le sue certezze, come anche quelle di molti presenti che, uno dopo l'altro, si alzarono e iniziarono a defluire fuori dalla stanza. Tutti scuotevano la testa, si davano pizzicotti e iniziarono a pensare a come poter fare più punti. Solo il Giudice rimase immobile.

«Ehm... scusi, io potrei andare?», gli chiesi, provando a scuoterlo, dopo dieci minuti a osservarlo immerso nei suoi pensieri.

«Cosa? Sì, sì, andate via tutti, che qua ho da fare...», rispose sottovoce, con un certo sconforto. «Quindi io potrei non esistere davvero…», mormorò poi, guardando fisso nel vuoto. «Potrei essere solo il prodotto di una mente perversa che mi fa dire o pensare quello che vuole… Oddio, potrebbe essere davvero Cappanera! È uno psicologo, magari questo tribunale è la sua versione perversa della relazione freudiana tra Io, Es e Super-Io… Oddio, oddio, oddio…»

Uscimmo tutti dall'aula, rispettando quel dramma esistenziale di cui eravamo stati testimoni. Il Giudice nascose il volto tra le mani, calando leggermente la testa. Dovevo destarlo in qualche modo, non potevo certo abbandonarlo così. Premetti il pulsante del telecomando che avevo in tasca e il campanello nascosto dietro la sedia del Giudice fece l'ennesimo DING DONG.

«Ehm, signor Giudice…?», dissi, facendo cucù dalla porta.

«Che c'è? CHE C'È?», si infervorò lui, con gli occhi ormai lucidi e lo sguardo devastato dal dubbio.

Sfoderai il sorriso più empatico del mondo e lo salutai con una parola di speranza: «Ha mai notato quanti balconi ci sono in giro? Non pensa pure lei tolgano spazio ai mobili?»

«…»

«Beh, sempre che i palazzi siano veri, dico.»

Informazioni sull'autore

Massimo Cappanera (Palermo, 1980) non ha ancora capito se rientri tra i Boomer o nella Generazione X, Y, Z o GT.

Uomo (per nascita), marito (per scelta), padre (pure per scelta), psicologo (per formazione), formatore (per psicologia), consulente aziendale (per riempire il frigo), blogger (per passione), saggista (per sembrare saggio), antagonista di cyber criminali (per vocazione), soggetto di bambole voodoo (per scelta dei cyber criminali)… La lista è lunga, diciamo che non si è mai annoiato.

La scrittura lo ha sempre accompagnato, praticamente come una badante, non reputandolo in grado di andare in giro da solo.

Si ritrova così una bibliografia sorprendente (come varietà, sulla qualità ci sta lavorando), che spazia da trattati di psicologia clinica ("Psicologia della Sordità" e "Oltre il silenzio: la relazione terapeutica con i pazienti sordi"), manuali di psicologia dello sviluppo ("Come gestire un bambino ~~ingestibile~~ tiranno"), favole per bambini, sceneggiature e racconti gialli, passando per opere drammatiche e struggenti come questo volume, "Volevo solo trovare lavoro agli altri: vita, morte e miracoli di un navigator" e "Come truffare un truffatore: la demenziale arte del controinganno".

In tutto questo, continua a chiedersi perché scriva la

propria bio in terza persona.

Nel frattempo, scopri di più su massimocappanera.it o, se vuoi metterti in contatto, scrivi a email@massimocappanera.it (oppure no, sentiti libero).

Consigli per letture stimolanti (...)

Un'autobiografia nata dall'esigenza di urlare al mondo la verità su chi e cosa fossero i navigator (o, forse, per confermarne l'esistenza).

Un viaggio fatto di incontri assurdi, personaggi unici, lingua italiana perennemente in pericolo e folli storie di vita vissuta, lungo i mesi di lockdown in piena pandemia.

È un libro apartitico e apocalittico, in grado di accontentare tutti. Ma non per le tematiche, quanto perché offre spunti di lamentela a chiunque. Inquadra il codice QR per maggiori informazioni e per leggere un estratto:

Volevo solo trovare lavoro (agli altri)
Vita, morte e miracoli di un navigator

È possibile truffare un truffatore? Certo che sì! Preparati ad addentrarti in un mondo in cui l'ingegno si mescola con l'assurdità, assistendo a piani tanto geniali quanto demenziali per far perdere tempo (e soldi altrui) agli scammer online.

Ogni storia che compone il libro ha come obiettivo quello di stupire e divertire, spiegando al contempo i trucchi psicologici utilizzati per imbastire le truffe digitali più subdole degli ultimi dieci anni.

Un universo strampalato, in cui le situazioni assurde, i personaggi indimenticabili e le tattiche surreali si intrecciano a una riflessione profonda sulle dinamiche delle truffe, che fanno leva sulle debolezze di vittime inconsapevoli.

Inquadra il codice QR per maggiori informazioni e per leggere un estratto:

Come truffare un truffatore: la demenziale arte del controinganno

Post credits (stile Marvel)

Grazie mille per aver partecipato a questo viaggio in quello che fino a pochi anni fa avrei considerato un universo parallelo al mio, prima di ritrovarmici dentro. Che tu abbia riso, pianto, compatito il sottoscritto o riletto pagine della tua stessa vita, grazie per avermi fatto compagnia mentre te la raccontavo.

Lo so che sembra molto il finale delle memorie di Montgomery Burns, però mi serviva un motivo per chiederti in modo spudorato una recensione su Amazon o un commento sui social. L'apprezzerei davvero tanto.

Certo, poi dipende molto dalle tue intenzioni…

Vuoi assegnare una stella?

★

Prendi un foglio di carta e una penna, scrivigli sopra tutte le peggiori nefandezze su questo libro e poi straccialo in mille pezzi (il foglio o il libro, fai tu), lanciando tanti coriandoli in aria. Non ti senti già meglio? Non preoccuparti per me, me ne farò una ragione, stringendo una pianta grassa per darmi conforto. Ah, e se per caso ti venisse voglia di pubblicare la tua opinione, ricorda il detto del saggio: solo gli stupidi non cambiano mai idea.

Vuoi assegnare due stelle?

★ ★

Lascia perdere il foglio, sia mai ti tagliassi il mignolino con la carta. Apri il frigo di casa e urla lì dentro tutto ciò che pensi, ti si rinfrescheranno le idee. Sentirò a distanza

432

il tuo disappunto, percependo una leggera brezza fredda sulla nuca. A proposito, capirò anche che hai dimenticato di chiudere il frigo.

Vuoi assegnare tre stelle?

Grazie! Anche se, per essere onesti, è un po' come quando chiedi se qualcuno è bello e ti rispondono che è… «interessante». O peggio, «ha una bella personalità». E sì, in questo caso quella persona sei tu. Detto ciò, sarò felice di offrirti una birra (a temperatura ambiente) quando ci incontreremo. Sai, per restare in tema.

Vuoi assegnare quattro stelle?

Oh, quattro stelle! Mi fai sentire come uno chef che ha preparato un capolavoro in cucina, ma che non ha raggiunto la perfezione perché il cameriere ha lasciato un'impronta digitale invisibile sul bordo del piatto. Avrebbe dovuto usare la telecinesi, non so più come dirglielo. Oppure, per questa volta, potresti essere tu a sorvolare…

Vuoi assegnare cinque stelle?

Grazie! Sono felice tu abbia apprezzato le mie parole, perdonato qualunque refuso ti sia balzato all'occhio e, ancor di più, non ti senta vittima di alcuna minaccia o ricatto. Morale, fisico, mentale… Insomma, la lista è lunga, ma non ti riguarda. Yu-uuu!

 Scansiona questo codice QR, ti troverai come per magia nella pagina del libro, dove poter lasciare la tua recensione.